用微课学 MySQL 数据库技术

主编 韩少云 郑士琪

高等教育出版社·北京

图书在版编目（CIP）数据

用微课学 MySQL 数据库技术 / 韩少云，郑士琪主编. -- 北京：高等教育出版社，2019.11
ISBN 978-7-04-050793-5

Ⅰ. ①用… Ⅱ. ①韩… ②郑… Ⅲ. ① SQL 语言-程序设计-高等学校-教材 Ⅳ. ① TP311.132.3

中国版本图书馆 CIP 数据核字（2018）第 240102 号

策划编辑 马万里　　责任编辑 吴鸣飞　　封面设计 张志奇　　版式设计 于 婕
插图绘制 于 博　　责任校对 刘 莉　　责任印制 田 甜

出版发行 高等教育出版社
社　　址 北京市西城区德外大街 4 号
邮政编码 100120
印　　刷 三河市吉祥印务有限公司
开　　本 787mm × 1092mm 1/16
印　　张 11.75
字　　数 250 千字
购书热线 010-58581118
咨询电话 400-810-0598
网　　址 http://www.hep.edu.cn
　　　　 http://www.hep.com.cn
网上订购 http://www.hepmall.com.cn
　　　　 http://www.hepmall.com
　　　　 http://www.hepmall.cn
版　　次 2019 年 11 月第 1 版
印　　次 2019 年 11 月第 1 次印刷
定　　价 35.00 元

本书如有缺页、倒页、脱页等质量问题，请到所购图书销售部门联系调换

物 料 号 50793-00

内容简介

本书是高等教育出版社与达内时代科技集团（以下简称达内集团）联合出品的新形态一体化设计类课程系列教材之一，本书作者系达内集团一线讲师，具有多年项目设计及授课经验。本书是以当今企业实际用人要求为导向，并总结近几年国家应用型本科院校与示范性高职院校专业教学改革经验和达内集团在 IT 培训行业十多年的经验编写而成。

本书首先从数据库理论基础开始，讲解数据库的基本概念、设计基础、设计方法；然后概括介绍 MySQL 数据库；接着进入 MySQL 数据库和表的基本操作、数据类型、运算符及函数；随后重点讲解了表中数据的基本操作；最后简单介绍 MySQL 的高级操作，包括视图、安全管理、数据库维护等。本书以一个实际的电子商城数据库为依托，系统地讲述了读者应掌握的知识体系，使读者迅速掌握数据库的设计与维护方法。

与本书配套的数字课程将在“智慧职教”(www.icve.com.cn) 网站上线，学习者可登录网站进行在线学习，也可通过扫描书中二维码观看教学视频，详见“智慧职教服务指南”。

本书可作为应用型本科院校、高等职业院校计算机相关专业的教学用书，也可作为数据库初学者的入门教材、数据库系统工程师的培训教材，并适合使用 MySQL 进行应用开发的人员学习参考。

基于“智慧职教”开发和应用的新形态一体化教材，素材丰富、资源立体，教师在备课中不断创造，学生在学习中享受过程，新旧媒体的融合生动演绎了教学内容，线上线下的平台支撑创新了教学方法，可完美打造优化教学流程、提高教学效果的“智慧课堂”。

“智慧职教”是由高等教育出版社建设和运营的职业教育数字教学资源共建共享平台和在线教学服务平台，包括职业教育数字化学习中心（www.icve.com.cn）、职教云（zjy2.icve.com.cn）和云课堂（APP）三个组件。其中：

- 职业教育数字化学习中心为学习者提供了包括“职业教育专业教学资源库”项目建设成果在内的大规模在线开放课程的展示学习。
- 职教云实现学习中心资源的共享，可构建适合学校和班级的小规模专属在线课程（SPOC）教学平台。
- 云课堂是对职教云的教学应用，可开展混合式教学，是以课堂互动性、参与感为重点贯穿课前、课中、课后的移动学习 APP 工具。

“智慧课堂”具体实现路径如下：

1. 基本教学资源的便捷获取

职业教育数字化学习中心为教师提供了丰富的数字化课程教学资源，包括与本书配套的电子课件（PPT）、微课、动画、教学案例、实验视频、习题及答案等。未在 www.icve.com.cn 网站注册的用户，请先注册。用户登录后，在首页或“课程”频道搜索本书对应课程“MySQL 数据库技术”，即可进入课程进行在线学习或资源下载。

2. 个性化 SPOC 的重构

教师若想开通职教云 SPOC 空间，可将院校名称、姓名、院系、手机号码、课程信息、书号等发至 1548103297@qq.com（邮件标题格式：课程名 + 学校 + 姓名 +SPOC 申请），审核通过后，即可开通专属云空间。教师可根据本校的教学需求，通过示范课程调用及个性化改造，快捷构建自己的 SPOC，也可灵活调用资源库资源和自有资源新建课程。

3. 云课堂 APP 的移动应用

云课堂 APP 无缝对接职教云，是“互联网+”时代的课堂互动教学工具，支持无线投屏、手势签到、随堂测验、课堂提问、讨论答疑、头脑风暴、电子白板、课业分享等，帮助激活课堂，教学相长。

前　　言

MySQL 是一个关系数据库管理系统，是应用广泛的关系数据库管理系统之一。在关系数据库中，数据是被保存在不同的表中，而不是将所有数据放在一起，这样就增加了对数据增、删、改、查的速度，并提高了灵活性。

MySQL 最早由瑞典 MySQL AB 公司开发，后被 Oracle 公司收购，目前属于 Oracle 旗下产品。

MySQL 是使用 C 语言和 C++ 语言编写的，为了保证源代码的可移植性，MySQL 使用了多种编译器进行过测试。目前，MySQL 可以支持多种主流的操作系统，包括 Windows、Mac OS、Linux、FreeBSD、OpenBSD、Solaris 等。

MySQL 还为多种编程语言提供了 API。这些编程语言包括 Java、C、C++、Python、Perl、.NET 等。

本书共分 10 章，内容从 MySQL 基础知识点讲起，适用于在校大学生、编程爱好者和零基础的学习者。具体包括数据库理论基础、MySQL 数据库简介、数据库的基本操作、数据类型、运算符及函数、表的基本操作、数据的基本操作、视图、高级操作、安全管理、数据库维护。各章均包含基础知识、阶段案例、练习、总结等内容，并配套若干微课视频。

本套书以介绍 MySQL 开发基础和培养 MySQL 开发基本技能为目标，注重 MySQL 开发基础技术的应用。读者通过对本书的学习，可以强化分析问题和解决问题的能力，激发创新实践兴趣，真正做到学以致用。

教师可发邮件至编辑邮箱 1548103297@qq.com 索取教学基本资源。本书由韩少云、郑士琪主编。本书凝聚了编者多年的教学和实践经验，但由于水平有限，疏漏之处在所难免，欢迎广大读者提出宝贵意见。

编　　者

2019 年 5 月

目　录

第1章　数据库理论基础

本章重点

本章首先介绍数据库的基本概念，包括数据、数据库、数据库管理系统、数据库系统、数据模型、模式结构和数据库映像。然后介绍数据库的设计阶段，分为需求分析、概念设计、逻辑设计、物理设计、验证实施设计、运行维护等。接着介绍几种常用的数据库设计方法，包括新奥尔良法、基于E-R模型的数据库设计方法、第三范式设计方法、面向对象设计方法等。最后，结合一个具体的在线商城数据库实例，进行数据库分析。

本章资源

1. PPT 数据库理论基础
2. 微课 1-1 基本概念
3. 微课 1-2 概念模型
4. 微课 1-3 常用概念模型
5. 微课 1-4 逻辑模型
6. 微课 1-5 模式结构
7. 微课 1-6 数据库映像
8. 微课 1-7 数据库设计概念
9. 微课 1-8 数据库设计的阶段
10. 微课 1-9 新奥尔良法
11. 微课 1-10 第三范式设计方法
12. 微课 1-11 面向对象设计方法
13. 微课 1-12 在线商城简介
14. 微课 1-13 商品表分析
15. 微课 1-14 商品表拆分
16. 微课 1-15 商品详情拆分

1.1 数据库基本概念

PPT
数据库理论基础

微课 1-1
基本概念

1.1.1 基本概念

学习数据库设计，有 4 个最基本的概念是必须要知道的，它们分别是数据（Data）、数据库（Database，DB）、数据库管理系统 (Database Management System，DBMS)、数据库系统（DataBase System，DBS）。

数据是数据库中保存的内容，用于描述客观事物。比如在电商系统的数据库中，商品的名称、图片、编号，都是数据。数据可以是文字、数字、图形、图像、声音等，所以说数据库是由数据构成的，是一个数据的集合。

数据库管理系统是对数据库中保存内容进行管理的软件系统。数据库中保存了海量的数据，这些数据如果不能有效地组织和管理，必然会造成因数据混乱而不能使用的情况。为了对数据库中保存的数据进行统一管理和控制，我们需要一套专门的软件来处理，这套软件就是数据库管理系统。数据库管理系统用于保证数据库的安全性和完整性。所以说，仅仅有一堆数据是不能构成数据库的，对这堆数据的有效组织和管理也是数据库的一部分内容。

数据库管理系统主要通过以下的几个功能，实现对数据库中数据的有效组织：

（1）数据定义：通过数据定义语言（Data Definition Language，DDL），让用户对保存在数据库中的数据进行合理有效的分类和定义。

（2）数据操纵：通过数据操纵语言（Data Manipulation Language，DML），让用户能够实现对数据库中的数据进行基本操作，如增、删、改、查等。

（3）数据查询：通过数据查询语言（Data Query Language，DQL），让用户能在海量的数据库数据中，快速找到特定的数据。

（4）数据控制：通过数据控制语言（Data Control Language，DCL），让用户能够对数据库进行统一的管理和控制，保证数据库的安全性和完整性。

数据是数据库中的内容，数据库管理系统是对数据库中内容进行管理的工具。数据库就是数据的仓库，它是在计算机中永久存储的有组织能共享的数据集合。数据库可以理解成保存在计算机中的档案馆。

数据库系统是指由数据库、数据库管理系统、数据库应用系统及数据库管理员等构成的计算机系统的统称。

数据库系统具有以下的性质：

（1）共享性：数据库中的数据不是某一用户专享的，而是所有用户共享的。

（2）独立性：数据库中的数据是由数据库管理系统（DBMS）统一管理的，用户的应用程序与数据库中的数据是相互独立的。

（3）模块化程度高、冗余度低：数据库中的数据经过精心的设计，重复的数据非常少。

1.1.2 数据模型

数据模型用于模拟现实世界。它是将现实世界中的事物抽象出来，用数据和信息来表示，并将这些数据和信息存储到数据库中。所以数据模型是构成数据库的核心和基础。

数据模型分为以下几类：

（1）概念模型：是指使用数据库的用户对需要存储的数据和信息，按照用户的业务逻辑进行的分类建模。概念模型中涉及的数据和信息与它们在计算机中如何存储没有任何关系。它是从现实世界转换到信息世界的第一步。

微课 1-2
概念模型

概念模型中包括的主要概念有：

1）实体（Entity）：客观上存在并且能够相互区分的事物。可以是具体的事物，如：某一个人、某一件商品、某一次交通事故等。也可以是抽象的概念或联系，如：人、树、交通事故等。

2）实体集（Entity Set）：同一类型的实体构成的集合。实体集一般都有自己的名字。

3）属性（Attribute）：实体具备的一个或多个特性，如人的名字、年龄、性别等。属性是不同的实体之间相互区分的依据。

4）属性值（Attribute Value）：属性的内容，如名字是张三，年龄是 18 岁，性别是男。

5）码（Key）：在一个实体集中，能够唯一标识某一个实体的属性或属性集。如：身份证号就是人的码。

微课 1-3
常用概念模型

6）域（Domain）：属性的取值范围。如：人的性别一般只能取男或女。

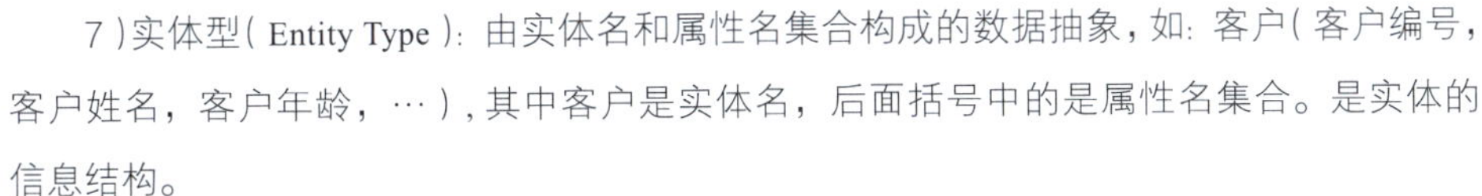

7）实体型（Entity Type）：由实体名和属性名集合构成的数据抽象，如：客户（客户编号，客户姓名，客户年龄，…），其中客户是实体名，后面括号中的是属性名集合。是实体的信息结构。

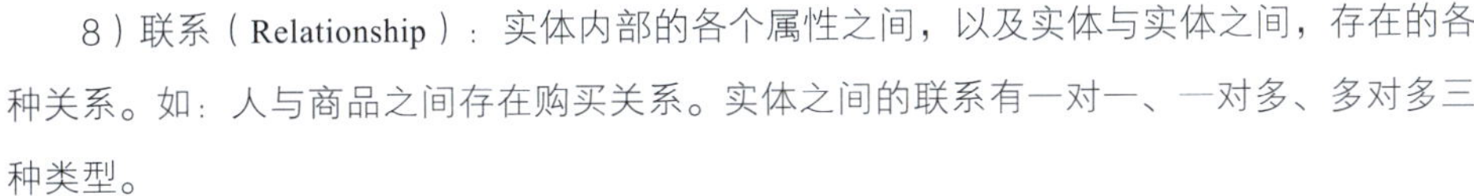

8）联系（Relationship）：实体内部的各个属性之间，以及实体与实体之间，存在的各种关系。如：人与商品之间存在购买关系。实体之间的联系有一对一、一对多、多对多三种类型。

概念模型是数据库设计人员在设计数据库时使用的思维方法，也是数据库设计人员与用户之间交流的工具。

最常用的概念模型主要有以下几种。

1）E-R 图模型，如图 1-1 所示。

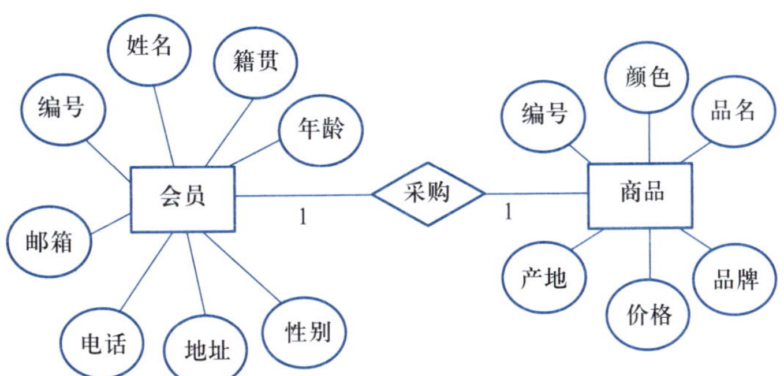

图 1-1 E-R 图模型

图中矩形表示实体，椭圆表示属性，菱形表示联系。

2）扩充 E-R 图模型。

3）面向对象模型。

微课 1-4
逻辑模型

4）谓词模型。

（2）逻辑模型：是指数据库的设计人员对需要存储的数据，按照数据库的存储逻辑进行的分类建模。逻辑模型中涉及的数据既要与客户相关联，又要面向计算机的具体存储方式。

逻辑模型的三要素是数据结构、数据操作和完整性约束。

1）数据结构：是指计算机中存储的数据之间存在的一种或多种联系，是计算机存储和组织数据的方式。数据结构的优劣直接影响到数据库的运行效率。

2）数据操作是指能对数据库中存储数据进行的各种操作的命令集合。

3）完整性约束是指为了保证数据库中数据的正确性而制定的一系列规则的集合。

最常用的逻辑模型主要有：

1）层次模型：该模型是用“树结构”来定义数据库中数据的联系方式。

2）网状模型：该模型是用“图结构”来定义数据库中数据的联系方式。

3）关系模型：该模型是用“二维表”来定义数据库中数据的联系方式。

前两种模型又被称为非关系模型，在 1970 年到 1980 年期间被广泛使用。

（3）物理模型：是指需要存储的数据在计算机存储设备（如硬盘）中具体的存储方法，是数据库最底层的存储模型。一般情况下，仅与数据库设计人员有关。

1.1.3 模式结构

微课 1-5
模式结构

数据库系统的模式结构一般分成三部分：

（1）外模式（External Schema）对应于用户级，是使用数据库的用户所看到的数据库中数据的视图。视图指的是对数据库中数据的认识和理解的方式，即数据库用户所看到的内容。外模式是从模式中导出的一个子集，所以外模式又被称为子模式或用户模式。一个数据库可以有多个外模式，不同用户可以有不同的外模式相对应。

（2）模式（Schema）对应于概念级，是对数据库中的所有数据的整体逻辑描述。是由数据库的设计者根据数据库中存储的所有数据的特征，统一构建的逻辑结构，所以一个数据库只有一个模式，模式是所有用户的公共视图。在构建模式的过程中，除了必须考虑所有数据的内在逻辑结构，如实体有哪些属性及各属性的域等，还应该对数据的安全性、完整性予以考虑。模式在使用中又被称为逻辑模式。

微课 1-6
数据库映像

（3）内模式（Internal Schema）对应于物理级，是数据库中的所有数据在物理介质（如硬盘）上的描述方式。内模式主要描述了数据是在物理介质上的存储方式和物理结构，如数据是顺序存储，还是链式存储或 B 树结构，采用何种索引方式，是否经过加密，等等。因为数据在物理介质上的存储方式是唯一的，所以内模式和模式一样，在数据库中也是唯一的。内模式又被称为存储模式。

1.1.4 数据库映像

数据库映像概念的提出是为了在数据库的三个模式之间保持数据的独立性，使得用户对数据库中数据的使用方式不依赖于数据库中数据的逻辑组织方式，同时数据库中数据的逻辑组织方式也不依赖于数据在具体物理介质上的存储方式和物理结构。数据库的映像结构如图 1-2 所示。

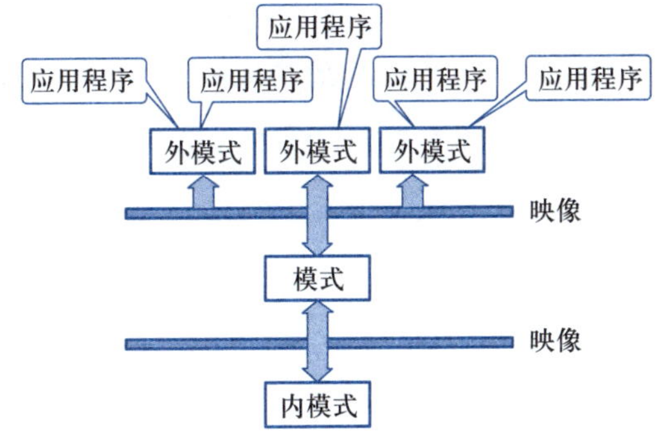

图 1-2 数据库映像结构

在图 1-2 所示的数据库映像结构中：

1）外模式：是指用户的应用程序按照外模式定义的方法使用数据库中的数据。

2）模式：是指数据库中数据存储的整体逻辑。

3）内模式：是指数据库中数据在计算机物理介质上的存储方式。

数据库映像分为两层：

（1）外模式 / 模式映像

该映像被定义在外模式和模式之间，其作用是当模式发生变化时，数据库的设计人员只需要改动外模式与模式之间的映像，而不必改动外模式。因为所有用户的应用程序都直接使用数据的外模式提供的功能，只要外模式不发生改变，所有用户应用程序就无须改变，而直接使用修改后的模式中的数据即可，从实现数据库中数据的变化不会影响到用户的使用方式。所以说这一层映像保持了数据库中数据的独立性，不会因为数据库中数据的逻辑结构发生变化，导致所有用户应用程序如不改变就无法使用的情况。

（2）模式 / 内模式映像

该映像被定义在模式与内模式之间，其作用是当数据库中的所有数据在物理介质（如硬盘）上的描述方式发生变化时，如从采用顺序结构改成了链式结构的方法，数据库的设计人员只需要改动模式与内模式之间的映像，而不必改动模式。因为从顺序结构改成了链式结构，只是数据库中的数据在计算机物理介质上的存储方式发生变化，而数据库中数据的整个逻辑结构没有发生变化，所以不用改动模式，只需要改动它们之间的映像就可以了。所以说这一层映像保持了数据库中数据的独立性，不会因为数据在计算机物理介质上存储方式的变化，导致必须对数据库整体逻辑结构进行修改。

微课 1-7
数据库设计概念

1.2 数据库设计基础

1.2.1 数据库设计概念

数据库设计是依据给定的数据库应用环境，构造出最优的数据库模式，建立数据库及其应用系统，使之能够有效地存储数据，满足各种用户的应用需求，包括数据需求和处理需求。

在数据库的设计过程中，没有统一的设计模式。数据库用在什么地方，是数据库设计最主要的依据。所以说，没有最好的设计方案，只有最适合的设计方案。

另外，数据库的设计应考虑两方面内容及其相互的配合。一方面是数据需求，主要考虑数据库本身的框架和结构设计，以实现高效地存取数据；另一方面是数据处理需求，主要考虑应用程序和事务处理如何能最大满足用户对数据库的各种需求。

微课 1-8
数据库设计的阶段

1.2.2 数据库设计的阶段

数据库设计分成需求分析、概念设计、逻辑设计、物理设计、验证实施设计、运行维护等几个阶段。

下面，我们来详细分析一下各个阶段的主要任务。

（1）需求分析阶段

该阶段的主要任务，首先是获取用户业务领域的信息需求、处理需求、安全需求及数据完整性需求。然后对用户的各种需求进行分析，最终得到数据字典描述的数据需求和数据流程图描述的处理需求。

数据字典主要描述了数据的数据项、数据结构、数据流、数据存储及外部实体等。

数据流程图则主要描述了数据在信息系统中流动、处理和存储的情况。

该阶段的主要方法是分析用户的组织结构设置、各部门的业务流程及相互合作的方式。

该阶段的主要分析方法有自上而下、自下而上、逐步扩张、混合策略等几种。

自上而下分析方法是从用户系统组织结构的最上层开始，将其每层的情况用数据字典和数据流程图描述，如图 1-3 所示。

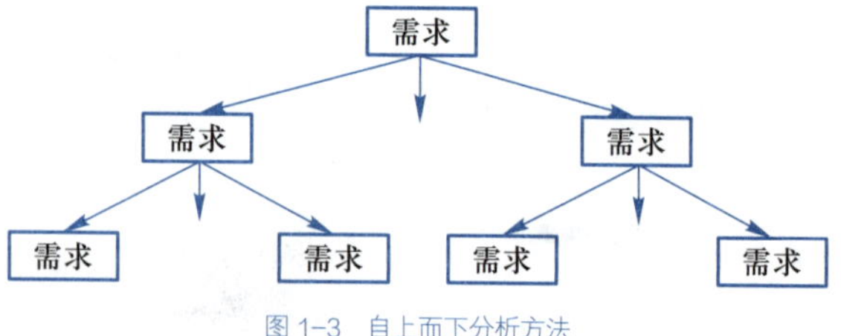

图 1-3 自上而下分析方法

自下而上分析方法则与前一方法相反，是从用户系统组织结构的最底层开始，如图 1-4 所示。

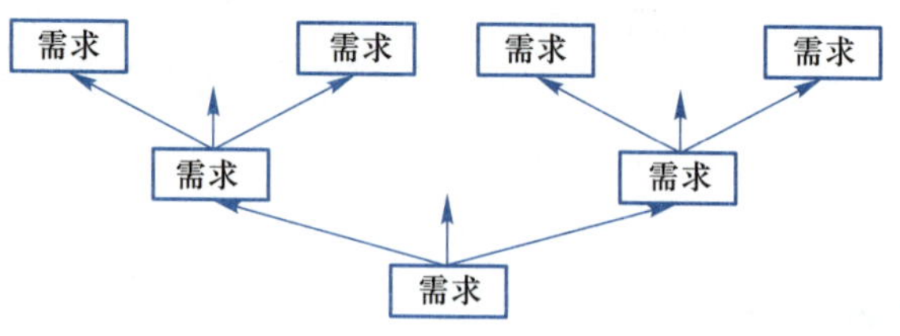

图 1-4 自下而上分析方法

该阶段是整个设计过程的基础，也是最困难、最耗时间的一步。

（2）概念设计阶段

该阶段将需求分析阶段得到的数据字典和数据流程图进行深入分析和抽象，建立一个不依赖于任何具体数据库的概念数据模型。

概念设计的过程如图 1-5 所示。

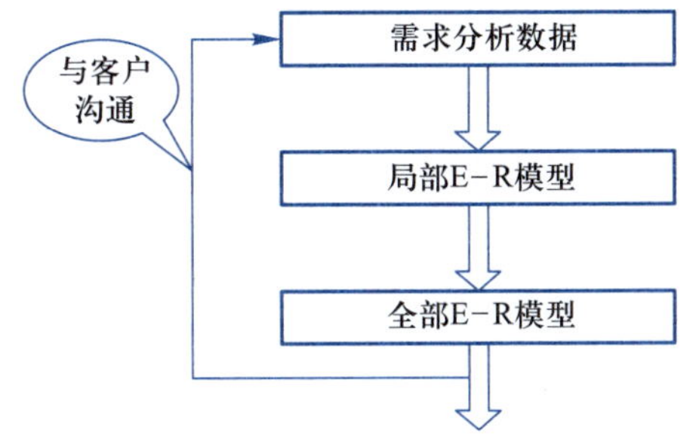

图 1-5 概念设计过程图

概念数据模型的建立一般使用 IDEF1X 方法，该方法是美国空军 ICAM 项目中的信息建模（IDEF1）方法的扩展版本。它主要针对以下问题进行分析：

1）企业信息的采集、存储和管理。

2）信息的管理规则。

3）企业内信息之间的逻辑关系。

4）缺乏良好的信息管理导致的问题。

使用 IDEF1X 方法创建 E-R 模型的步骤大致如下：

1）初始化工程

从目的描述和范围描述开始，确定建模目标，开发建模计划，组织建模队伍，收集原始资料，制定约束和规范，形成基本数据资料表。

2）定义实体

实体集成员有一个共同的特征和属性集，从基本数据资料表中直接或间接标识出大部分实体。

3）定义联系

IDEF1X 模型中只允许二元联系，n 元联系必须定义为 n 个二元联系。使用实体联系矩阵来标识实体间的二元关系。

4）定义码

首先标识候选码属性，再从候选码中确定主码。主码和关系的有效性可通过非空规则和非多值规则来保证，即一个实体实例的一个属性不能是空值，也不能在同一个时刻有一个以上的值。

5）定义属性

从基本数据资料表中抽取说明性的名词，确定属性表及属性的所有者。

6）定义其他对象和规则

定义属性的数据类型、长度、精度、非空、缺省值、约束规则等。定义触发器、存储过程、视图、角色、同义词、序列等对象信息。

（3）逻辑设计阶段

该阶段是将概念设计阶段的概念数据模型转换为某个数据库管理系统（DBMS）所支持的逻辑数据模型，并对其进行优化。

在概念设计阶段形成的 E-R 图中，实体、实体的属性和实体间联系等概念将统一转换成关系模型，这种转换的原则如下：

1）实体转换成关系。其中实体的名字直接作为关系的名字，实体的所有属性作为关系的属性。实体的主码作为关系的主码，如图 1–6 所示。

转换后的关系为：商品（编号，品牌，数量），主码为编号。

2）一个 1:1 联系转换成关系，如图 1–7 所示。

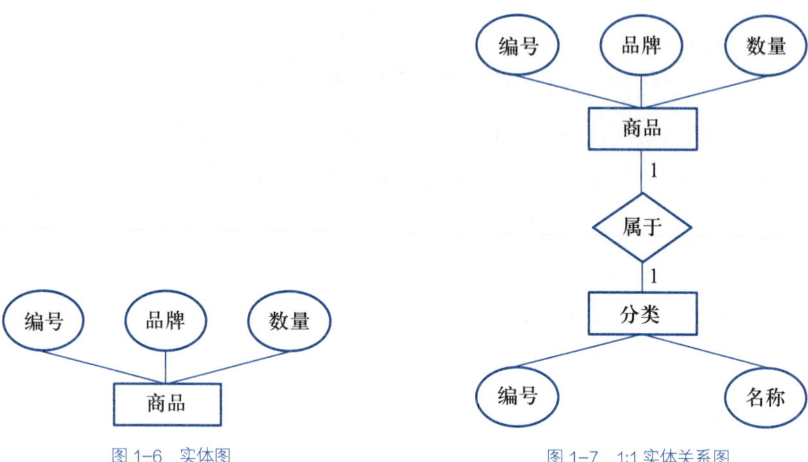

图 1–6 实体图

图 1–7 1:1 实体关系图

① 将此联系生成独立的关系。其中新生成的关系中，属性由联系本身的属性加上同该联系相连的两个实体的码构成。两实体的码均可成为新生成的关系中的码。

转换后的关系为：

商品（商品编号，品牌，数量），主码为商品编号。

分类（分类编号，名称），主码为分类编号。

属于（商品编号，分类编号），候选主码为商品编号，分类编号。

② 将此联系与连线某端的实体集合并成一个关系，此时新生成的关系中，属性由某一端实体的所有属性加上联系的另一端实体的码和联系本身的属性构成。

转换后的关系为：

商品（商品编号，品牌，数量，分类编号），主码为商品编号。

分类（分类编号，名称），主码为编号。

3）一个 1:n 联系转换成关系，如图 1–8 所示。

① 将此联系生成独立的关系。其中新生成的关系中，属性由联系本身的属性加上同该联系相连的两个实体的码构成。n 端实体集的码作为新生成的关系中的码。

转换后的关系为：

商品（商品编号，品牌，数量），主码为商品编号。

购物车（购物车编号，商品数量），主码为购物车编号

属于（商品编号，购物车编号），主码为商品编号。

② 将此联系与 n 端的实体集合并成一个关系，此时新生成的关系中，属性由 n 端实体集的所有属性加上 1 端实体集的码和联系本身的属性构成。

转换后的关系为：

商品（商品编号，品牌，数量，购物车编号），主码为商品编号。

购物车（购物车编号，商品数量），主码为购物车编号

4）一个 m:n 联系转换成关系，如图 1-9 所示。

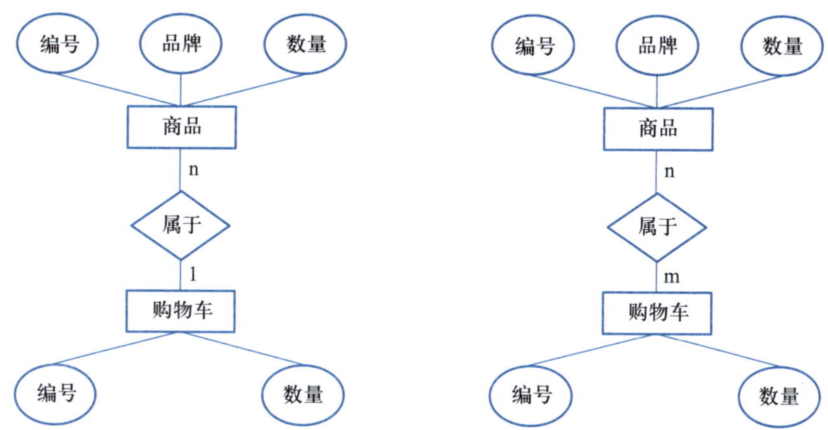

图 1-8 1:n 实体关系图　　图 1-9 m:n 实体关系图

此时只能生成独立的关系，该关系的属性由联系本身的属性加上同该联系相连的两个实体集的码构成。新关系的码由两个实体的码的组合构成。

转换后的关系为：

商品（商品编号，品牌，数量），主码为商品编号。

购物车（购物车编号，商品数量），主码为购物车编号

属于（商品编号，购物车编号），主码为商品编号 + 购物车编号。

5）具有相同码的关系模式可以合并。

（4）物理设计阶段

该阶段为逻辑设计阶段确定的逻辑数据模型选取一个最适合的物理结构。

物理设计阶段一般为分两步：

1）确定阶段：主要任务包括：

① 记录的存储结构设计，主要考虑存取时间、存储空间和维护代价的因素。

② 记录的访问方法设计，主要考虑检索能力

2）评价阶段：主要从数据库的时间和空间效率进行。

（5）验证实施设计阶段

根据逻辑设计和物理设计，在计算机上实际建立起数据库，并加入测试数据，编制和调试应用程序，进行试运行，如图 1-10 所示。

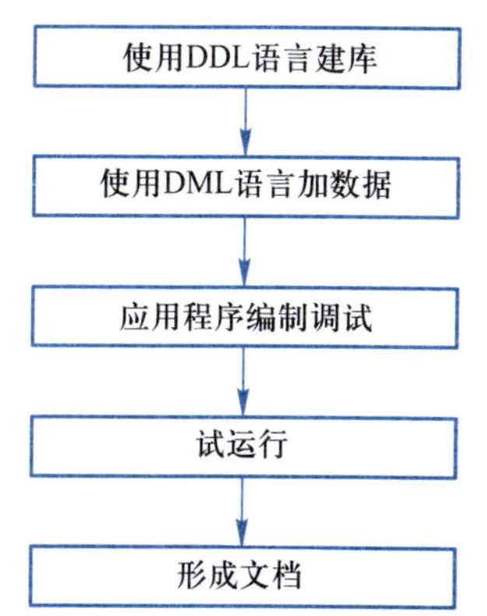

图 1-10 实施设计流程图

（6）运行维护阶段

数据库经过验证实施阶段后就可以正式运行了。在整个运行的过程当中，主要完成以下任务：

1）数据库的安全性与完整性的监控。

2）数据库的备份与恢复。

3）数据库性能的检测、分析和改进。

4）数据库的重组与重构。

1.3 数据库设计方法

1.3.1 新奥尔良法

新奥尔良法是属于规范化设计中比较完整和权威的一种。基本思想是过程迭代和逐步求精，它首先提出将数据库的设计分成四个阶段：

1）需求分析阶段。

微课 1-9
新奥尔良法

2）概念设计阶段。

3）逻辑设计阶段。

4）物理设计阶段。

新奥尔良法是现在许多数据库设计方法的起源，这些新的设计方法都是在新奥尔良法的基础上，在设计的每个阶段采用一些辅助方法来实现的。

1.3.2 基于 E-R 模型的数据库设计方法

E-R 模型方法主要用于数据库的概念设计，其特点是不受任何具体的数据库管理系统（DBMS）的约束，完全以人的思维方式，通过以下概念，重新整理和组织需求分析阶段得到的数据。

E-R 模型主要包含以下概念：

1）实体（Entity）。

2）实体集（Entity Set）。

3）属性（Attribute）。

4）属性值（Attribute Value）。

5）码（Key）。

6）域（Domain）。

7）实体型（Entity Type）。

8）联系（Relationship）。

这些概念在 1.1.2 节已经详细讲过了，这里不再赘述。

E-R 图是 E-R 模型的表现形式，如图 1-11 所示：

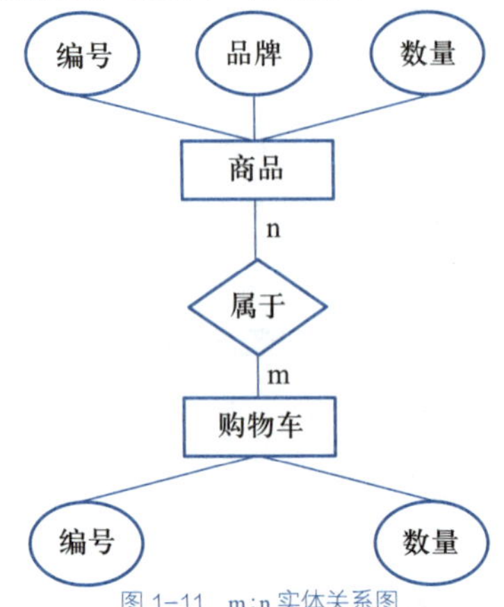

图 1-11 m:n 实体关系图

在图 1–11 中：

1）矩形表示实体，实体名为“商品”“购物车”。

2）椭圆表示属性，属性名为“编号”“品牌”“数量”。

3）矩形与椭圆之间的连线表示某一属性属于某个实体。

4）菱形表示联系，联系名为“属于”。联系包括三种类型，即 1 对 1、1 对 n、m 对 n。图 1–11 中为 m 对 n 的类型，表示一个会员的购物车中可以有多种商品，同样一种商品可以被多个会员放入自己的购物车。

1.3.3 第三范式设计方法

范式是关系型数据库的理论基础，也是在设计数据库结构过程中所要遵循的规则和指导方法。范式总共有 6 种，但一般关系型数据库的设计只要满足第三范式即可。满足高一级范式的设计，必定同时满足低一级范式的设计，所以当满足第三范式时，第二范式和第一范式也同时满足了。

微课 1–10 第三范式设计方法

（1）第一范式：强调实体中的每个属性都是原子性的，即每个属性不可再分。

表 1–1 不符合第一范式要求的表

购物车编号	用户编号	商品	
		编号	数量

如表 1–1 所示，就不满足第一范式的要求。商品属性不是原子性的，因为它又可以被分成商品编号和数量两个子属性。如果要满足第一范式的要求，表 1–1 必须设计成如表 1–2 所示的样子。

第一范式是所有关系型数据库的最低要求，不符合这一要求是无法创建数据表的。

（2）第二范式：当有多个主键时，表中不能存在这样的属性，它仅仅依赖于部分主键，而不是全部主键。其中：

1）主键是指这样的属性，当该属性确定后，其他属性随之能够确定。如表 1–2 所示，购物车编号一旦确定，则这个购物车属于哪个用户，购物车中有哪些商品，每种商品的数量将随之确定。

表 1–2 符合第一范式要求的表

购物车编号	用户编号	商品编号	商品数量

2）依赖则是指一个属性确定了，另一个属性随之确定。如表 1–2 所示，购物车编号确定了，购物车中的商品编号一定能够确定；反过来，商品编号确定了，购物车编号不能唯一确定，因为两辆购物车可以有同一种商品。所以可以说商品编号依赖于购物车编号。

如表 1–3 所示，表中的成绩属性依赖于学号、科目两个属性，所以这张表必须有两个主键。但姓名属性只依赖于学号属性，不依赖科目属性。这样表中就存在姓名这样一个属性，仅仅依赖于两个主键中的一个。所以认为表 1–3 中的表不符合第二范式，必须将其拆分成如下的两个表：

表 1–3 不符合第二范式要求表

学号	姓名	科目	成绩

在表 1–4 中成绩属性依赖于学号和科目两个属性，表中不存在仅仅依赖与部分主键的属性了。

表 1–4 符合第二范式要求表

学号	科目	成绩

在表 1–5 中姓名属性依赖于学号属性，表中也不存在仅仅依赖于部分主键的属性了。

表 1–5 符合第二范式要求表

学号	姓名

（3）第三范式：属性之间不能存在传递依赖，传递依赖是指属性 X 依赖于属性 Y，而属性 Y 又依赖于属性 Z，于是称属性 X 传递依赖于 Z，如表 1–6 所示：

表 1–6 不符合第三范式要求表

学号	系编号	系主任

在表 1–6 中，表的属性系主任依赖于系编号，系编号又依赖于学号，于是系主任就传递依赖于学号。这不符合第三范式的要求。必须将其拆分成表 1–7 和表 1–8 所示的两个表：

表 1–7 符合第三范式要求表

学号	系编号

在表 1-7 中，不存在传递依赖，所以符合第三范式。

在表 1-8 中，也不存在传递依赖，所以同样符合第三范式。

表 1-8 符合第三范式要求表

系编号	系主任

1.3.4 面向对象设计方法

微课 1-11
面向对象设计方法

面向对象设计方法是面向对象设计和数据库设计两种设计思想的结合，但两种思想在本质上要解决的问题是不相同的。面向对象设计主要解决的是业务执行逻辑问题，也就是一个项目中的数据如何加工处理的问题。数据库设计主要解决的是一个项目中的数据如何高效存储问题。所以，两种思想反映的是一个项目的两个方面，即数据的处理和存储。正是由于两种思想需要相互配合才能完成同一个项目，所以出现了面向对象设计方法。

面向对象设计方法的核心思想是对象 – 关系映射（Object-Relation Mapping，ORM），这种映射本质上是数据在对象形式的描述与关系模型形式的描述之间的一种相互转换，其转换方法主要有以下几种：

1）单个对象与关系模型间的映射。

2）关联的多个对象与关系模型间的映射。

3）组合聚合的多个对象与关系模型间的映射。

4）继承的对象与关系模型间的映射。

ORM 框架是用于实现这种转换的程序，常见的 ORM 框架有 Hibernate、TopLink、Castor JDO、Apache OJB 等。

1.4 为在线商城建模

在线商城是利用互联网技术，实现商品信息展示、购物支付结算、实物配送等的一种商业模式，在线商城主要分为：

1）B2B（Business To Business，商家对商家）。

2）B2C（Business To Customer，商家对顾客销售）。

3）C2C（Customer To Customer，客户和客户）。

1.4.1 在线商城简介

下面，结合一个具体的在线商城实例，介绍一下如何使用 MySQL Workbench 软件为这个在线商城的数据库系统建模，该在线商城如图 1-12 所示：

微课 1-12
在线商城简介

图 1-12 在线商城实例

微课 1-13
商品表分析

1.4.2 商品表分析

在一个在线商城中，首先是大量商品的展示，这么多的商品是如何保存在数据库中的呢？其实，在数据库中是以商品表的形式存储的，商品表如表 1-9 所示。

表 1-9 商 品 表

列名	数据类型（精度）	空 / 非空	约束条件	列描述
id	bigint(20)	N	主键	商品编号
cid	bigint(10)	N		所属叶子类目
brand	varchar(50)			品牌
model	varchar(50)			型号
title	varchar(100)			商品标题
sell_point	varchar(500)			商品卖点
price	double			商品价格（单位：分）
num	int(10)			库存数量
barcode	varchar(30)			商品条形码
image	varchar(500)			商品图片
status	tinyint(4)		默认 2	商品状态，1- 正常，2- 下架，3- 删除，默认 2
created	timestamp			创建时间，更新时当前系统时间
updated	timestamp			更新时间

可以看到，表 1-9 所示的商品表中包括商品编号、所属叶子类目、品牌、型号、商品标题、商品卖点等等这么多与商品有关的项。这些项是如何总结到商品表中的呢？为什么要有这些项？依据是什么？依据的是原型。

原型是指 UI 部门设计的平面设计图，这种设计图是一种手绘样本。然后前端工程师依据平面设计图，绘制图 1-13 所示的页面。

数据库工程师就是依据平面设计图或 HTML 页面总结生成 E-R 图。下面，我们看一下具体的生成过程。

1. 分析商品信息

商品展示页面如图 1-13 所示：

商品展示页面的左上半部分如图 1-14 所示。

图 1-14 中编号的含义如下：

1—商品的图片，每种商品都有对应的大图展示。

2—商品的品牌。

3—商品的型号，同一品牌的商品一般都会有许多种型号。

4—商品的类目，商品的种类繁多，层级复杂，需要类目说明的信息。

商品展示页面的右上半部分如图 1-15 所示。

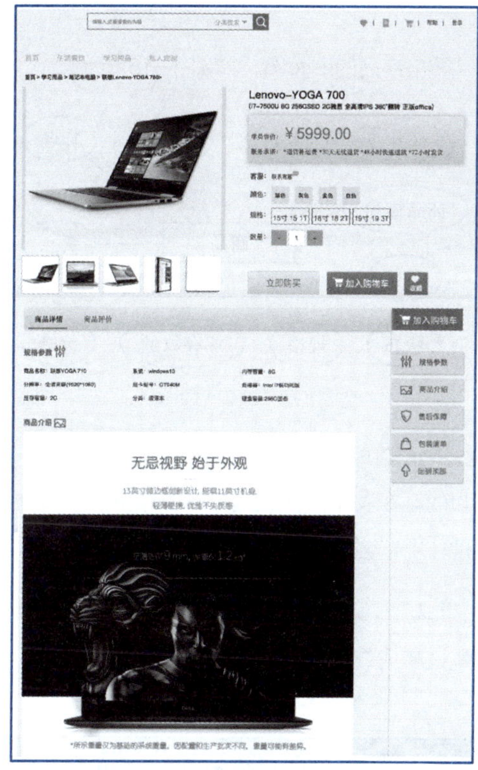

图 1-13 商品展示页面

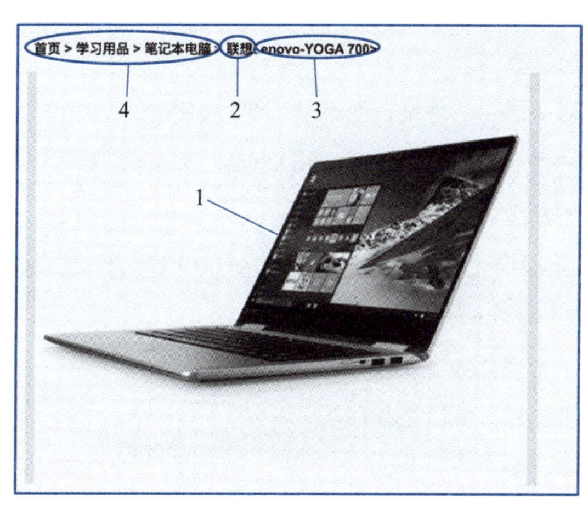

图 1-14 商品展示页面左上部分

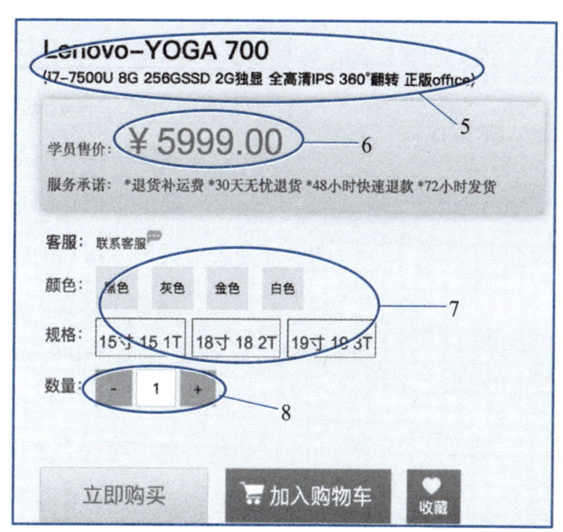

图 1-15 商品展示页面的右上半部分

图 1-15 中编号的含义如下：

5—商品的标题，对商品要点的简短描述。

6—商品的价格。

7—商品的规格，记录诸如颜色、配置等规格信息。

8—商品的数量，这里一般是客户的购买数量，不能超过库存数量。

图 1-13 所示的其余部分是商品的详情描述。

2. 绘制 E-R 图

通过以上分析，可以画出商品的 E-R 图，如图 1-16 所示。

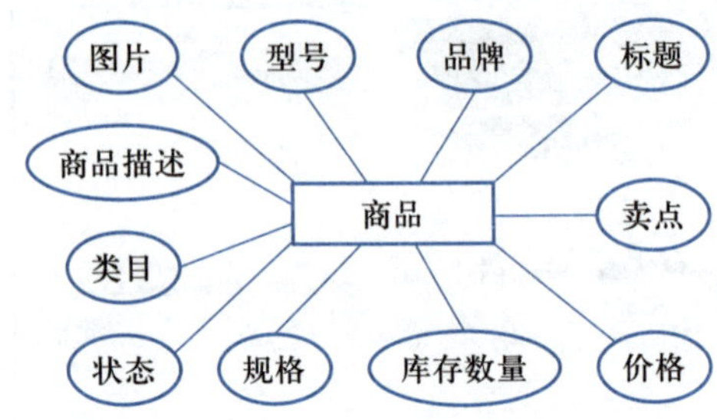

图 1-16 商品的 E-R 图

我们会发现图 1-16 所示的 E-R 图中多出了“卖点”和“状态”两个属性，这是与客户沟通后应客户要求添加的。在表 1-9 中还有“商品条形码”属性，这都是应客户要求后加的。在 E-R 图的绘制过程中，会与客户反复沟通，直至达成一致才固定下来。

微课 1-14
商品表拆分

3. 将 E-R 图转换成二维表

直接将 E-R 图上的属性变成二维表中的列，如表 1-10 所示

表 1-10 商品的 E-R 图变成的二维表

图片	型号	品牌	标题	卖点	价格	库存数量	规格	状态	类目	商品描述

分析一下表中各列中存放的数据：

1）“图片”属性中保存的是图片在服务器中的地址，而不是该图片本身。

2）“型号”属性中保存的是该商品的型号，如：Lenovo-YOGA700。

3）“品牌”属性中保存的就是商品的品牌，如：联想。

4）“标题”属性中保存的是该商品简短描述，如：Lenovo-YOGA700（i7-7500U 8G 256GSSD 2G 独显 全高清 IPS 360 度翻转正版 Office）。

5）“卖点”属性中保存的是该商品的卖点，如：年度爆款。

6）“价格”属性中保存的是该商品的价格，如：5999.00。

7）“库存数量”属性中保存的是该商品的库存数量。

8）“规格”属性中保存的是该商品的个性化规格，如：商品的颜色、配置等信息，这些信息是以 JSON 格式保存的。出于对 JSON 解析的需要，将其拆分成独立的商品规格参数表，如表 1-11 所示：

表 1-11 拆分出来的规格表

列名	数据类型（精度）	空 / 非空	约束条件	列描述
id	bigint(20)	N	主键	规格参数编号
item_id	bigint(20)	N		商品编号

续表

列名	数据类型(精度)	空/非空	约束条件	列描述
param_date	text			参数数据 Json 格式
updated	timestamp			更新时间
created	timestamp			创建时间

在表 1-11 中保存的信息有：

1）“状态”属性中保存的是该商品的状态，如：商品正常状态、商品被下架、商品被删除等。

2）“类目”属性中保存的是该商品的分类信息，如“首页 > 学习用品 > 笔记本电脑”。但是，如果再深入分析一下会发现联想笔记本电脑属于这个类目，HP 笔记本电脑也属于这个类目……所有笔记本电脑均相同。这样这个类目属性就不像“图片”、“品牌”、“型号”那样与某一个商品是一对一的关系，而是一对多的关系，即一个类目对应多个商品。所以对于这样的属性需要将其拆分出来，形成独立的商品类目表，如表 1-12 所示：

表 1-12 拆分出来的类目表

列名	数据类型(精度)	空/非空	约束条件	列描述
id	bigint(20)	N	主键	类目编号
parent_id	bigint(20)			父类目 ID=0 时，为一级类目
name	varchar(50)			类目名称
status	int(1)		默认 1	状态。1- 正常，2- 删除
sort_order	int(4)			排列序号，同级别优先级
is_parent	tinyint(1)		默认 1	是否为父类目，1-true,0-false
created	timestamp			创建时间
updated	timestamp			更新时间

“商品描述”属性中保存的是该商品的详情描述，这些详情描述一般都是只读的文字和图片，但量很大，以 HTML 代码的形式保存。由于其量很大，如果保存在商品表中，将会严重影响商品表的简洁性，所以对于这样的属性也需要将其拆分出来，形成独立的商品描述表如表 1-13 所示：

微课 1-15
商品详情拆分

表 1-13 拆分出来的商品描述表

列名	数据类型(精度)	空/非空	约束条件	列描述
item_id	bigint(20)	N	主键	商品编号
item_desc	text			商品描述，Json 格式
created	timestamp			创建时间
updated	timestamp			更新时间

1.4.3 其他表

在线商城中一般还会有以下几种表（表 1-14 ~ 表 1-19），它们都是用上述方法分析出来的。

1. 购物车表

表 1-14 购 物 车 表

列名	数据类型（精度）	空 / 非空	约束条件	列描述
Id	bigint(20)	N	主键	购物车编号
user_id	bigint(20)	N		用户编号
item_id	bigint(20)	N		商品编号
num	int(10)		默认 1	商品数量
status	int(4)		默认 1	购物车状态 1 正常 2 删除
created	timestamp			创建时间
updated	timestamp			修改时间

2. 收藏夹表

表 1-15 收 藏 夹 表

列名	数据类型（精度）	空 / 非空	约束条件	列描述
id	bigint(20)	N	主键	收藏夹编号，自增长
user_id	bigint(20)	N		用户编号
item_id	bigint(20)	N		商品编号
title	varchar(200)			商品标题
price	double			商品单价
pic_path	varchar(200)			商品图片
item_param_data	varchar(200)			商品参数
status	int(4)		默认 1	收藏夹状态 1 正常 2 删除
created	timestamp			创建时间
updated	timestamp			修改时间

3. 订单表

表 1-16 订 单 表

列名	数据类型(精度)	空 / 非空	约束条件	列描述
order_id	varchar(50)	N	主键	订单编号
user_id	bigint(20)	N		用户编号
add_id	bigint(20)	N		地址编号

续表

列名	数据类型(精度)	空 / 非空	约束条件	列描述
payment	double			实付金额。单位：元。精确到 2 位
payment_type	int(2)			支付类型，1- 在线支付、2- 货到付款
post_fee	double			邮费，单位元精确 2 位
status	int(4)			状态：1. 未付款，2. 已付款，3. 未发货，4. 已发货，5. 待收货，6. 待评价，7. 交易成功，8. 交易关闭，9. 删除
create_time	timestamp			订单创建时间
update_time	timestamp			订单更新时间
payment_time	timestamp			付款时间
consign_time	timestamp			发货时间
end_time	timestamp			交易完成时间
close_time	timestamp			交易关闭时间
shipping_name	varchar(20)			物流公司名称
shipping_code	varchar(20)			物流单号
buyer_message	varchar(100)			买家留言
buyer_nick	varchar(50)			买家昵称
buyer_rate	int(2)			买家是否已评价

4. 订单详情表

表 1-17　订单详情表

列名	数据类型（精度）	空 / 非空	约束条件	列描述
id	varchar(20)	N	主键	流水编号
item_id	varchar(50)	N		商品编号
order_id	varchar(50)	N		订单编号
num	int(10)			商品购买数量
title	varchar(200)			商品标题
price	double			商品单价
total_fee	double			商品总价
pic_path	varchar(200)			商品图片地址

5. 订单地址表

表 1–18 订单地址表

列名	数据类型（精度）	空 / 非空	约束条件	列描述
add_id	bigint(20)	N	主键	地址编号
is_default	tinyint(1)			是否默认地址 1 是 0 否
status	tinyint(4)		默认 1	地址状态 1 正常 2 删除
user_id	bigint(20)	N		用户编号
receiver_name	varchar(20)			收货人全名
receiver_phone	varchar(20)			固定电话
receiver_mobile	varchar(30)			移动电话
receiver_state	varchar(10)			省份
receiver_city	varchar(10)			城市
receiver_district	varchar(20)			区 / 县
receiver_address	varchar(200)			具体街道地址
receiver_zip	varchar(6)			邮政编码
cereated	timestamp			创建时间
updated	timestamp			更新时间

表 1–19 用 户 表

列名	数据类型（精度）	空 / 非空	约束条件	列描述
id	bigint(20)	N	主键	用户编号
username	vachar(50)	N	全表唯一性	用户名
password	vachar(32)	N		密码加密存储
phone	vachar(20)		全表唯一性	注册手机号
email	vachar(50)		全表唯一性	注册邮箱
created	timestamp			创建时间
updated	timestamp			修改时间

1.5 本章小结

本章主要介绍了数据库的基本理论。读者应该了解数据库的基本概念，知道什么是数据、数据库、数据库管理系统、数据库系统、数据模型、模式结构和数据库映像；知道数据库设计的各个阶段及其作用；掌握数据库的设计方法，特别是基于 E-R 模型的数据库设计方法和第三范式规则；最后应熟读在线商城的几张表，在后续内容中会用到。

本章的知识结构如图 1-17 所示：

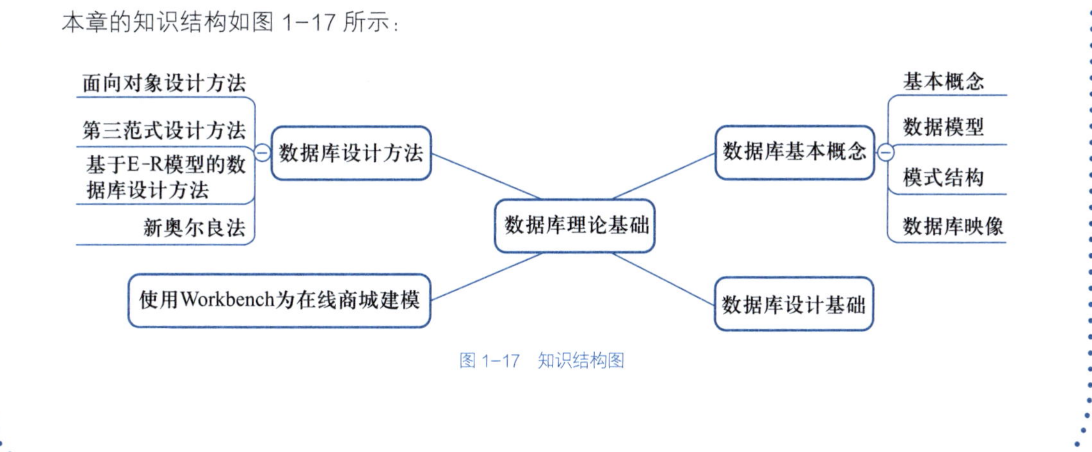

图 1-17 知识结构图

第 2 章　MySQL 数据库简介

本章重点

本章首先介绍 MySQL 数据库的发展历史。然后，简要介绍 MySQL 数据库的优势，包括性能优越、使用简单方便、功能多、跨平台等。接着，重点讲解如何在 Windows 上安装配置 MySQL 和在 Linux 系统下安装配置 MySQL 的步骤。最后，详细讲解如何使用 Workbench 操作 MySQL 数据库。

本章资源

1. PPT：MySQL 数据库简介
2. 微课 2-1MySQL 的历史
3. 微课 2-2MySQL 的优势
4. 微课 2-3 下载
5. 微课 2-4 安装
6. 微课 2-5 服务器配置
7. 微课 2-6 命令行工具使用
8. 微课 2-7 环境变量配置
9. 微课 2-8 服务管理
10. 微课 2-9Wordbench 客户端使用

2.1 历史

PPT
MySQL 数据库简介

微课 2-1
MySQL 的历史

1979 年 Allan Larsson 和 Monty Widenius 合作创办了一家叫做 TcX 的咨询公司。Monty 在 TcX 用 BASIC 语言在瑞典人制造的 ABC800 计算机上编写了一个报表工具 Unireg。它只是一个带有报表前端的底层存储引擎。当时的 ABC800 计算机资源非常匮乏，只有 32KB 内存，CPU 的主频也只有 4MHz，但这种条件却激发了 Monty 的潜能，凭借其编程天赋，Unireg 还是获得了极高的运行效率。随后，Monty 又用 C 语言重写了 Unireg，并将其移植到了 Unix 操作系统中。

1983 年 David Axmark 加入 TCX 公司，负责管理工作。在这一段时间，他们主要为瑞典的一些大型零售商提供数据仓库服务。

1990 年 Monty 接到客户的要求，为他的 Unireg 提供通用的 SQL 接口。起初，Monty 希望使用 mSQL，将其代码集成到自己的存储引擎当中，并找到 mSQL 的发明人 David Hughes 寻求合作。但是经过测试，令人失望的是 mSQL 的速度无法满足客户的要求。在这种情况下，Monty 决定自己重写一个 SQL。

1996 年，MySQL1.0 开始在小范围内使用。为什么以 My 起名，广泛的说法有两种：一个是在 MySQL 中的所有库和工具均以 my 为前缀，另一个说法是用 Monty 的女儿的名字 my 命名的。到同年的 10 月份，MySQL 发布了 3.11.1 版本，只提供了 Solaris 下的二进制版本。11 月提供了 Linux 下的二进制包。但此时的 MySQL 还只能提供对表的 insert、update、delete 和 select 操作。

随后，MySQL 开始向各个平台移植。同时采用了允许免费商用，但不允许将 MySQL 与自己的产品捆绑销售的许可策略。目前，MySQL 主要有以下几个版本：

1）MySQL Community Server：社区版本，免费使用。

2）MySQL Enterprise Edition：企业版，收费使用。

3）MySQL Cluster：簇版，免费使用。

4）MySQL Cluster CGE：收费使用。

1999 ~ 2000 年，Allan Larsson、Monty Widenius 和 David Axmark 在瑞典创办了 MySQL AB 公司。AB 是瑞典语“股份公司（aktiebolag）”一词的首字母缩写。

此后，MySQL AB 公司与 Sleepycat 公司合作，开发出了 Berkeley DB 引擎，开始支持事物处理。

在 Slashdot 的资助下，增加了主从服务器复制功能。

与 Heikki Tuuri 公司合作，在 MySQL 中整合了 InnoDB 存储引擎，实现 SQL 92 标准定义的 4 个事务隔离级别的全部功能。

同年，宣布对 MySQL 实施开源，采用 GPL（GNU General Public License）许可协议。

2003 年，发布了 MySQL 4.0 版本。该版本增加了查询高速缓存功能，从而大大提高了查询速度。

2005 年，发布了里程碑式的版本，MySQL 5.0 版本，标识着 MySQL 已经成为高性能数据库。该版本主要增加了以下功能：

1）存储过程。

2）服务器端光标。

3）触发器。

4）视图。

5）XA 事物。

6）对查询优化器的改进。

2008 年 MySQL 被 Sun 公司收购，2009 年随着 Oracle 对 Sun 的收购，MySQL 又转入了 Oracle 的门下。

MySQL 的海豚标志的名字叫 sakila，是 MySQLAB 的创始人在“海豚命名”的竞赛中选出的。由来自非洲斯威士兰的开源软件开发者 Ambrose Twebaze 提供。

2.2 MySQL 的优势

MySQL 是目前最流行的数据库管理系统之一，它是一个支持多线程高并发多用户的关系型数据库系统。

微课 2-2
MySQL 的优势

MySQL 之所以能够成为当前的一个主流数据库系统，主要是有以下几个优势，如图 2-1 所示。

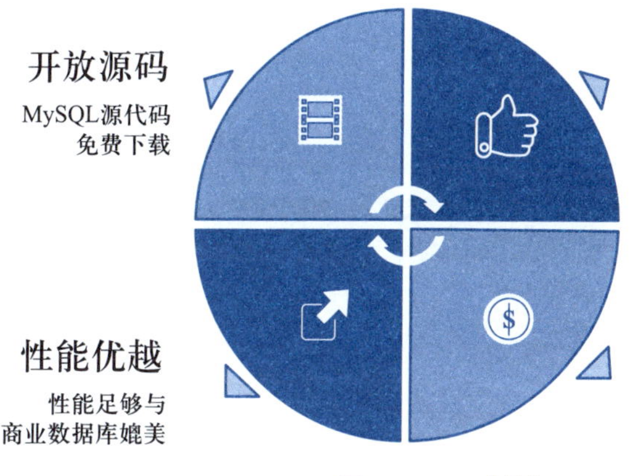

图 2-1 MySQL 的优势

1）性能优越：高性能一直是 MySQL 最主要的特点之一。MySQL 在发展的过程中，始终坚持在保证足够稳定的前提下，提高自身的处理能力。所以在所有商用数据库管理系统中，在性能上仅有 Oracle 能与 MySQL 一较高下。

2）简单方便：MySQL 始终坚持在用户的使用体验上要简单易用的原则，所以 MySQL 始终能够吸引一批又一批的初级用户。对用户来说，MySQL 易学易用，不用去花大价钱雇佣一个数据库管理员或工程师。使用它开发程序也非常简单，同时它支持各种开发平台，如：C、C++、Java、Perl、PHP、Python 和 TCL API。

3）功能多、跨平台：MySQL 基本实现了 ANSI SQL 92 的大部分标准，完全能够满足各种各样的商业需求，提供强大的服务。MySQL 可以被用在嵌入式应用程序中，也可以被用在处理数据量以 TB 计的大型工程中。MySQL 支持众多的操作系统，包括 Windows、Linux、UNIX、MacOS 等。

总之，MySQL 一直沿着简单、高效、可靠的思路在不断地发展壮大，加上开源免费，使得 MySQL 成为中小型公司首选的数据库管理系统。

2.3 安装与配置

MySQL 虽然支持很多的操作系统，但本书中仅对目前使用广泛的 Windows 和 Linux 上如何安装、配置 MySQL 进行讲解。

2.3.1 在 Windows 上安装、配置 MySQL

步骤一：下载 Windows 版本下的集合安装包。

打开浏览器，在地址栏中输入 mysql.com，打开 Downloads 页面。官网提供的下载版本有很多种，Enterprise 为企业收费版，这里不建议使用，使用开源的 Community 社区免费版即可。后面的 Yum Repository 用于在 Linux 系统中使用 yum 仓库的方式在线安装。其他操作菜单可以先不用看。

微课 2-3
下载

另外，在 Community 版本中，还有很多不同的选项，因为想安装到 Windows 系统下，并且是合集，所以直接选择第一个界面，MySQL on Windows 下面的 MySQL Installer 选项即可。下面的其他节点都是独立的软件包，只有这个节点下提供的是下面所有软件的合集，如图 2-2 所示。

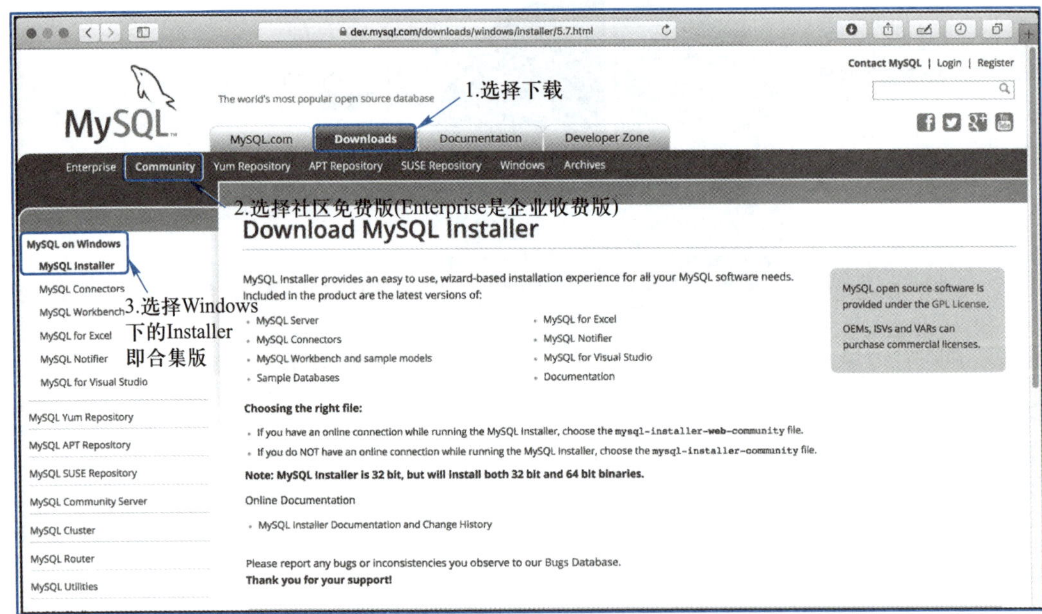

图 2-2 找到下载选项

选中 MySQL Installer 选项之后，滚动到页面底部，根据提示选择操作系统；注意这里面 32 位和 64 位系统共用一个软件包，两个安装文件中，较小的是在线安装包；较大的为独立安装文件，可以离线安装，建议下载离线安装文件。

操作过程如图 2-3 所示。

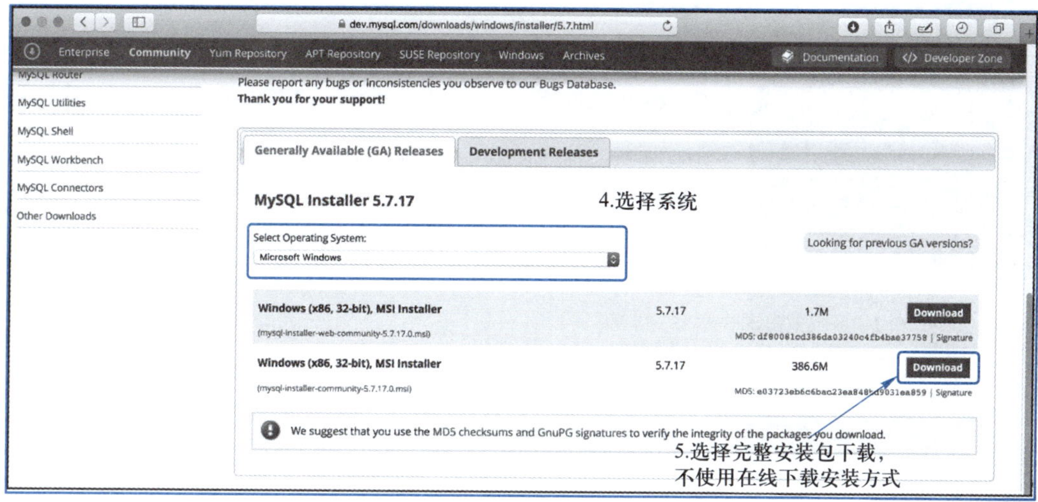

图 2-3 下载 MySQL 安装文件

微课 2-4
安装

步骤二：运行安装文件。

双击下载完成后的文件，根据提示完成安装过程即可。

如图 2-4 所示，同意许可协议。

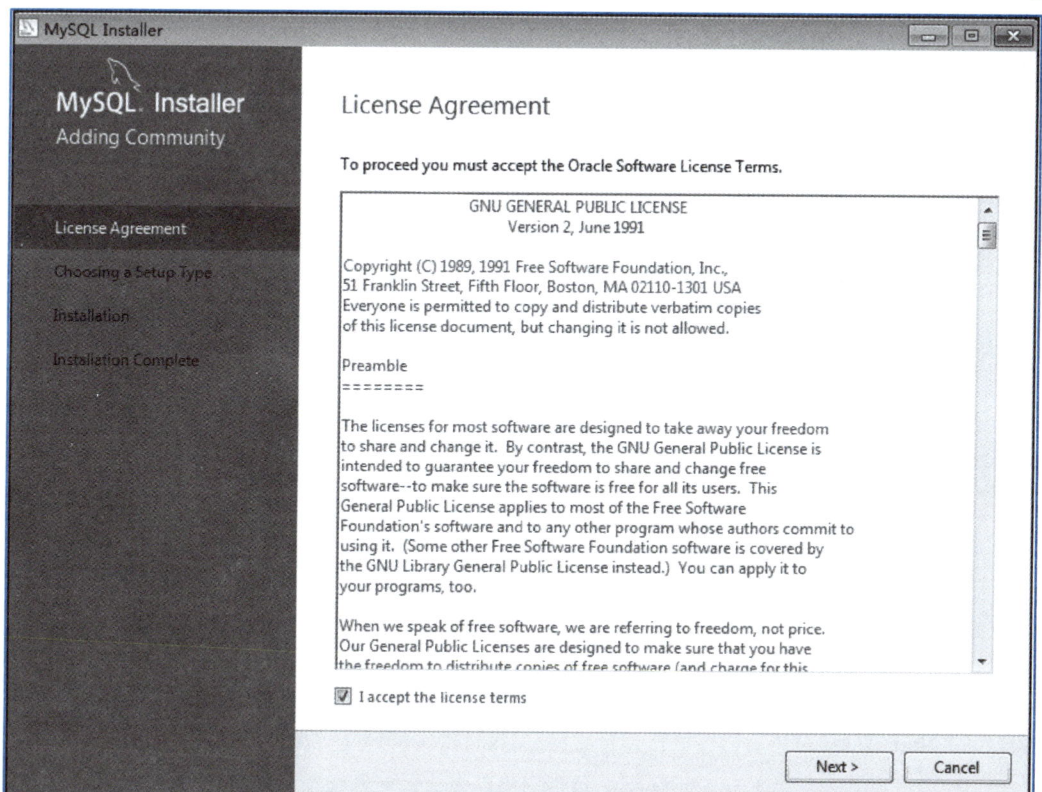

图 2-4 许可协议

如图 2-5 所示，选择安装类型，默认是 Developer Default 选项。但是选择该选项的话无法知道到底安装了什么，所以，建议勾选 Custom 选项，进行自定义安装，然后单击 Next 按钮。

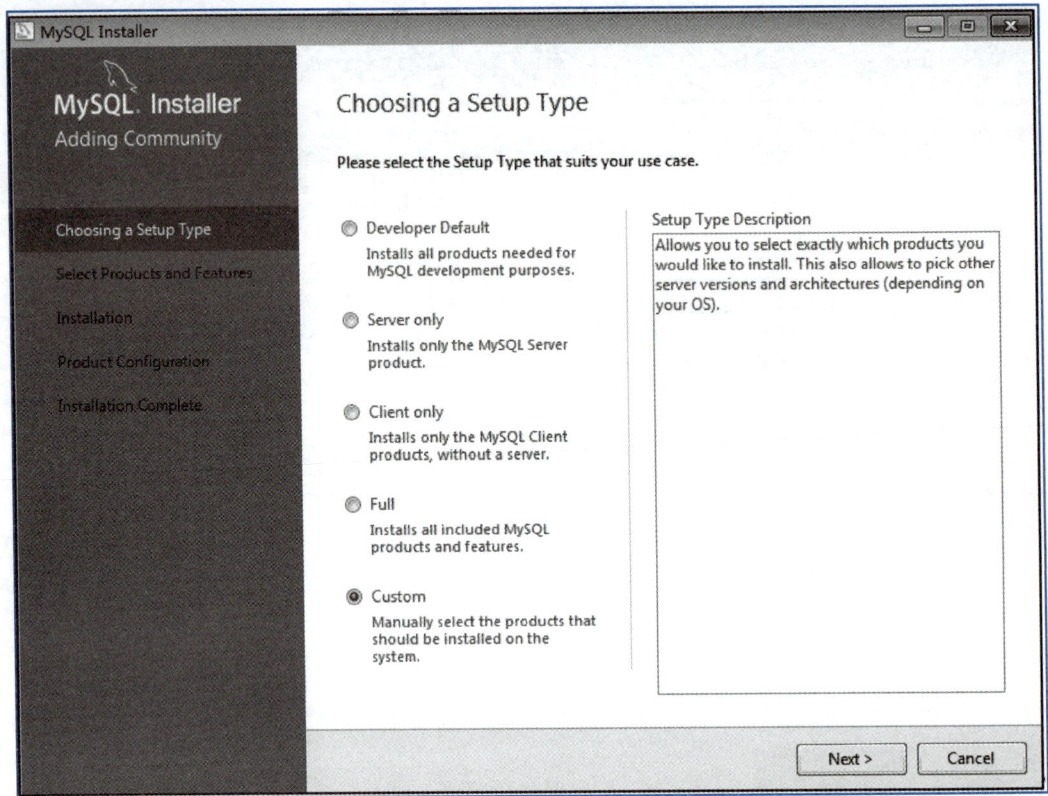

图 2-5　安装内容

如图 2-6 所示，展开各个节点，在 MySQL Servers 节点下寻找当前系统对应的服务器版本，这部分是核心，一定不能选择错误。当前系统是 32 位就要选择 X86 选项，当前系统是 64 位就要选择 X64 选项，选择后单击➡图标，代表添加到安装项中。在 Applications 节点下找到 MySQL Workbench 选项。最后在 Documentation 栏中找到 Documentation5.7.17 和 Samples and Examples5.7.17 选项，将它们都添加到右侧列表框中，然后单击 Next 按钮。

如图 2-7 所示，此页面意在说明要安装的项是否可行，因为 Workbench 依赖 .NET Framework 4.0 和一个 C++ 的补丁，如果这里面提示需要哪些系统级补丁的话，则需要根据提示的名称在网上找到对应的包进行安装后再回到这个安装引导页。只有出现如图 2-7 所示，所有要安装的项都是处于 Ready to Install 状态时，才能单击 Execute 按钮执行安装动作。

如图 2-8 所示，当所有项出现前面的绿色对勾时，代表安装完成，然后就可以单击 Next 按钮进行后续的一些产品配置工作。

如图 2-9 所示，此界面中提示需要对 Server 服务器和 Sample 样例做一些配置，单击 Next 按钮即可。

如图 2-10 所示，对 MySQL 进行网络配置，一般选择默认选项即可。单击 Next 按钮进入下一界面。

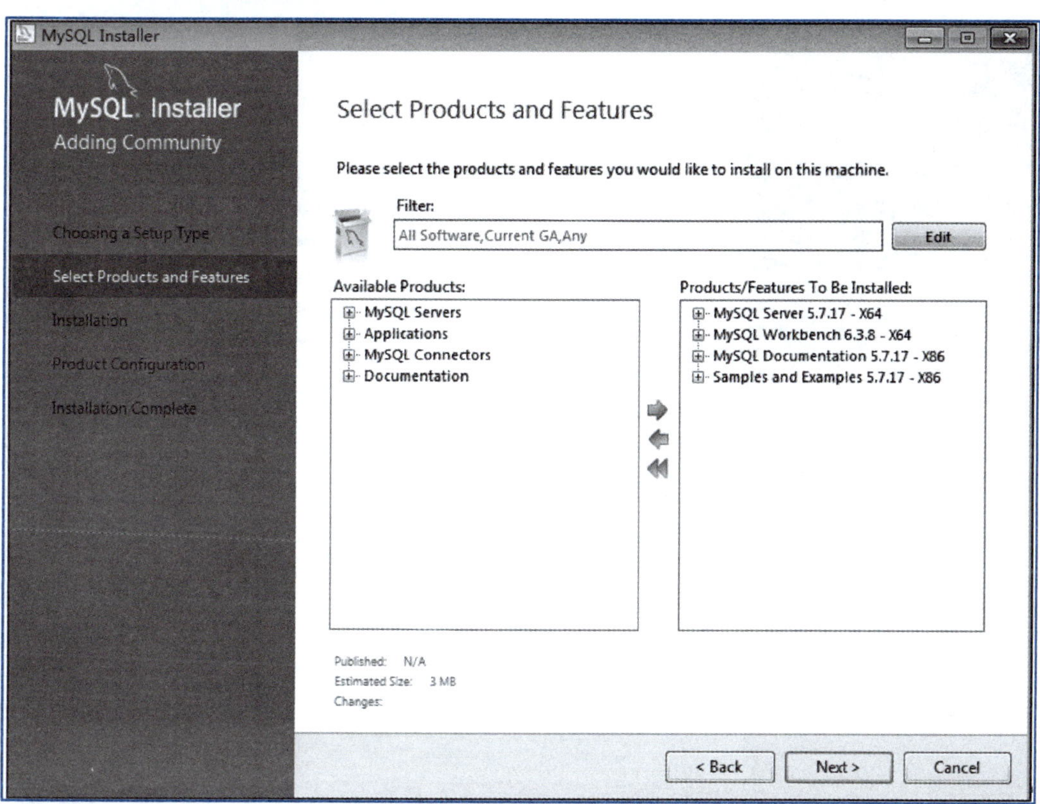

图 2-6 安装选择

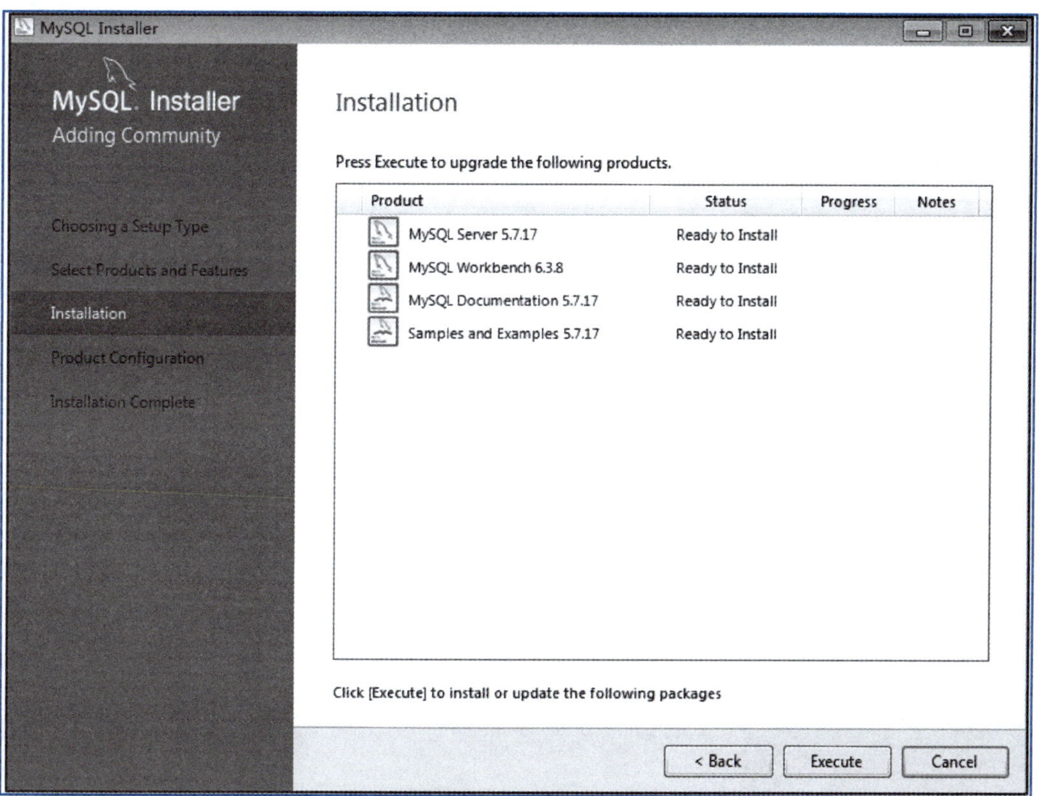

图 2-7 检查安装项状态

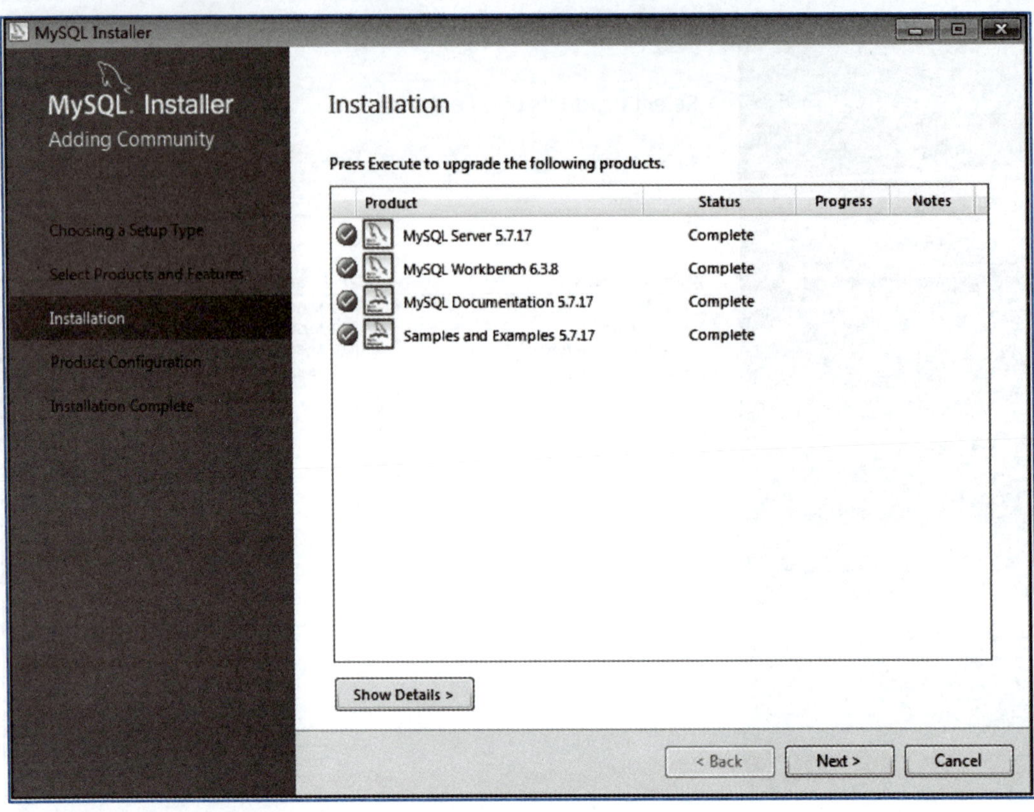

图 2-8 安装完成状态

微课 2-5
服务器配置

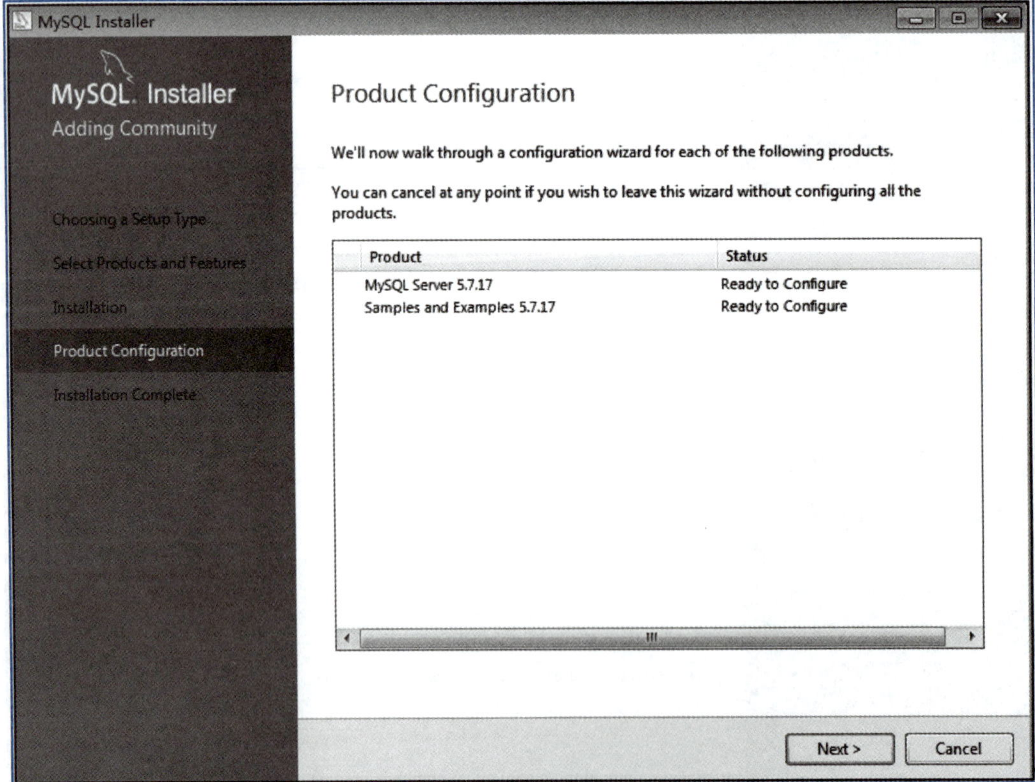

图 2-9 对服务器的配置

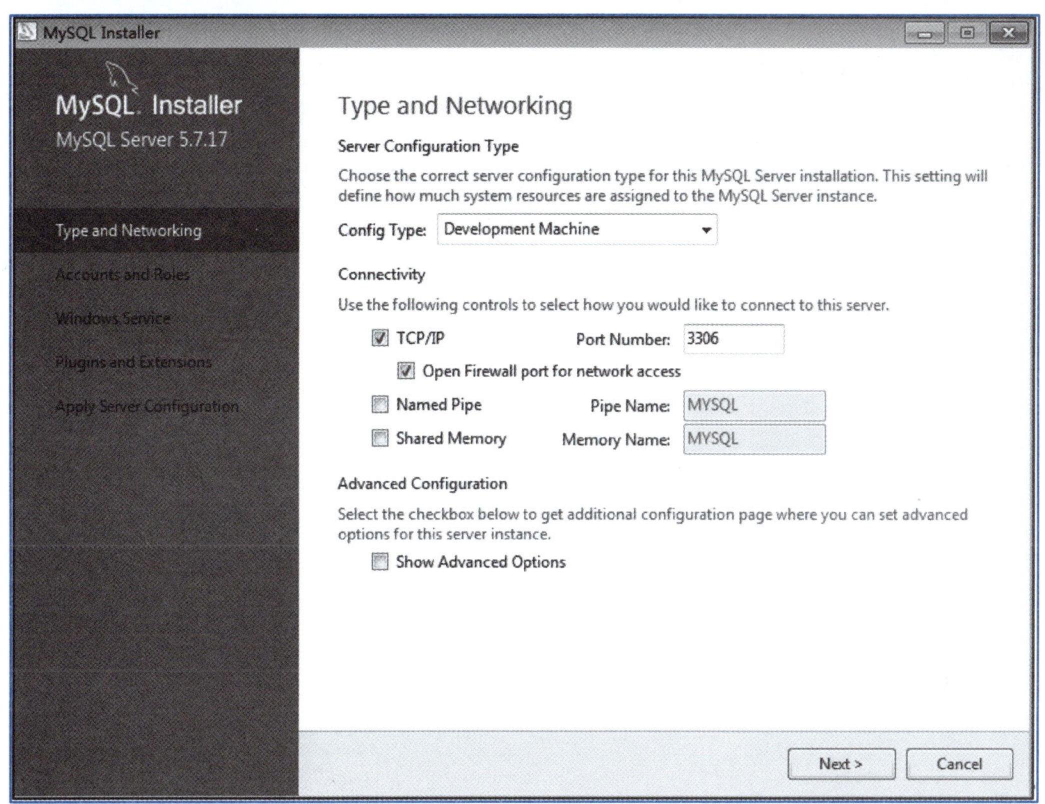

图 2-10 网络配置

如图 2-11 所示，设置登录 MySQL 服务器的 root 用户的密码。MySQL 自带一个用户名为 root 的用户，并且该用户拥有至高无上的权利，能够进行所有的管理操作。一般情况下为了避免使用这个高级账户做出一些错误操作，可以创建新的账户并设置一定的权限。在下方的 MySQL User Accounts 列表框中可以添加新的用户账户。单击 Add user 按钮，输入用户名密码及角色（Role）等信息后创建成功。此操作以后也可以进行，此处不做任何操作。

如图 2-12 所示，本界面中可以设置 MySQL 这项服务的名称，这样可以在 Windows 系统的服务列表中找到这个功能，并且启动服务。保持默认名称即可。单击 Next 按钮进入下一界面。

如图 2-13 所示，本界面用于设置连接服务器的方式及是否开启防火墙，采用默认设置即可，单击 Next 按钮。

如图 2-14 所示，列出即将要进行的所有配置，单击 Execute 按钮系统就会按照这个顺序一项项进行配置。

如图 2-15 所示，所有项都出现绿色对勾代表安装结束，单击 Finish 按钮。

如图 2-16 所示，这个界面表示服务器的配置已经完成，即将进入样例的配置界面，单击 Next 按钮。

如图 2-17 所示，要想进行配置，需要使用刚刚设置的 root 账户密码进行登录。输入密码后单击 Check 按钮进行检查。

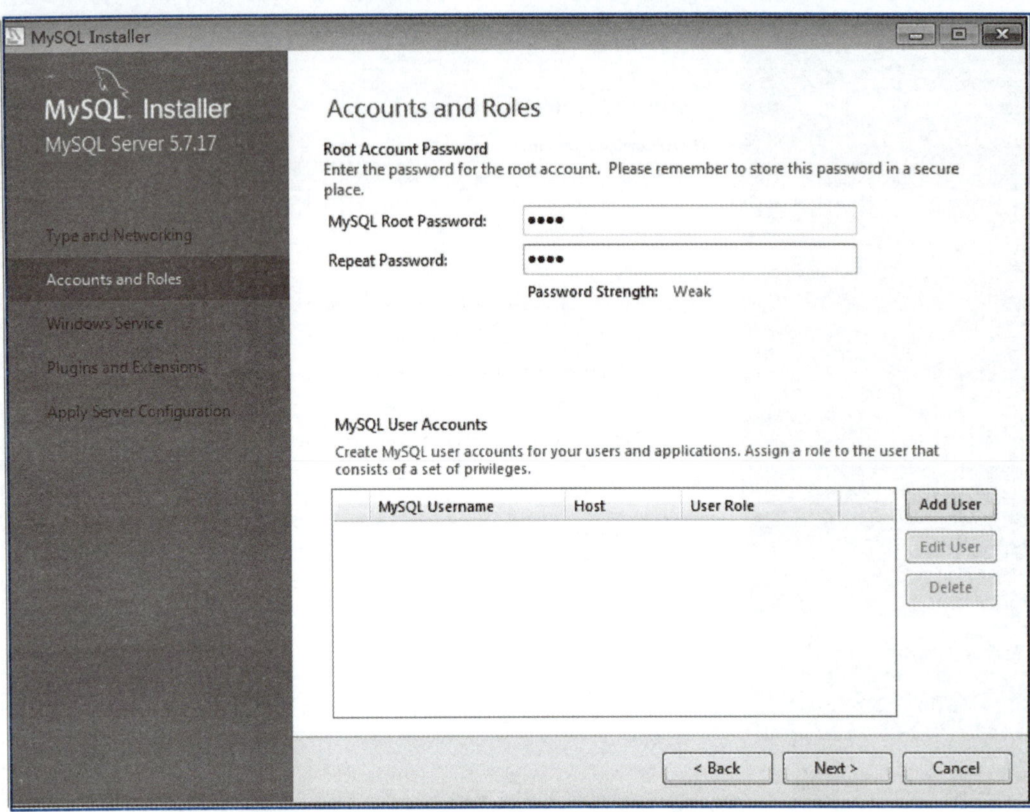

图 2-11　设置 root 账户密码

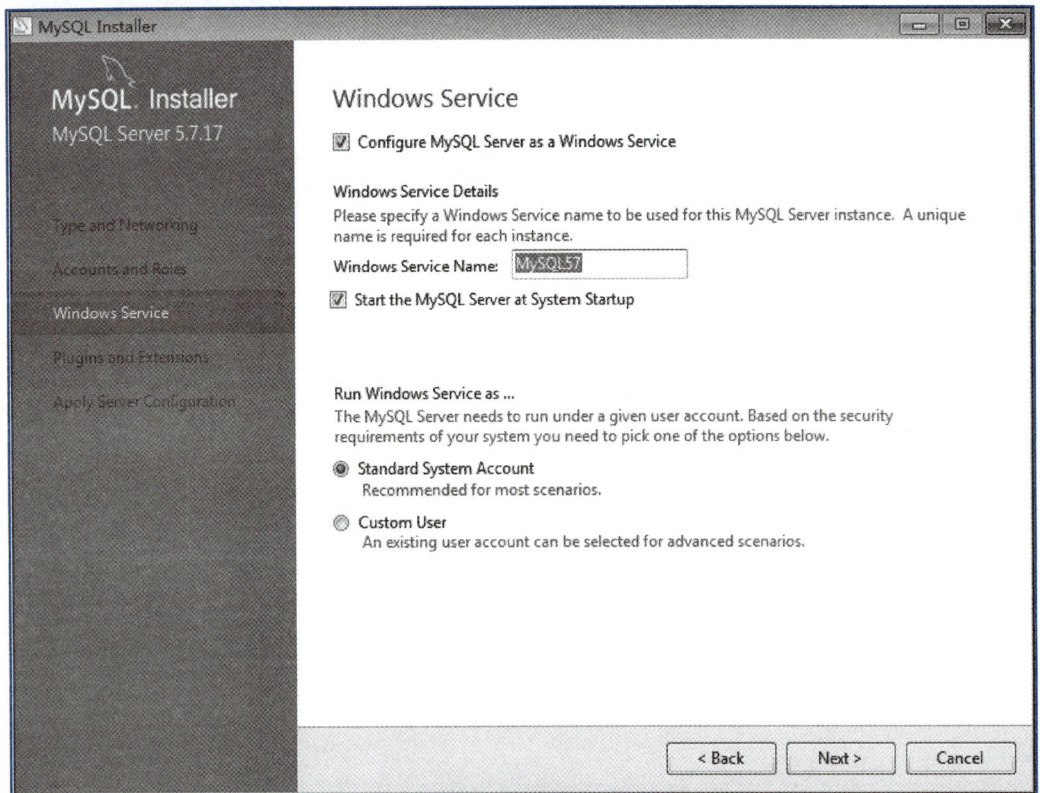

图 2-12　设置服务名称

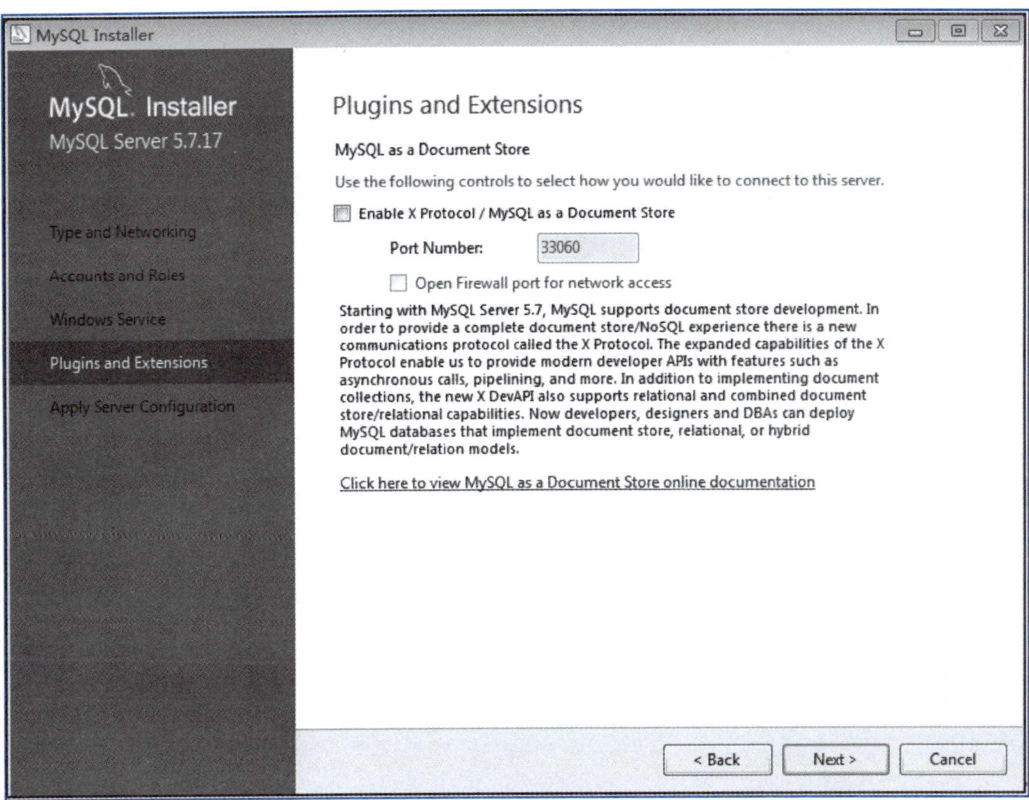

图 2-13 设置连接方式及防火墙

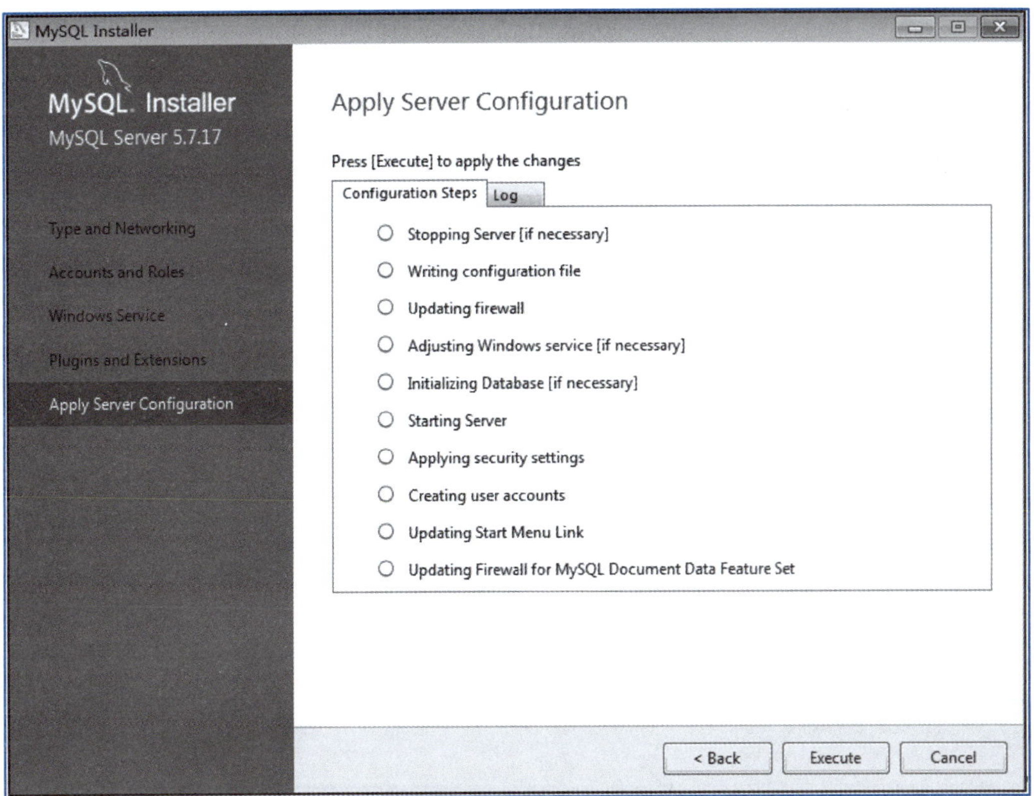

图 2-14 配置表

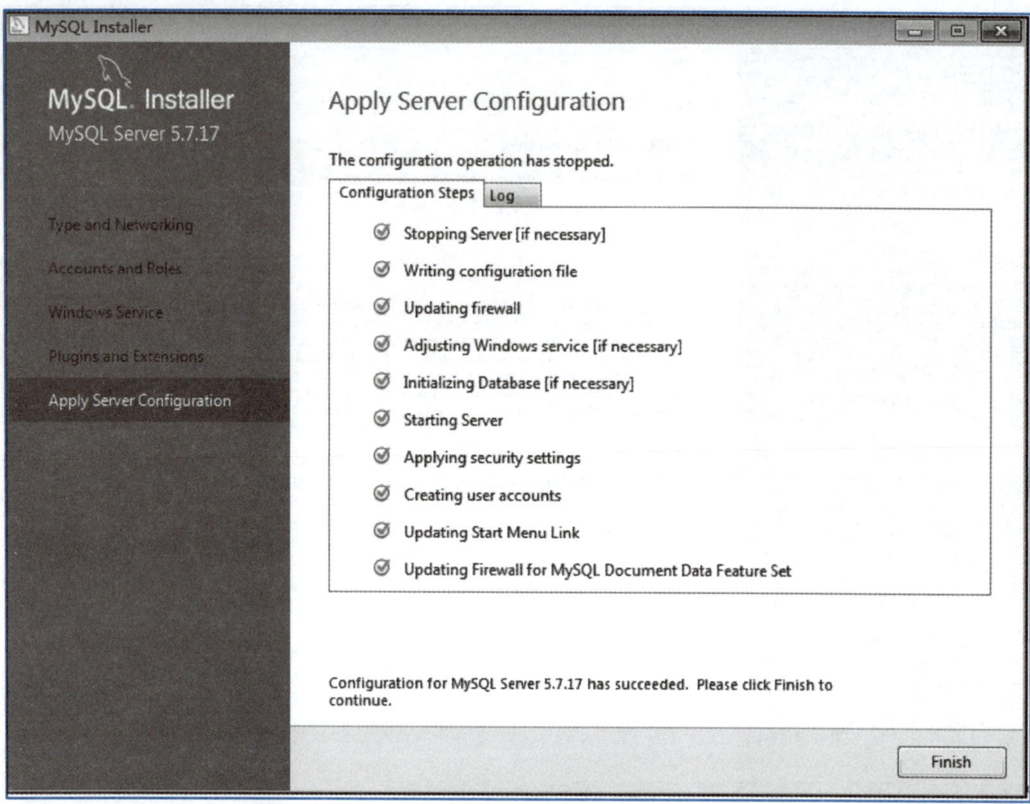

图2-15　安装完成

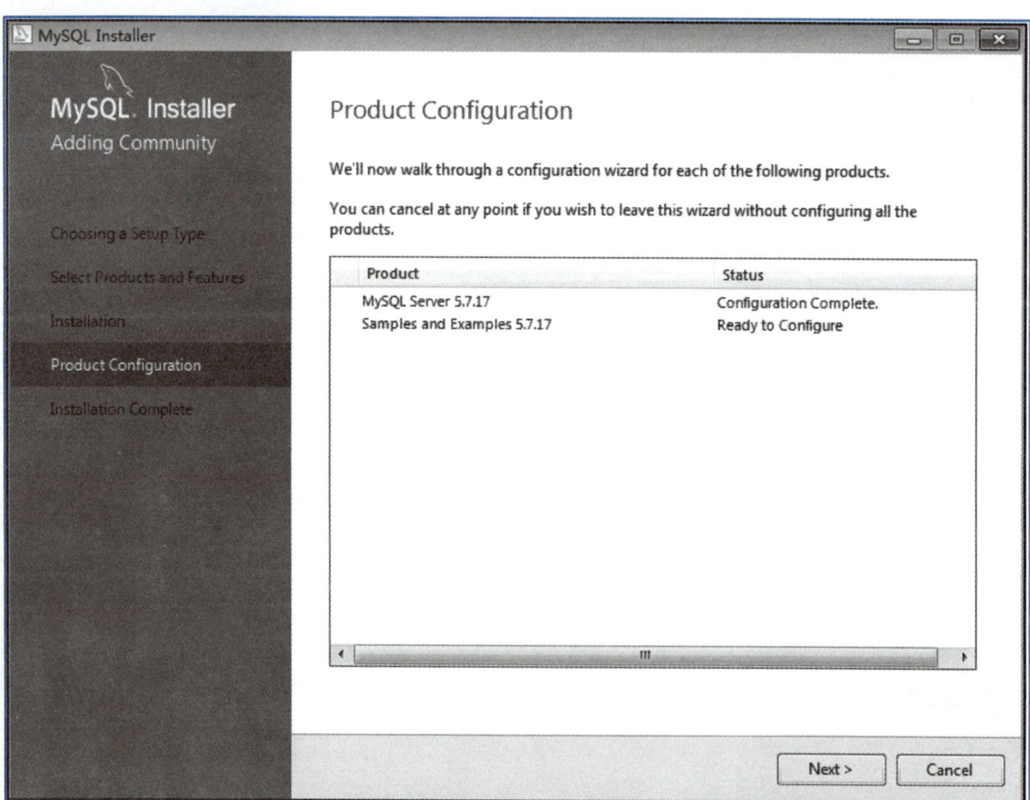

图2-16　产品配置

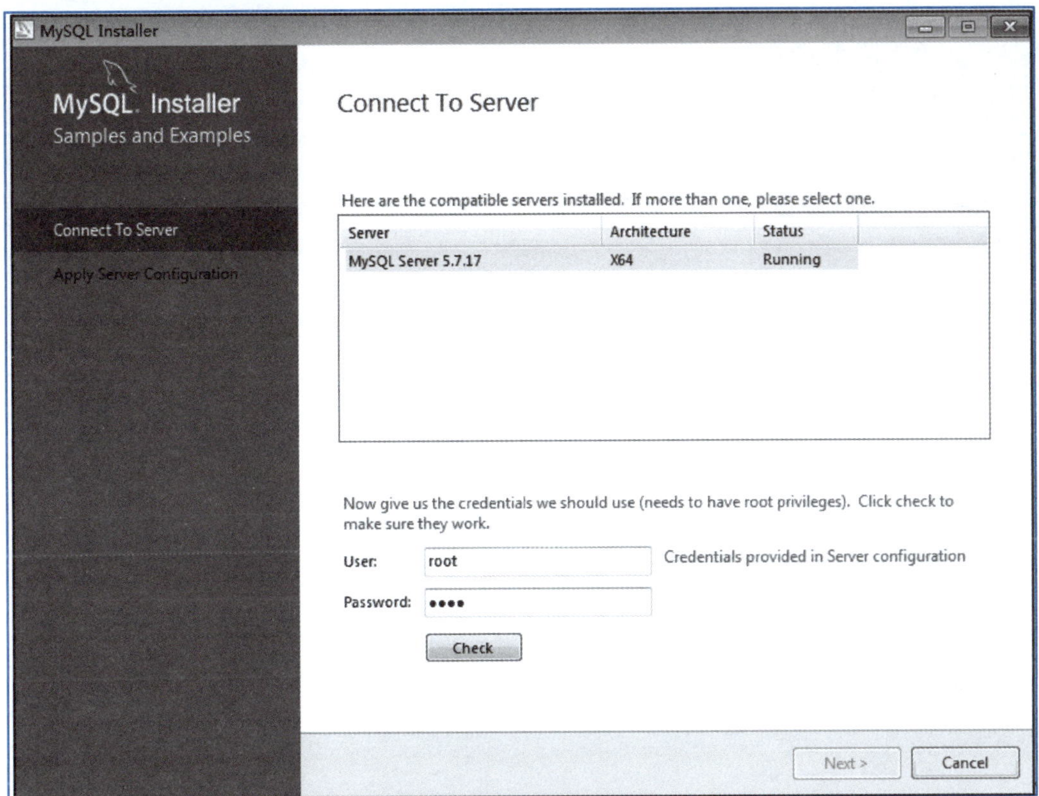

图 2-17 输入 root 密码进行登录

如图 2-18 所示，登录成功则在 Check 按钮旁边出现绿色对勾，显示连接成功，此时就可以单击 Next 按钮。

如图 2-19 所示，列出即将要进行的所有配置项列表，单击 Execute 按钮后就会逐项进行。

如图 2-20 所示，提示配置已经完成，单击 Finish 按钮。

如图 2-21 所示，当服务器的配置和样例配置完成后，此界面会显示 Configuration Complete 字样。

如图 2-22 所示，最后的页面显示安装过程完成。勾选下面的复选框后，则会在安装完成后启动 MySQL 的服务。单击 Finish 按钮完成整个的安装过程。

步骤三：在控制台测试 MySQL 服务器功能。

安装完成并启动 MySQL 服务后，可以借助于 MySQL 提供的命令行工具进行数据库操作。而这个命令行工具位于安装 MySQL 文件的 bin 目录下，如图 2-23 所示。

所以可以在命令行中使用 cd 命令进入到 C:\Program Files\MySQL\MySQL Server 5.7\bin 目录中，如图 2-24 所示。

在该目录下就可以输入 mysql 应用名，并且带上用户名参数和密码参数就能登录 MySQL 服务器了。命令为“mysql –uroot –p”，然后按回车键输入密码，如图 2-25 所示。

在 mysql> 提示处输入命令“show databases”，可以查看当前服务器上的所有数据库，如图 2-26 所示。

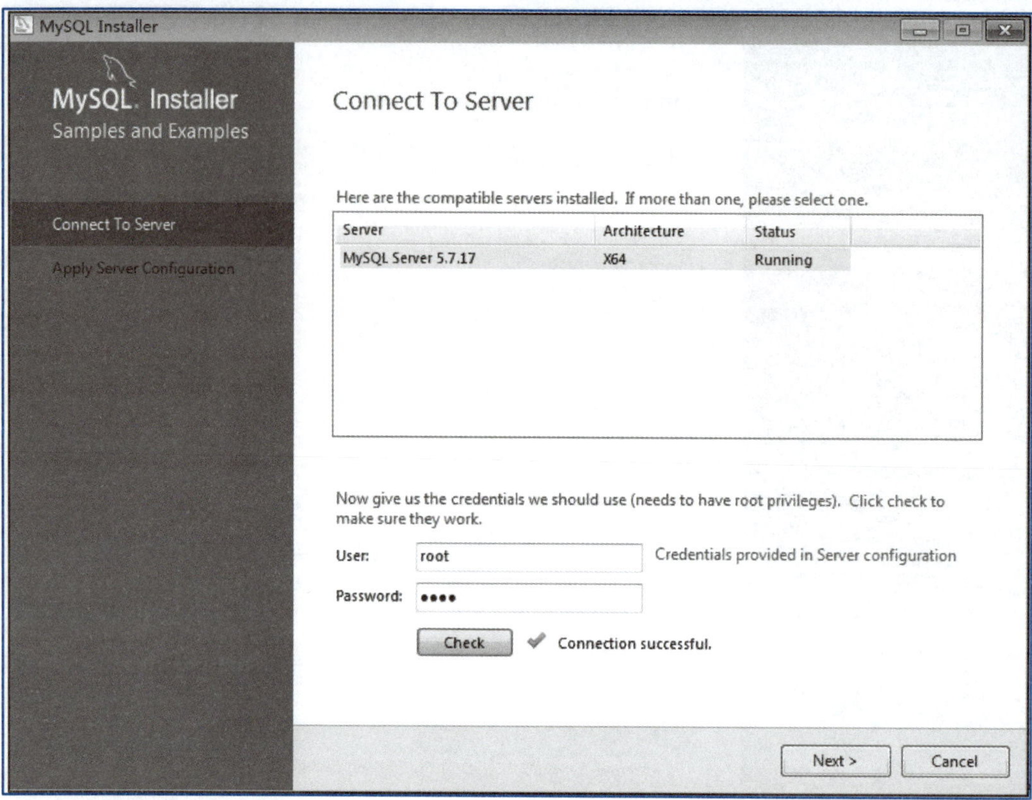

图 2-18 检查连接

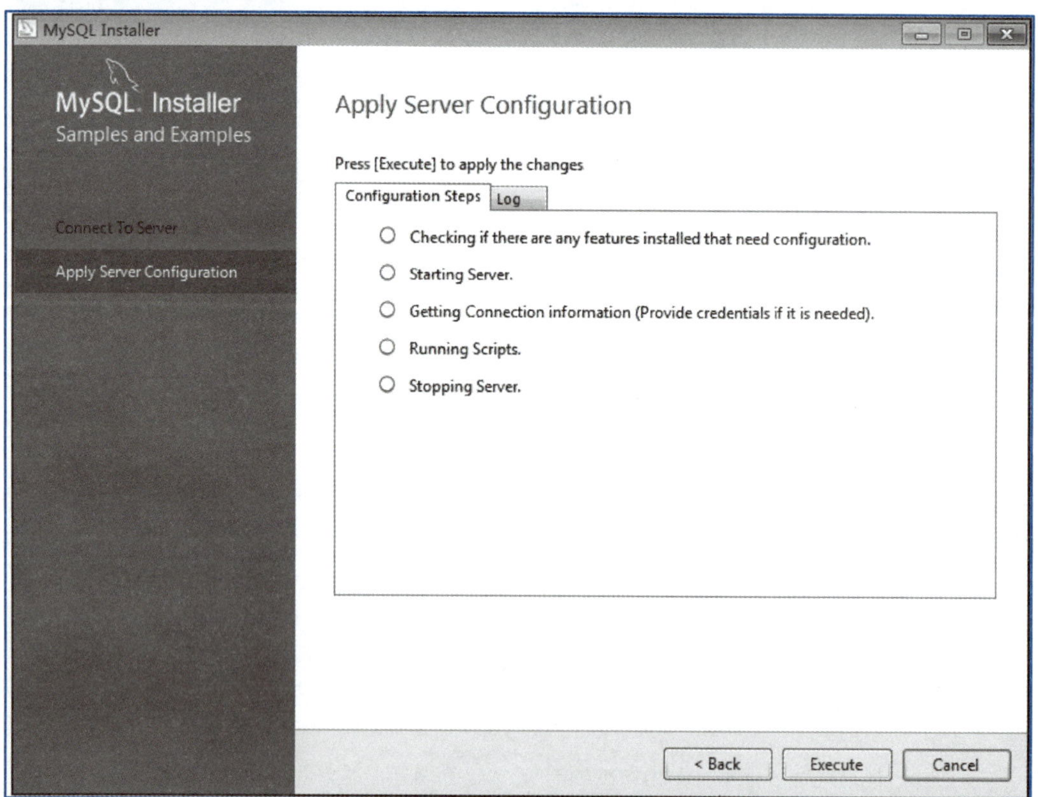

图 2-19 检查配置项列表

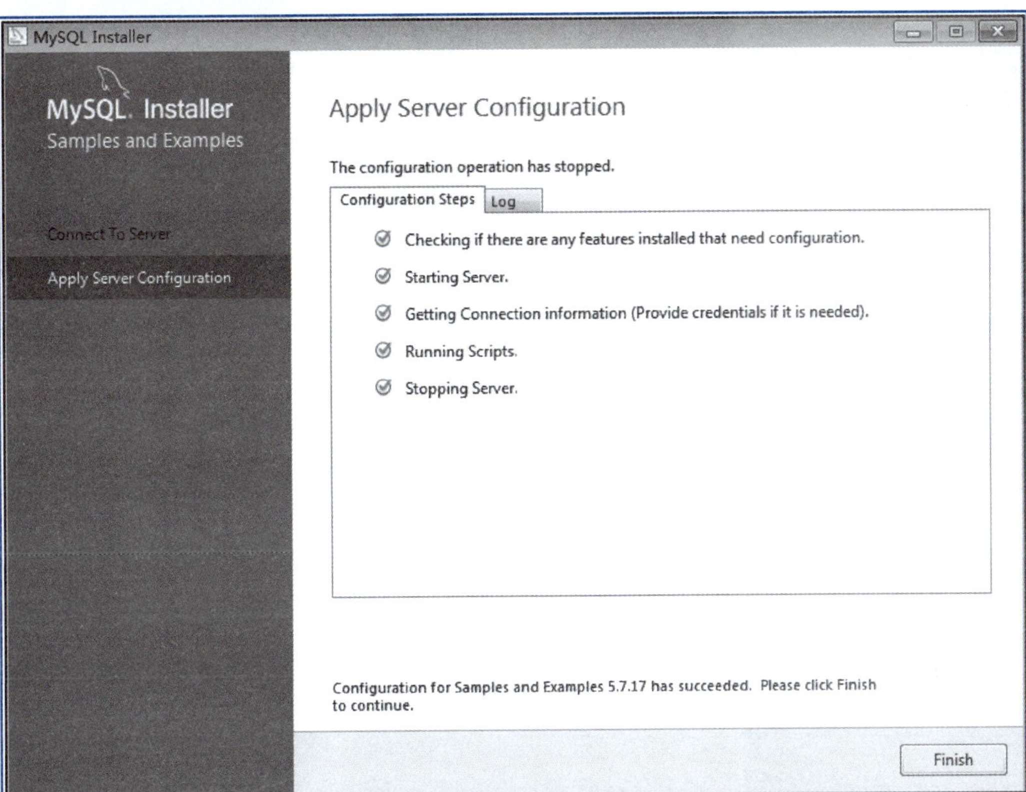

图 2-20 完成配置

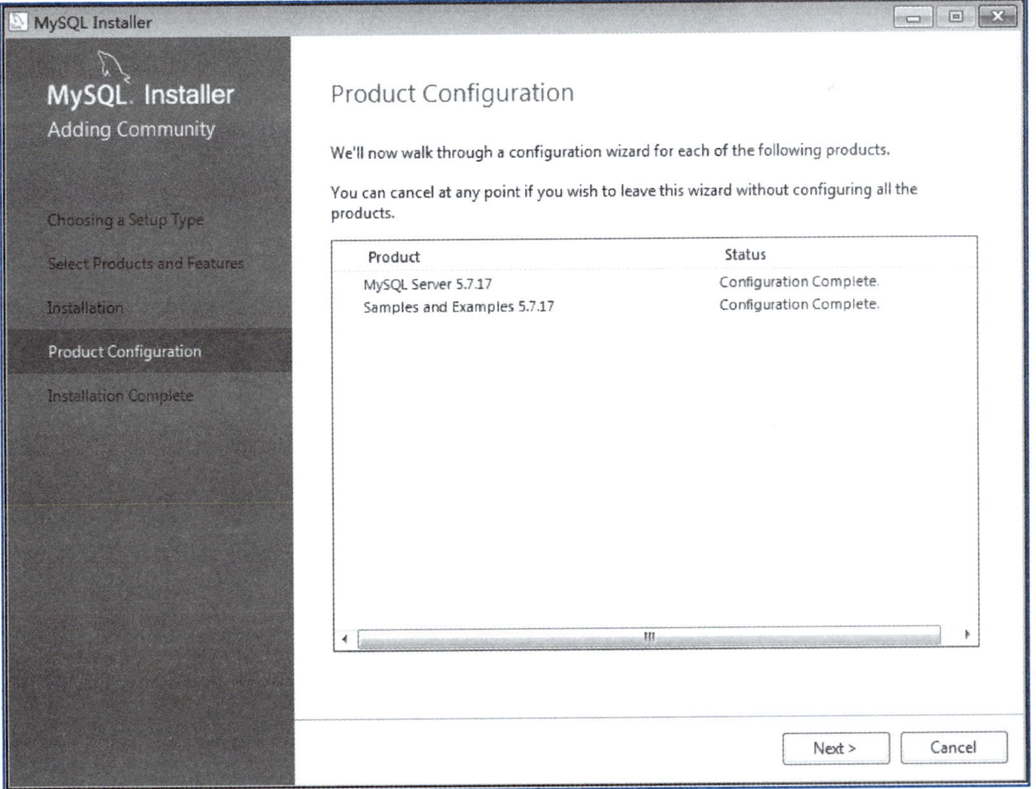

图 2-21 配置完成

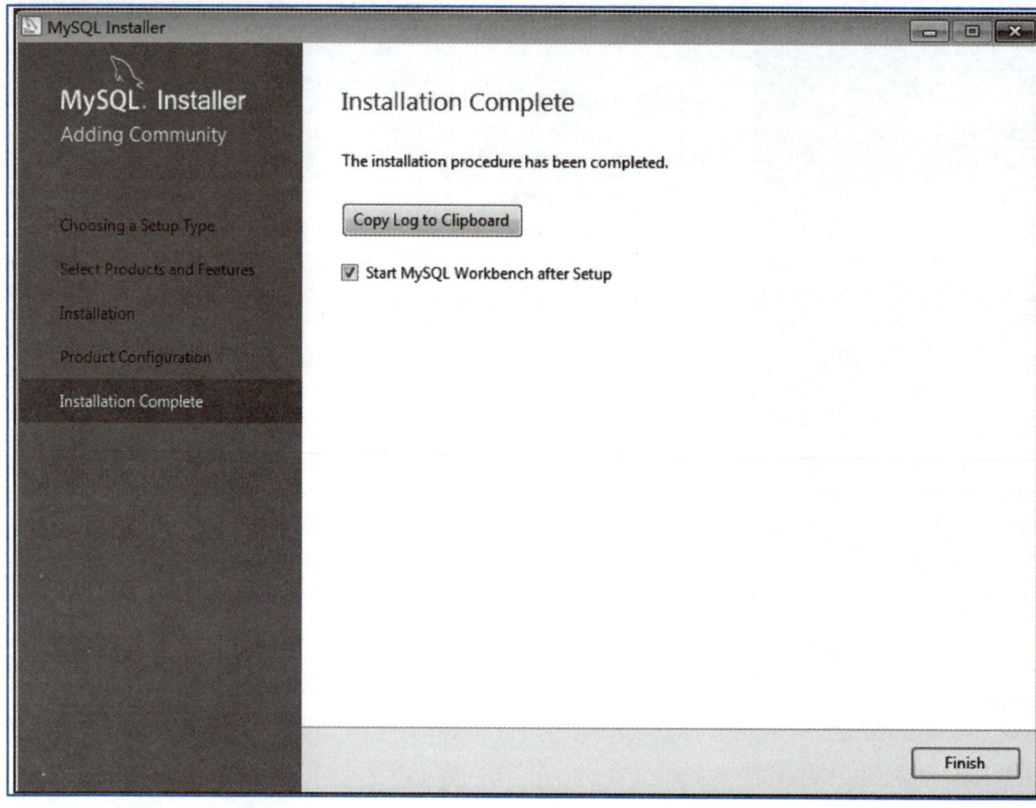

图 2-22 整个安装过程完成

微课 2-6
命令行工具使用

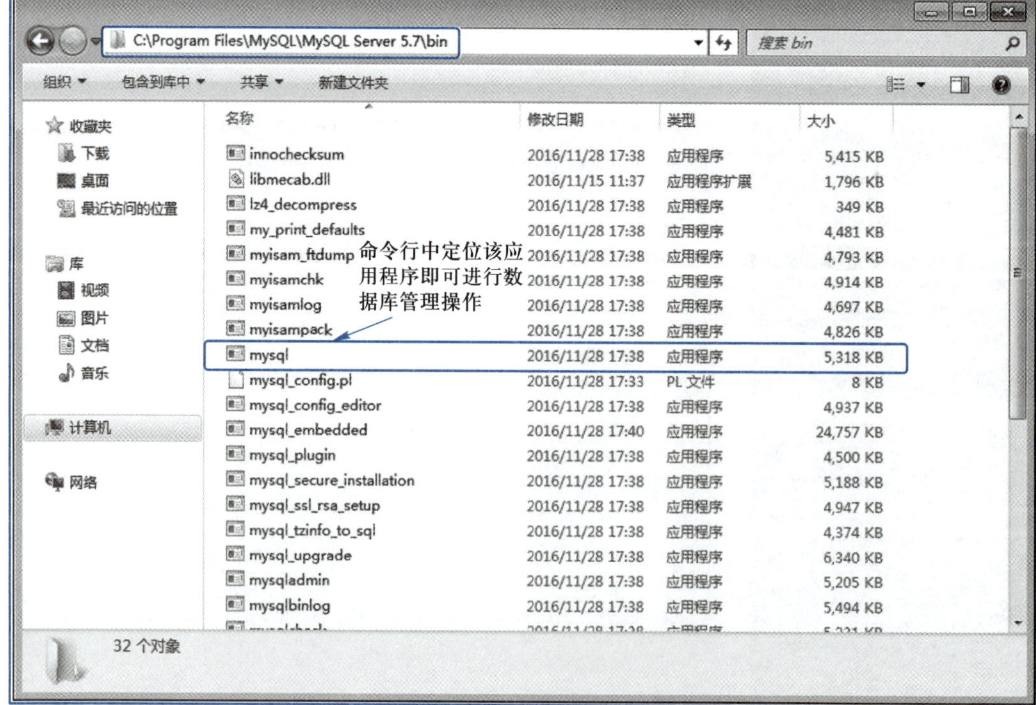

图 2-23 启动命令行工具

```
命令提示符
Microsoft Windows [版本 6.1.7601]
版权所有 (c) 2009 Microsoft Corporation。保留所有权利。

C:\Users\xiaoz>cd C:\Program Files\MySQL\MySQL Server 5.7\bin

C:\Program Files\MySQL\MySQL Server 5.7\bin>_
```

图 2-24 在命令行工具中改变路径

```
命令提示符 - mysql -uroot -p
Microsoft Windows [版本 6.1.7601]
版权所有 (c) 2009 Microsoft Corporation。保留所有权利。

C:\Users\xiaoz>cd C:\Program Files\MySQL\MySQL Server 5.7\bin

C:\Program Files\MySQL\MySQL Server 5.7\bin>mysql -uroot -p
Enter password: ****
Welcome to the MySQL monitor.  Commands end with ; or \g.
Your MySQL connection id is 7
Server version: 5.7.17-log MySQL Community Server (GPL)

Copyright (c) 2000, 2016, Oracle and/or its affiliates. All rights reserved.

Oracle is a registered trademark of Oracle Corporation and/or its
affiliates. Other names may be trademarks of their respective
owners.

Type 'help;' or '\h' for help. Type '\c' to clear the current input statement.

mysql>    出现这个提示代表登录成功
```

图 2-25 登录 MySQL 服务器

微课 2-7
环境变量配置

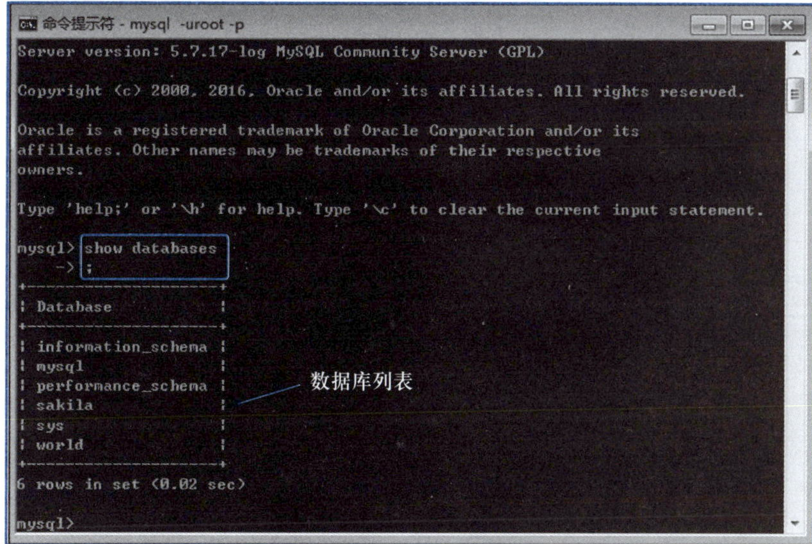

图 2-26 查看所有数据库

至此，已经成功在 Windows 系统上安装 MySQL 服务并启动，通过命令行即可操作数据库服务器了。登录时，除了用户名、密码要正确外，还需要确保 MySQL 服务已经启动。通过如图 2-27 所示界面可以查看 MySQL 服务是否已经启动。

微课 2-8
服务管理

微课 2-9
Workbench
客户端使用

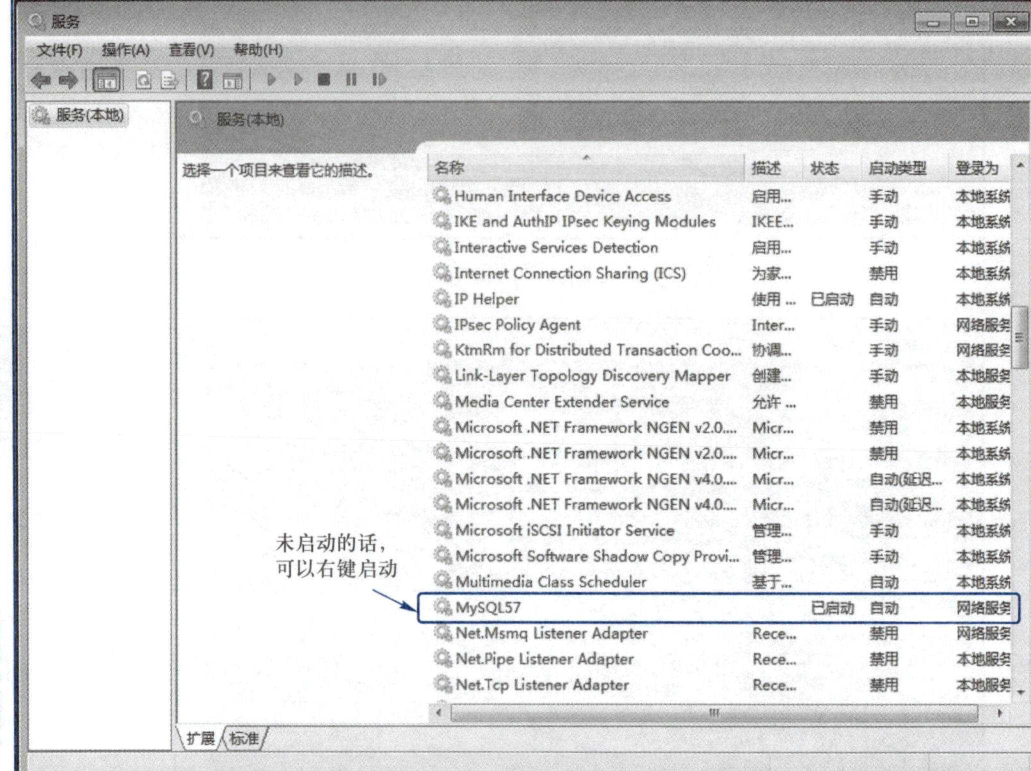

图 2-27　查看 MySQL 服务运行状态

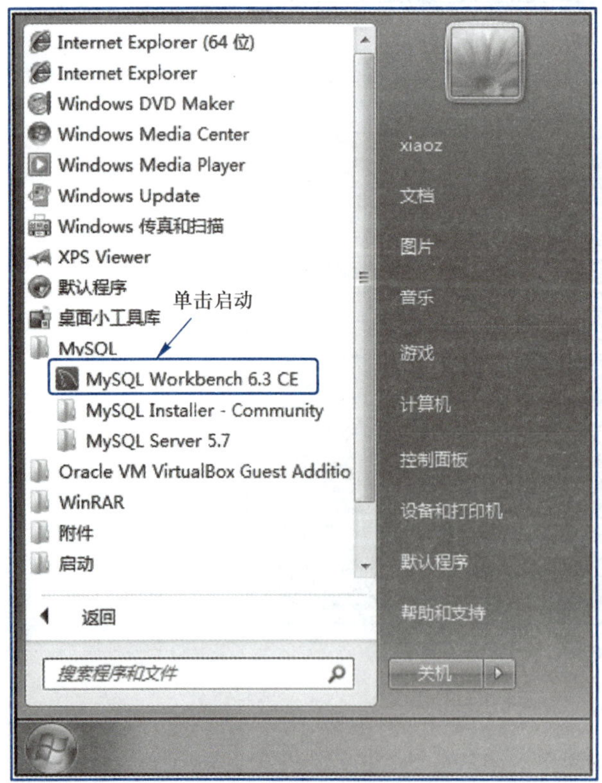

图 2-28　启动 Workbench

步骤四：在 Workbench 中测试 MySQL 服务器功能。

虽然通过命令行已经可以实现对 MySQL 服务器的所有操作，但是总是有些不便。也可以借助于一些图形化的客户端完成对数据库的管理工作。其中 Workbench 就是官方提供的客户端。因为安装的是集合包，所以 Workbench 已经安装完毕，通过程序菜单就可以找到并启动它，如图 2-28 所示。

Workbench 的主界面如图 2-29 所示。

单击 Local instance MySQL57 按钮，连接服务器，正确输入 root 的密码后弹出如图 2-30 所示的操作界面。

单击左边的 Server Status 图标后可以查看当前服务器的状态，至此就可以借助于客户端进行数据库管理操作了，如图 2-31 所示。

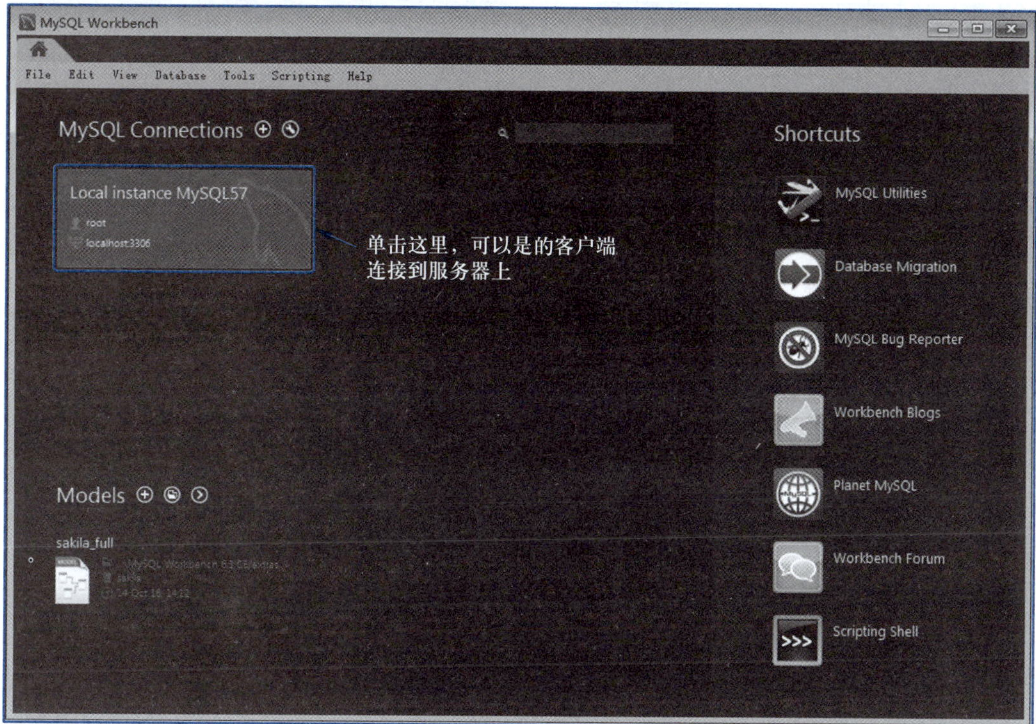

图 2-29 Workbench 主界面

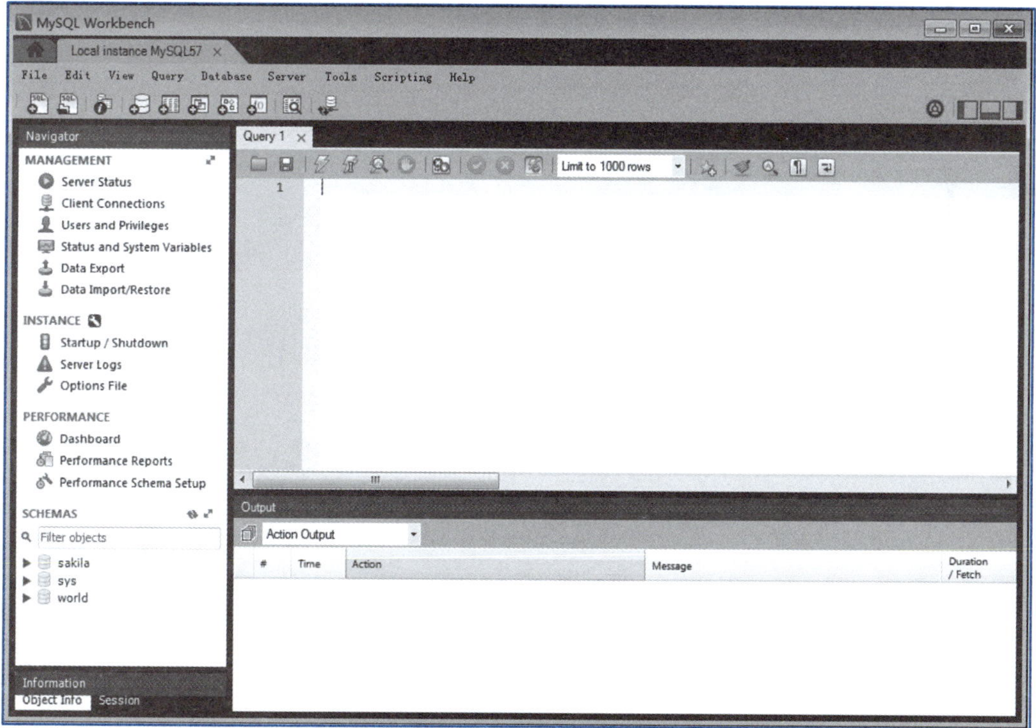

图 2-30 Workbench 操作界面

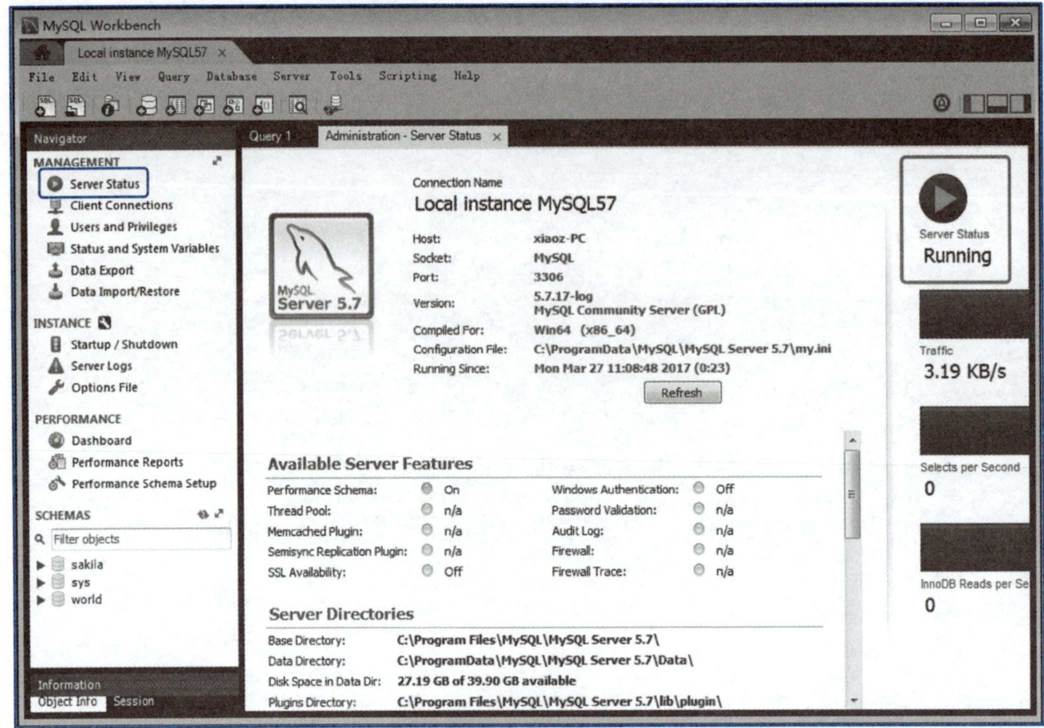

图 2-31 查看服务器状态

2.3.2 在 Linux 系统上安装、配置 MySQL

方法一：使用 rpm 包的方式安装 MySQL 服务器。

步骤一：在 MySQL 官网上下载社区版服务器合集并解压。

在浏览器中输入 mysql.com 找到官网后，单击 Downloads 选项卡，从“Community”选项卡中选择 MySQL Community Server，弹出如图 2–32 所示的页面效果。

滚动此页面到底部，选择操作系统和版本，如图 2–33 所示。在 Select operating System 下拉列表框中选择 Red Hat Enterprise Linux/Oracle Linux，在“Select oS version”下拉列表框中选择 x86 64 位版，此处可以根据具体的操作系统版本进行选择。

选择完操作系统的版本以后，弹出如图 2–34 所示的下载包列表。看似文件很多，但有一个简便的方法，就是下载 RPM Bundle 这个文件，即合集文件，下面列出的所有文件都在这个合集中。所以单击该文件后面的 Download 按钮，就会下载得到一个 .tar 文件，如图 2–34 所示。

下载结束后可以在“下载”文件夹中看到这个合集文件 mysql-5.7.17-1.el7.x86-64.rpm-bundle.tar。打开终端，输入命令“pwd”，查看当前终端所在的位置，/root 说明在根目录下。而因为下载的文件所在的文件夹“下载”就是在 root 下面，所以可以继续使用 cd 命令进入下载文件所在目录。解压文件时需要使用 tar 命令，以及参数和文件名。为了保证文件名的准确，可以使用 dir 命令先列出文件名称，然后选中文件名右键复制。最后在终端中输入 tar –xvf mysql-5.7.17-1.el7.x86-64.rpm-bundle.tar 后按回车键即完成了解压工作。其中解压命令 tar 后面各参数含义如下：x 为解压，v 代表显示过程信息，f 代表后面接的是文件，如图 2–35 所示。

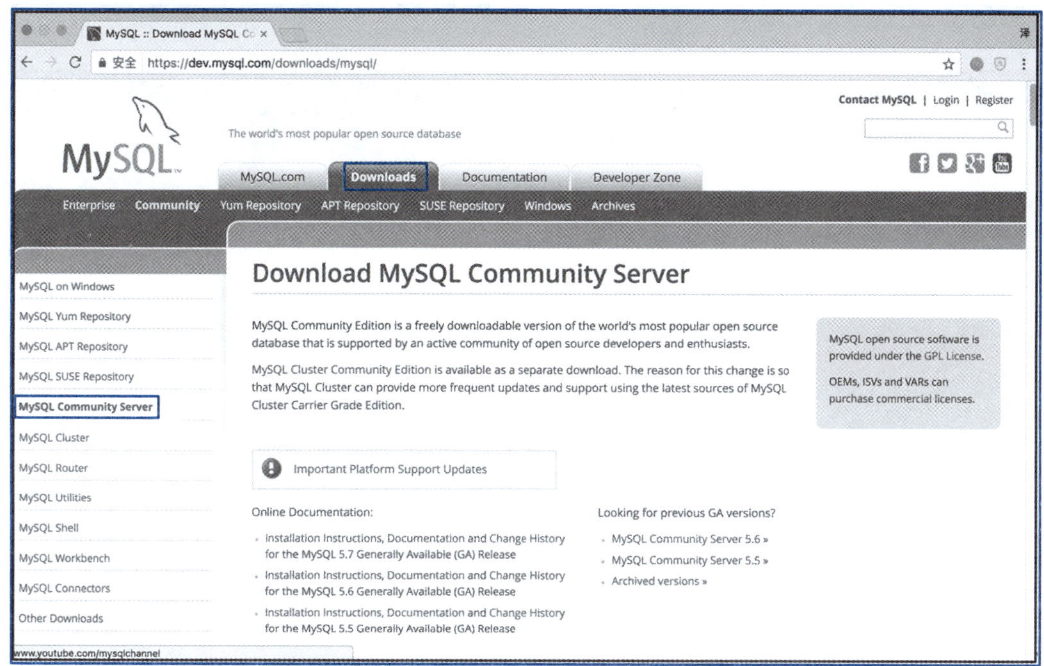

图 2-32 MySQL 下载页面

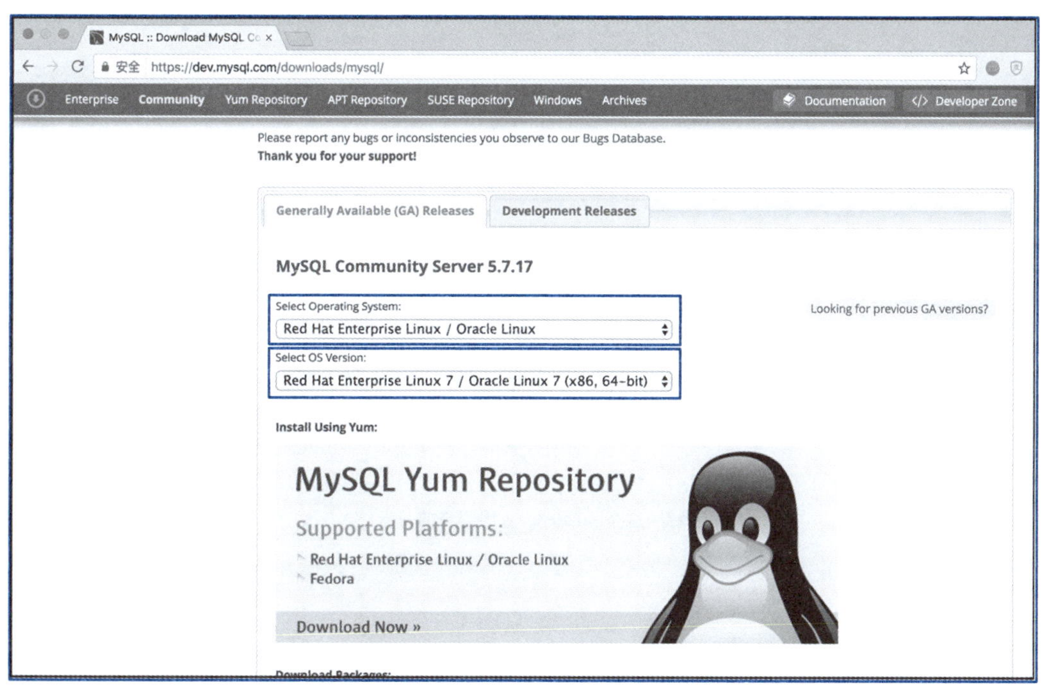

图 2-33 选择操作系统和版本

解压完成后，“下载”文件夹中的文件如图 2-36 所示，包括 12 个新文件。安装数据库服务器其实只要其中的 4 个 rpm 文件。有 server 字样的文件才是主安装文件，而 client、libs、common 文件都是 server 文件的安装依赖文件。必须按照图 2-36 所标示的数字顺序依次安装 common、libs、client、server 文件。

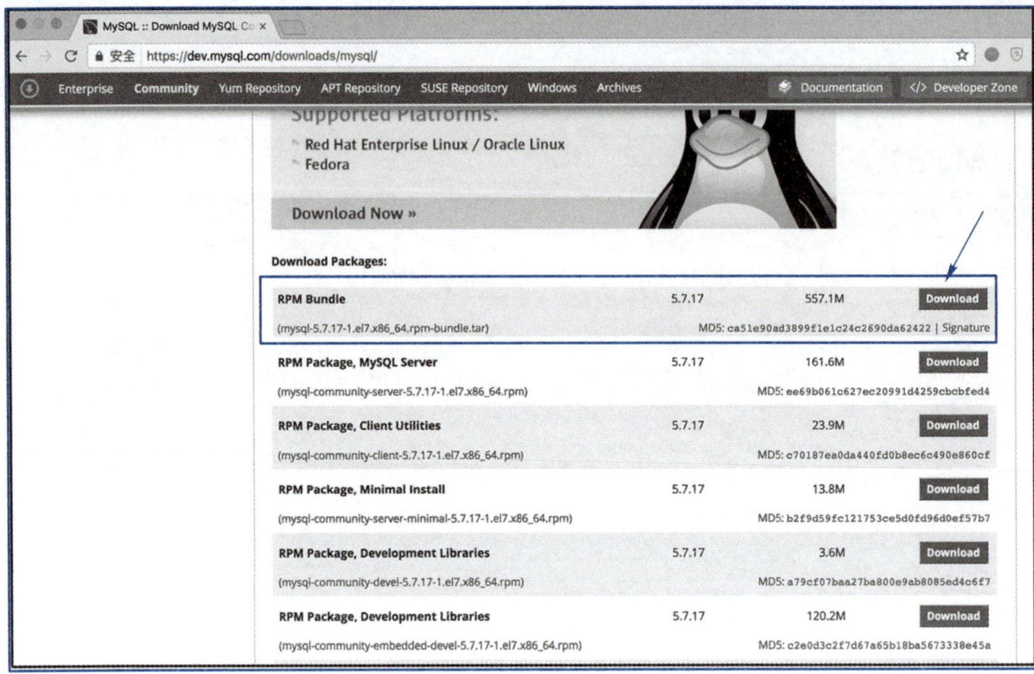

图 2-34 选择 RPM Bundle 合集文件

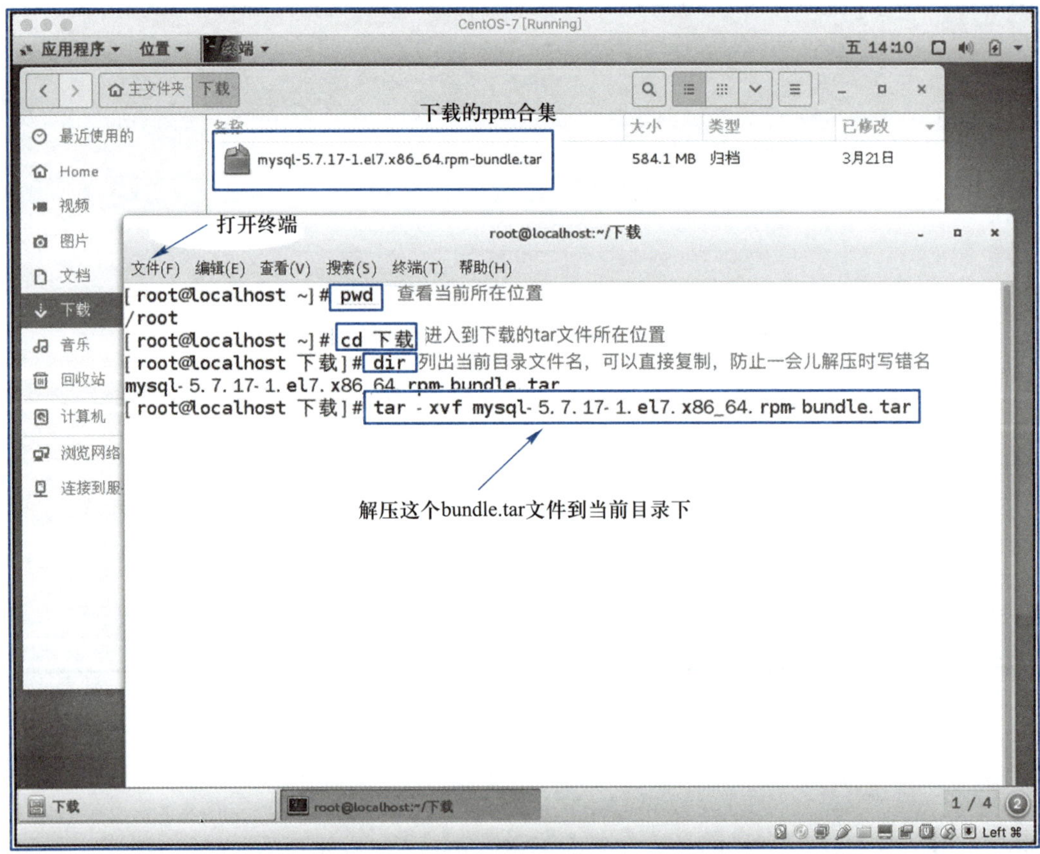

图 2-35 解压压缩包

名称	大小	类型	已修改
mysql-5.7.17-1.el7.x86_64.rpm-bundle.tar	584.1 MB	归档	3月21日
mysql-community-test-5.7.17-1.el7.x86_64.rpm	116.7 MB	归档	2016年11月30日
mysql-community-server-minimal-5.7.17-1.el7.x86_64.rpm	14.5 MB	归档	2016年11月30日
mysql-community-server-5.7.17-1.el7.x86_64.rpm（4）	169.5 MB	归档	2016年11月30日
mysql-community-minimal-debuginfo-5.7.17-1.el7.x86_64.rpm	54.6 MB	归档	2016年11月30日
mysql-community-libs-compat-5.7.17-1.el7.x86_64.rpm	2.1 MB	归档	2016年11月30日
mysql-community-libs-5.7.17-1.el7.x86_64.rpm（2）	2.2 MB	归档	2016年11月30日
mysql-community-embedded-devel-5.7.17-1.el7.x86_64.rpm	126.0 MB	归档	2016年11月30日
mysql-community-embedded-compat-5.7.17-1.el7.x86_64.rpm	23.9 MB	归档	2016年11月30日
mysql-community-embedded-5.7.17-1.el7.x86_64.rpm	45.5 MB	归档	2016年11月30日
mysql-community-devel-5.7.17-1.el7.x86_64.rpm	3.8 MB	归档	2016年11月30日
mysql-community-common-5.7.17-1.el7.x86_64.rpm（1）	277.8 KB	归档	2016年11月30日
mysql-community-client-5.7.17-1.el7.x86_64.rpm（3）	25.0 MB	归档	2016年11月30日

主文件夹 下载 最近使用的 Home 视频 图片 文档 下载 音乐 回收站 计算机 浏览网络 连接到服务器

下载的文件 解压后的文件

图 2-36 文件安装顺序

步骤二：使用 rpm 命令依次安装四个文件

先在终端中输入“rpm –ivh mysql-community-common-5.7.17-1.el7.x86_64.rpm”命令，其中 i 参数代表安装，vh 代表显示安装进度和详细信息，如果是 -Uv，h 则代表升级，-e 代表卸载。本来是希望安装 common 文件包。但发现安装中弹出如图 2-37 所示的提示：

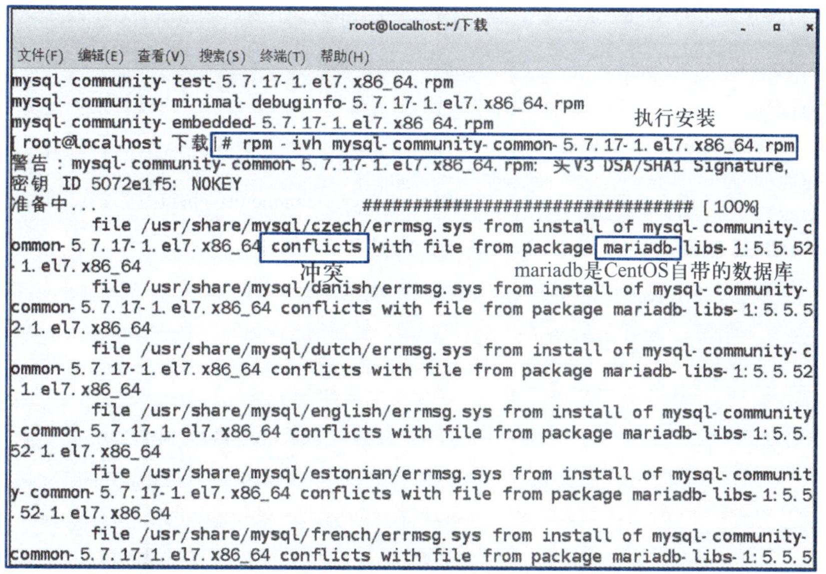


```
mysql-community-test-5.7.17-1.el7.x86_64.rpm
mysql-community-minimal-debuginfo-5.7.17-1.el7.x86_64.rpm
mysql-community-embedded-5.7.17-1.el7.x86_64.rpm
[root@localhost 下载]# rpm -ivh mysql-community-common-5.7.17-1.el7.x86_64.rpm
警告：mysql-community-common-5.7.17-1.el7.x86_64.rpm: 头V3 DSA/SHA1 Signature,
密钥 ID 5072e1f5: NOKEY
准备中...                          ################################# [100%]
        file /usr/share/mysql/czech/errmsg.sys from install of mysql-community-common-5.7.17-1.el7.x86_64 conflicts with file from package mariadb-libs-1:5.5.52-1.el7.x86_64
        file /usr/share/mysql/danish/errmsg.sys from install of mysql-community-common-5.7.17-1.el7.x86_64 conflicts with file from package mariadb-libs-1:5.5.52-1.el7.x86_64
        file /usr/share/mysql/dutch/errmsg.sys from install of mysql-community-common-5.7.17-1.el7.x86_64 conflicts with file from package mariadb-libs-1:5.5.52-1.el7.x86_64
        file /usr/share/mysql/english/errmsg.sys from install of mysql-community-common-5.7.17-1.el7.x86_64 conflicts with file from package mariadb-libs-1:5.5.52-1.el7.x86_64
        file /usr/share/mysql/estonian/errmsg.sys from install of mysql-community-common-5.7.17-1.el7.x86_64 conflicts with file from package mariadb-libs-1:5.5.52-1.el7.x86_64
        file /usr/share/mysql/french/errmsg.sys from install of mysql-community-common-5.7.17-1.el7.x86_64 conflicts with file from package mariadb-libs-1:5.5.5
```

图 2-37 安装提示

在这段提示中可以看到两个关键词，conflicts 为冲突的意思，mariadb 是 CentOS 自带的数据库。所以还需要将自带的 mariadb 数据库卸载以后再来安装。为了能够得到已经安装的 mariadb 数据库的完整文件名称，需要使用 rpm 的模糊匹配搜索功能，如图 2–38 所示。

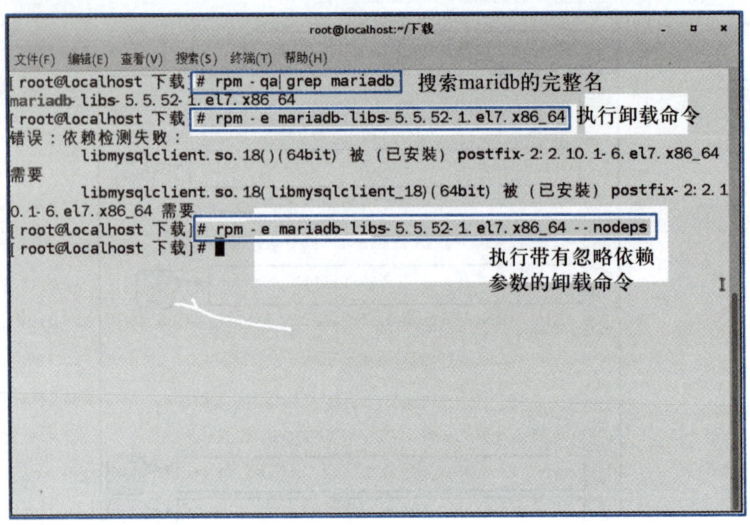

图 2–38　查找并卸载 mariadb

首先输入“rpm –qa|grep mariadb”命令，q 是查询的意思，a 是查询所有。|grep 的作用是将搜索到的全部文件作为后面管道命令的输入，在所有文件中搜索有一部分匹配为 mariadb 的文件列表。按回车键后搜索 mariadb-libs-5.5.52-1.el7.x86_64 文件名，选中该文件名并且复制，然后输入“rpm –e mariadb-libs-5.5.5.2-1.e17.x86_64.rpm”卸载该文件，按回车键后又提示说因为有依赖不允许卸载，所以，按向上箭头，重新找到刚才执行的 rpm –e 命令，在后面加空格，加上 -- nodeps 参数，代表卸载时忽略所有的依赖项，强制卸载，再按回车键就不会有任何消息提示了，即卸载成功。

接下来重新安装 common 文件，但是因为文件名略长，所以在此使用 dir 命令，列出当前“下载”目录中的所有解压文件名称，选中 common 文件名称并复制，然后输入“rpm –ivh mysql-community-common-5.7.17-1.el7.x86_64.rpm”，按回车键后出现安装进度提示，100% 即代表安装成功。同样，输入“rpm –ivh mysql-community-libs-5.7.17-1.el7.x86_64.rmp”，按回车键完成后再输入“rpm –ivh mysql-community-client-5.7.17-1.el7.x86_64.rpm”，再按回车键确认，直到 100% 完成，如图 2–39 所示。

最后还有一个 server 文件需要安装，按照前面的三步一样，输入命令，弹出如图 2–40 所示的提示，表示正确安装结束。

步骤三：初始化用户并设置密码

初始化用户，使用 mysql 身份，输入命令为“mysqld –initialize –user=mysql”然后按回车键，此时已经生成了 root 用户 mysql 的密码，并且信息保存在 mysqld.log 文件中，使用“cat /var/log/mysqld.log”命令查看该文件，最后的信息即密码。为了测试是否成功登录服务器，需要先启动 mysql 的服务，输入“systemtl start mysqld.service”，没有其他提示即启动成功，然后输入“mysql –uroot –p”登录服务器，提示输入密码，按照日志中的那一串复杂的文字输入即可，但在 Linux 系统下输入的密码是看不见任何字符的，此时只管输入即可，输入后按回车键，出现 welcome... 的信息即登录成功，如图 2–41 所示。

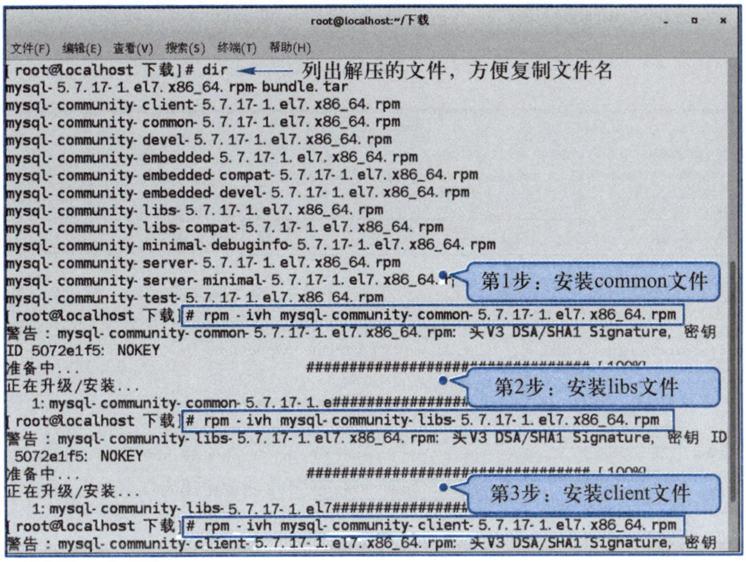

```
root@localhost:~/下载
文件(F) 编辑(E) 查看(V) 搜索(S) 终端(T) 帮助(H)
[root@localhost 下载]# dir        列出解压的文件，方便复制文件名
mysql-5.7.17-1.el7.x86_64.rpm-bundle.tar
mysql-community-client-5.7.17-1.el7.x86_64.rpm
mysql-community-common-5.7.17-1.el7.x86_64.rpm
mysql-community-devel-5.7.17-1.el7.x86_64.rpm
mysql-community-embedded-5.7.17-1.el7.x86_64.rpm
mysql-community-embedded-compat-5.7.17-1.el7.x86_64.rpm
mysql-community-embedded-devel-5.7.17-1.el7.x86_64.rpm
mysql-community-libs-5.7.17-1.el7.x86_64.rpm
mysql-community-libs-compat-5.7.17-1.el7.x86_64.rpm
mysql-community-minimal-debuginfo-5.7.17-1.el7.x86_64.rpm
mysql-community-server-5.7.17-1.el7.x86_64.rpm
mysql-community-server-minimal-5.7.17-1.el7.x86_64.rpm     第1步：安装common文件
mysql-community-test-5.7.17-1.el7.x86_64.rpm
[root@localhost 下载]# rpm -ivh mysql-community-common-5.7.17-1.el7.x86_64.rpm
警告：mysql-community-common-5.7.17-1.el7.x86_64.rpm: 头V3 DSA/SHA1 Signature, 密钥
ID 5072e1f5: NOKEY
准备中...
正在升级/安装...                                            第2步：安装libs文件
   1:mysql-community-common-5.7.17-1.e################
[root@localhost 下载]# rpm -ivh mysql-community-libs-5.7.17-1.el7.x86_64.rpm
警告：mysql-community-libs-5.7.17-1.el7.x86_64.rpm: 头V3 DSA/SHA1 Signature, 密钥 ID
 5072e1f5: NOKEY
准备中...
正在升级/安装...                                            第3步：安装client文件
   1:mysql-community-libs-5.7.17-1.el7################
[root@localhost 下载]# rpm -ivh mysql-community-client-5.7.17-1.el7.x86_64.rpm
警告：mysql-community-client-5.7.17-1.el7.x86_64.rpm: 头V3 DSA/SHA1 Signature, 密钥
```

图 2-39 确认安装成功

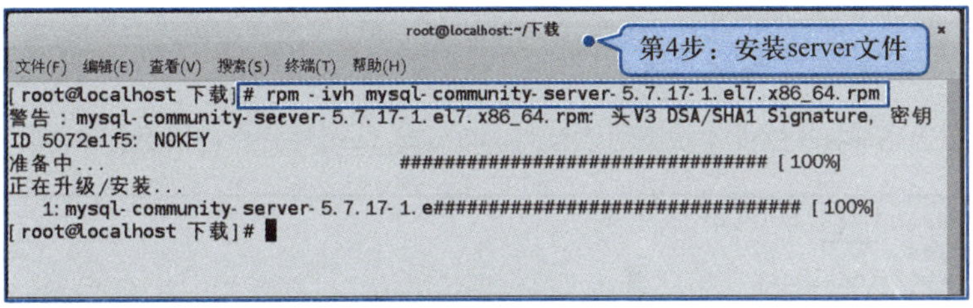

```
root@localhost:~/下载                                       第4步：安装server文件
文件(F) 编辑(E) 查看(V) 搜索(S) 终端(T) 帮助(H)
[root@localhost 下载]# rpm -ivh mysql-community-server-5.7.17-1.el7.x86_64.rpm
警告：mysql-community-server-5.7.17-1.el7.x86_64.rpm: 头V3 DSA/SHA1 Signature, 密钥
ID 5072e1f5: NOKEY
准备中...                          ################################# [100%]
正在升级/安装...
   1:mysql-community-server-5.7.17-1.e################################# [100%]
[root@localhost 下载]#
```

图 2-40 安装主文件 server

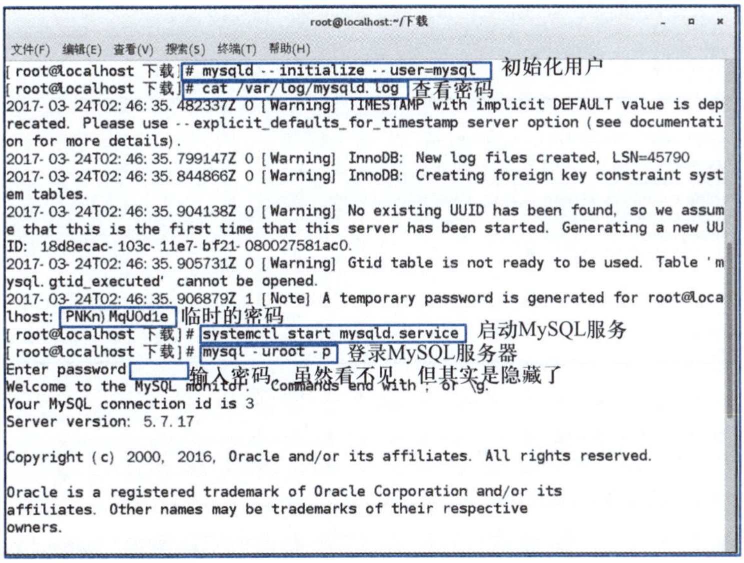

```
root@localhost:~/下载
文件(F) 编辑(E) 查看(V) 搜索(S) 终端(T) 帮助(H)
[root@localhost 下载]# mysqld --initialize --user=mysql    初始化用户
[root@localhost 下载]# cat /var/log/mysqld.log             查看密码
2017-03-24T02:46:35.482337Z 0 [Warning] TIMESTAMP with implicit DEFAULT value is dep
recated. Please use --explicit_defaults_for_timestamp server option (see documentati
on for more details).
2017-03-24T02:46:35.799147Z 0 [Warning] InnoDB: New log files created, LSN=45790
2017-03-24T02:46:35.844866Z 0 [Warning] InnoDB: Creating foreign key constraint syst
em tables.
2017-03-24T02:46:35.904138Z 0 [Warning] No existing UUID has been found, so we assum
e that this is the first time that this server has been started. Generating a new UU
ID: 18d8ecac-103c-11e7-bf21-080027581ac0.
2017-03-24T02:46:35.905731Z 0 [Warning] Gtid table is not ready to be used. Table 'm
ysql.gtid_executed' cannot be opened.
2017-03-24T02:46:35.906879Z 1 [Note] A temporary password is generated for root@loca
lhost: PNKn)MqU0d1e    临时的密码
[root@localhost 下载]# systemctl start mysqld.service      启动MySQL服务
[root@localhost 下载]# mysql -uroot -p                     登录MySQL服务器
Enter password:        输入密码，虽然看不见，但其实是隐藏了
Welcome to the MySQL monitor. Commands end with ; or \g.
Your MySQL connection id is 3
Server version: 5.7.17

Copyright (c) 2000, 2016, Oracle and/or its affiliates. All rights reserved.

Oracle is a registered trademark of Oracle Corporation and/or its
affiliates. Other names may be trademarks of their respective
owners.
```

图 2-41 启动登录 MySQL

出现 mysql> 提示符后，代表登录成功，可以使用 show databases 命令进行测试。但这时又出现提示，说密码已经过期。所以需要重置密码，输入“ALTER USER ‘root’@’localhost’ IDENTIFIED BY ‘’”，最后的单引号中间什么都不输入，这样 root 的密码为空，即没有密码。

按回车键后又回到了 mysql> 提示符下，再次输入“show databases”命令，出现了数据库列表即代表操作成功，如图 2-42 所示。

```
root@localhost:~/下载
文件(F) 编辑(E) 查看(V) 搜索(S) 终端(T) 帮助(H)
[root@localhost 下载]# systemctl start mysqld.service
[root@localhost 下载]# mysql -uroot -p
Enter password:
Welcome to the MySQL monitor.  Commands end with ; or \g.    登录成功
Your MySQL connection id is 3
Server version: 5.7.17

Copyright (c) 2000, 2016, Oracle and/or its affiliates. All rights reserved.

Oracle is a registered trademark of Oracle Corporation and/or its
affiliates. Other names may be trademarks of their respective
owners.

Type 'help;' or '\h' for help. Type '\c' to clear the current input statement.

mysql> show databases;  操作有限因为旧密码过期，需要设置新密码
ERROR 1820 (HY000): You must reset your password using ALTER USER statement before e
xecuting this statement.
mysql> ALTER USER 'root'@'localhost' IDENTIFIED BY '';  修改密码为空
Query OK, 0 rows affected (0.01 sec)

mysql> show databases; 再次执行操作，可以正确操作mysql了，
+--------------------+                      代表安装、登录成功
| Database           |
+--------------------+
| information_schema |
| mysql              |
| performance_schema |
```

图 2-42 显示所有数据库

如果想退出 mysql 的操作状态可以输入“\q”或“exit”命令，如图 2-43 所示。

```
mysql> \q   exit或\q代表mysql
Bye
[root@localhost 下载]#
```

图 2-43 退出数据库

可以再次查询 MySQL 的相关安装文件，如图 2-44 所示列出的 4 个文件即刚刚安装完的文件。

```
root@localhost:~/下载
文件(F) 编辑(E) 查看(V) 搜索(S) 终端(T) 帮助(H)
[root@localhost 下载]# rpm -qa|grep mysql  查看与MySQL有关的安装项
mysql-community-server-5.7.17-1.el7.x86_64
mysql-community-common-5.7.17-1.el7.x86_64
mysql-community-libs-5.7.17-1.el7.x86_64
mysql-community-client-5.7.17-1.el7.x86_64
[root@localhost 下载]#
```

图 2-44 查看 MySQL 相关文件

方法二：使用 yum 安装 MySQL。

步骤一：下载安装 repo 库文件。

首先在浏览器中访问 MySQL 的官网，在下载页面中，选择 Community 选项卡的 MySQL Yum Repository，如图 2-45 所示，先下载 Yum 所需的网络库文件。

将页面向下滚动，找到 Linux 7 选项，这是与 CentOS 7 对应的版本，单击后面的 Download 按钮下载即可，如图 2-46 所示。

步骤二：使用 yum 命令安装 MySQL 的服务器。

下载完成后，进入到终端，使用 dir 命令查看下载的 repo 文件为 mysql57-community-release-el7-9.noarch.rpm，使用 rpm –ivh 命令安装仓库文件即可，如图 2–47 所示。

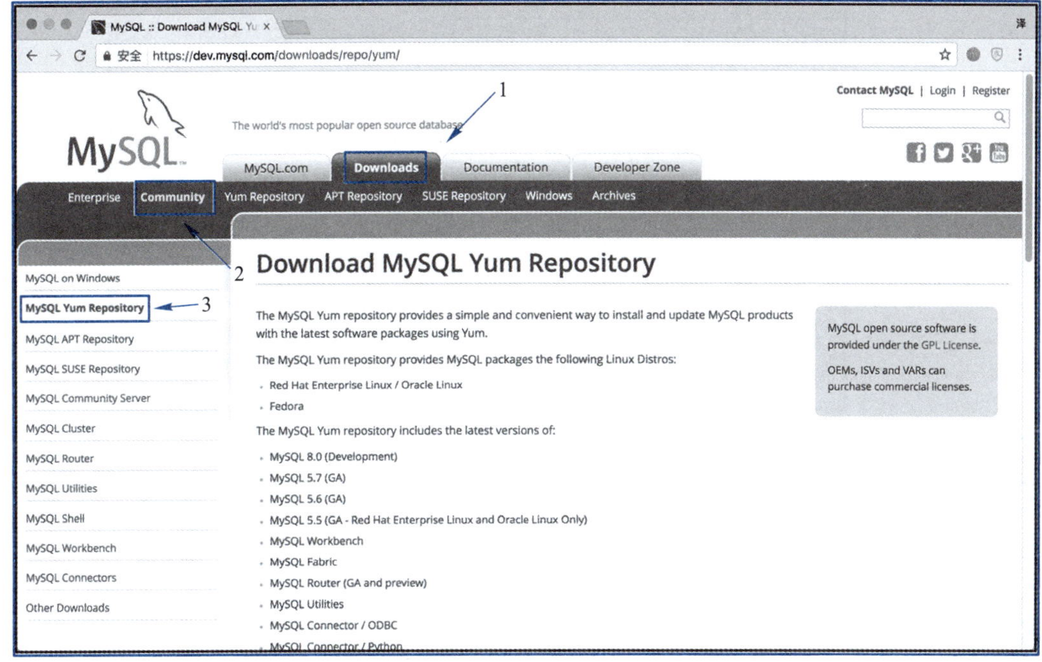

图 2–45 下载页面

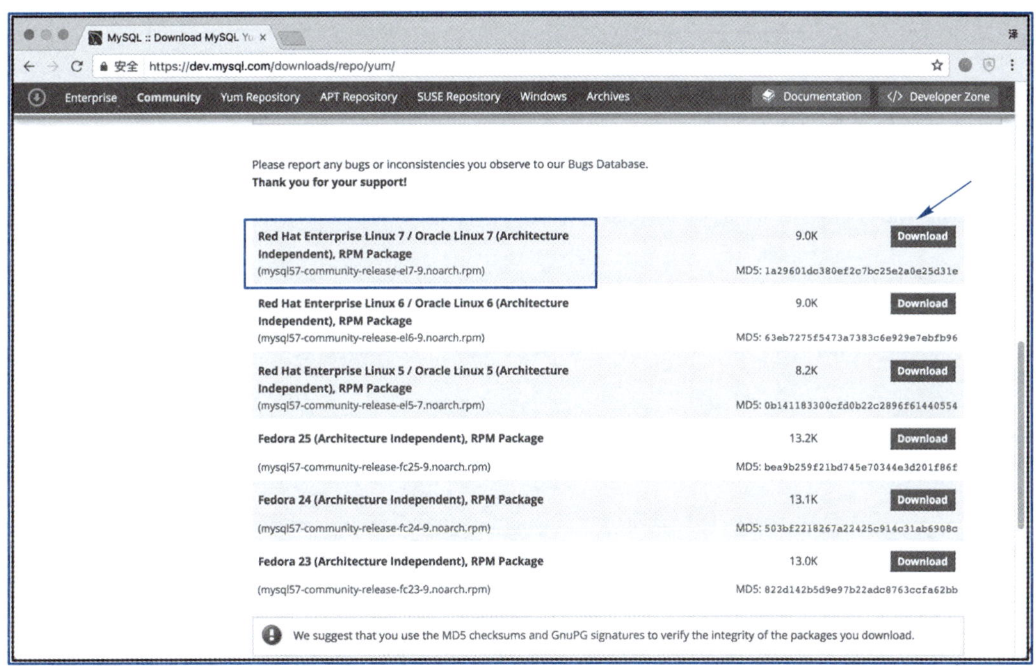

图 2–46 下载指定版本

安装完成后，可以进入 etc 的 yum.repos.d 目录下，会看到增加的两个文件：一个是 mysql-community.repo 文件，另一个是 mysql-community-source.repo 文件，这样就可以找到网络中 MySQL 的相关下载项及源码下载项，如图 2–48 所示。

```
root@localhost:~/下载
文件(F) 编辑(E) 查看(V) 搜索(S) 终端(T) 帮助(H)
[root@localhost ~]# cd 下载
[root@localhost 下载]# dir
mysql-5.7.17-1.el7.x86_64.rpm-bundle.tar
mysql57-community-release-el7-9.noarch.rpm    从MySQL官网下载的yum的repo文件
mysql-community-client-5.7.17-1.el7.x86_64.rpm
mysql-community-common-5.7.17-1.el7.x86_64.rpm
mysql-community-devel-5.7.17-1.el7.x86_64.rpm
mysql-community-embedded-5.7.17-1.el7.x86_64.rpm
mysql-community-embedded-compat-5.7.17-1.el7.x86_64.rpm
mysql-community-embedded-devel-5.7.17-1.el7.x86_64.rpm
mysql-community-libs-5.7.17-1.el7.x86_64.rpm
mysql-community-libs-compat-5.7.17-1.el7.x86_64.rpm
mysql-community-minimal-debuginfo-5.7.17-1.el7.x86_64.rpm
mysql-community-server-5.7.17-1.el7.x86_64.rpm
mysql-community-server-minimal-5.7.17-1.el7.x86_64.rpm      安装repo包
mysql-community-test-5.7.17-1.el7.x86_64.rpm
[root@localhost 下载]# rpm -ivh mysql57-community-release-el7-9.noarch.rpm
警告：mysql57-community-release-el7-9.noarch.rpm: 头V3 DSA/SHA1 Signature, 密钥 ID 5072e1f5: NOKEY
准备中...                          ################################# [100%]
正在升级/安装...
   1:mysql57-community-release-el7-9  ################################# [100%]
[root@localhost 下载]#
```

图 2-47 安装仓库文件

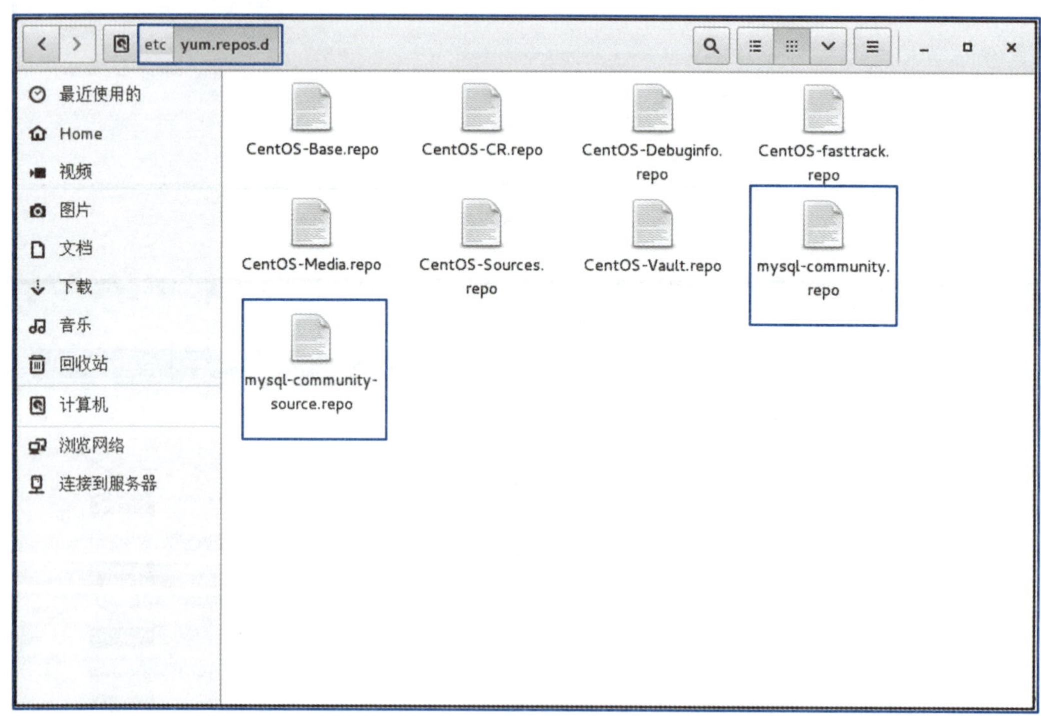

图 2-48 查看指定文件

库文件准备好以后，就可以使用 yum install 命令来进行安装了。如图 2-49 所示，输入“yum install mysql-server”命令后，就可以从终端中看到系统自动加载了需要的插件，并且给出提示，所需要依赖的三个包都会加载好。

如图 2-50 所示，为了安装 server 程序，系统检测到需要三个依赖项，也是前面我们曾自己手动安装的 common、client、libs 程序。所以使用 yum 的好处就是自动将必要的依赖项全都自动下载并安装。

如图 2-51 所示，事务概要可知，要安装一个软件包（即 server 程序）和 3 个依赖包，提示是否安装，输入“y”以后，就会开始自动下载，每一个下载都会有进度提示，最后询问是否继续安装，输入“y”即可。

```
root@localhost:~/下载
文件(F) 编辑(E) 查看(V) 搜索(S) 终端(T) 帮助(H)
  1: mysql57-community-release-el7-9 ################################# [100%]
[root@localhost 下载]# clear
[root@localhost 下载]# yum install mysql-server   安装MySQL
已加载插件：fastestmirror, langpacks
base                                                    | 3.6 kB  00:00
extras                                                  | 3.4 kB  00:00
mysql-connectors-community                              | 2.5 kB  00:00
mysql-tools-community                                   | 2.5 kB  00:00
mysql57-community                                       | 2.5 kB  00:00
updates                                                 | 3.4 kB  00:00
(1/3): mysql-connectors-community/x86_64/primary_db        |  13 kB  00:00
(2/3): mysql-tools-community/x86_64/primary_db             |  32 kB  00:00
(3/3): mysql57-community/x86_64/primary_db                 |  96 kB  00:00
Loading mirror speeds from cached hostfile
 * base: mirror.lzu.edu.cn
 * extras: mirror.lzu.edu.cn
 * updates: mirror.lzu.edu.cn
正在解决依赖关系
--> 正在检查事务
---> 软件包 mysql-community-server.x86_64.0.5.7.17-1.el7 将被 安装
--> 正在处理依赖关系 mysql-community-common(x86-64) = 5.7.17-1.el7，它被软件包 m
ysql-community-server-5.7.17-1.el7.x86_64 需要
--> 正在处理依赖关系 mysql-community-client(x86-64) >= 5.7.9，它被软件包 mysql-c
ommunity-server-5.7.17-1.el7.x86_64 需要
```

图 2-49 自动加载插件

```
ysql-community-server-5.7.17-1.el7.x86_64 需要
--> 正在处理依赖关系 mysql-community-client(x86-64) >= 5.7.9，它被软件包 mysql-c
ommunity-server-5.7.17-1.el7.x86_64 需要
--> 正在检查事务
---> 软件包 mysql-community-client.x86_64.0.5.7.17-1.el7 将被 安装
--> 正在处理依赖关系 mysql-community-libs(x86-64) >= 5.7.9，它被软件包 mysql-com
munity-client-5.7.17-1.el7.x86_64 需要
---> 软件包 mysql-community-common.x86_64.0.5.7.17-1.el7 将被 安装
--> 正在检查事务
---> 软件包 mysql-community-libs.x86_64.0.5.7.17-1.el7 将被 安装
--> 解决依赖关系完成

依赖关系解决

================================================================================
 Package                   架构      版本            源                    大小
================================================================================
正在安装:
 mysql-community-server    x86_64    5.7.17-1.el7    mysql57-community    162 M
为依赖而安装:
 mysql-community-client    x86_64    5.7.17-1.el7    mysql57-community     24 M
 mysql-community-common    x86_64    5.7.17-1.el7    mysql57-community    271 k
 mysql-community-libs      x86_64    5.7.17-1.el7    mysql57-community    2.1 M
```

图 2-50 检查依赖项

```
root@localhost:~/下载
文件(F) 编辑(E) 查看(V) 搜索(S) 终端(T) 帮助(H)
事务概要
================================================================================
安装  1 软件包 (+3 依赖软件包)

总下载量：188 M
安装大小：847 M
Is this ok [y/d/N]: y
Downloading packages:
警告：/var/cache/yum/x86_64/7/mysql57-community/packages/mysql-community-common-
5.7.17-1.el7.x86_64.rpm: 头V3 DSA/SHA1 Signature, 密钥 ID 5072e1f5: NOKEY
mysql-community-common-5.7.17-1.el7.x86_64.rpm 的公钥尚未安装
(1/4): mysql-community-common-5.7.17-1.el7.x86_64.rpm     | 271 kB  00:02
(2/4): mysql-community-libs-5.7.17-1.el7.x86_64.rpm       | 2.1 MB  00:15
(3/4): mysql-community-client-5.7.17-1.el7.x86_64.rpm     |  24 MB  02:00
(4/4): mysql-community-server-5.7.17-1.el7.x86_64.rpm     | 162 MB  13:16
--------------------------------------------------------------------------------
总计                                            236 kB/s | 188 MB  13:34
从 file:///etc/pki/rpm-gpg/RPM-GPG-KEY-mysql 检索密钥
导入 GPG key 0x5072E1F5:
 用户ID     : "MySQL Release Engineering <mysql-build@oss.oracle.com>"
 指纹       : a4a9 4068 76fc bd3c 4567 70c8 8c71 8d3b 5072 e1f5
 软件包     : mysql57-community-release-el7-9.noarch (installed)
 来自       : /etc/pki/rpm-gpg/RPM-GPG-KEY-mysql
是否继续？[y/N] y  输入y后继续
```

图 2-51 下载安装 server

在一段必要的等待之后，就会弹出如图 2–52 所示的界面，提示安装工作已经完成了。但是为了登录服务器，我们输入“mysql –u root”命令，却提示连接失败。

```
root@localhost:~/下载
文件(F) 编辑(E) 查看(V) 搜索(S) 终端(T) 帮助(H)
2: postfix-2.10.1-6.el7.x86_64 有缺少的需求 libmysqlclient.so.18()(64bit)
2: postfix-2.10.1-6.el7.x86_64 有缺少的需求 libmysqlclient.so.18(libmysqlclient_18)(64bit)
  正在安装    : mysql-community-common-5.7.17-1.el7.x86_64         1/4
  正在安装    : mysql-community-libs-5.7.17-1.el7.x86_64           2/4
  正在安装    : mysql-community-client-5.7.17-1.el7.x86_64         3/4
  正在安装    : mysql-community-server-5.7.17-1.el7.x86_64         4/4
  验证中      : mysql-community-server-5.7.17-1.el7.x86_64         1/4
  验证中      : mysql-community-client-5.7.17-1.el7.x86_64         2/4
  验证中      : mysql-community-libs-5.7.17-1.el7.x86_64           3/4
  验证中      : mysql-community-common-5.7.17-1.el7.x86_64         4/4

已安装:
  mysql-community-server.x86_64 0:5.7.17-1.el7

作为依赖被安装:
  mysql-community-client.x86_64 0:5.7.17-1.el7
  mysql-community-common.x86_64 0:5.7.17-1.el7
  mysql-community-libs.x86_64 0:5.7.17-1.el7                 连接失败

完毕！
[root@localhost 下载]# mysql -u root  尝试登录
ERROR 2002 (HY000): Can't connect to local MySQL server through socket '/var/lib/mysql/mysql.sock' (2)
```

图 2–52 登录 MySQL 服务器

原因是安装了服务器但是还没有启动服务，需使用“service mysqld start”命令启动服务后再登录，如图 2–53 所示。启动结束后再次输入“mysql –u root”就能登录服务器了。在 mysql> 提示符后面，使用“show databases；”命令查看所有数据库，列表显示服务器安装完成。

```
root@localhost:~/下载
文件(F) 编辑(E) 查看(V) 搜索(S) 终端(T) 帮助(H)
[root@localhost 下载]# service mysqld start  启动服务后再登录
Redirecting to /bin/systemctl start  mysqld.service
[root@localhost 下载]# mysql -u root  重新登录
Welcome to the MySQL monitor.  Commands end with ; or \g.
Your MySQL connection id is 3
Server version: 5.7.17 MySQL Community Server (GPL)

Copyright (c) 2000, 2016, Oracle and/or its affiliates. All rights reserved.

Oracle is a registered trademark of Oracle Corporation and/or its
affiliates. Other names may be trademarks of their respective
owners.

Type 'help;' or '\h' for help. Type '\c' to clear the current input statement.

mysql> show databases;  登录成功后，使用mysql功能语句，查看所有数据库
+--------------------+
| Database           |
+--------------------+
| information_schema |
| mysql              |
| performance_schema |
| sys                |
+--------------------+
```

图 2–53 查看所有数据库

步骤三：使用 repo 命令安装 Workbench 程序。

直接在终端中利用安装过的 repo 源，使用 yum 命令安装 Workbench 程序即可。如图 2–54 所示，输入“yum install mysql-workbench-community”。

但是在安装过程中，发现一些提示，说存在一些问题。所以可以使用 yum 命令安装一些其他的补充文件。需要使用 yum install epel-release.noarch 命令安装 epel 文件，如图 2–55 所示。

加载完 epel 文件之后系统就会弹出如图 2–56 所示的依赖关系解决的提示信息。

```
root@localhost:~
文件(F) 编辑(E) 查看(V) 搜索(S) 终端(T) 帮助(H)
[root@localhost ~]# yum install mysql-workbench-community
已加载插件：fastestmirror, langpacks
Loading mirror speeds from cached hostfile
 * base: mirror.lzu.edu.cn
 * extras: mirror.lzu.edu.cn
 * updates: mirror.lzu.edu.cn
正在解决依赖关系
--> 正在检查事务
---> 软件包 mysql-workbench-community.x86_64.0.6.3.9-1.el7 将被 安装
--> 正在处理依赖关系 python-paramiko >= 1.15.1，它被软件包 mysql-workbench-community-6.3.9-1.el7.x86_64 需要
--> 正在处理依赖关系 python2-crypto，它被软件包 mysql-workbench-community-6.3.9-1.el7.x86_64 需要
--> 正在处理依赖关系 proj，它被软件包 mysql-workbench-community-6.3.9-1.el7.x86_64 需要
--> 正在处理依赖关系 libzip，它被软件包 mysql-workbench-community-6.3.9-1.el7.x86_64 需要
--> 正在处理依赖关系 libzip.so.2()(64bit)，它被软件包 mysql-workbench-community-6.3.9-1.el7.x86_64 需要
--> 正在处理依赖关系 libpq.so.5()(64bit)，它被软件包 mysql-workbench-community-6.3.9-1.el7.x86_64 需要
--> 正在检查事务
---> 软件包 libzip.x86_64.0.0.10.1-8.el7 将被 安装
---> 软件包 mysql-workbench-community.x86_64.0.6.3.9-1.el7 将被 安装
```

有了yum的repo源，所以直接利用它安装mysql workbench

图 2-54 安装 Workbench 程序

```
root@localhost:~
文件(F) 编辑(E) 查看(V) 搜索(S) 终端(T) 帮助(H)
--> 解决依赖关系完成
错误：软件包：mysql-workbench-community-6.3.9-1.el7.x86_64 (mysql-tools-community)
          需要：python-paramiko >= 1.15.1
          可用：python-paramiko-1.12.4-1.el7.centos.noarch (extras)
               python-paramiko = 1.12.4-1.el7.centos
错误：软件包：mysql-workbench-community-6.3.9-1.el7.x86_64 (mysql-tools-community)
          需要：python2-crypto
错误：软件包：mysql-workbench-community-6.3.9-1.el7.x86_64 (mysql-tools-community)
          需要：proj
 您可以尝试添加 --skip-broken 选项来解决该问题
** 发现 5 个已存在的 RPM 数据库问题，'yum check' 输出如下：
ipa-client-4.4.0-12.el7.centos.x86_64 有已安装冲突 freeipa-client: ipa-client-4.4.0-12.el7.centos.x86_64
ipa-client-common-4.4.0-12.el7.centos.noarch 有已安装冲突 freeipa-client-common: ipa-client-common-4.4.0-12.el7.centos.noarch
ipa-common-4.4.0-12.el7.centos.noarch 有已安装冲突 freeipa-common: ipa-common-4.4.0-12.el7.centos.noarch
2:postfix-2.10.1-6.el7.x86_64 有缺少的需求 libmysqlclient.so.18()(64bit)
2:postfix-2.10.1-6.el7.x86_64 有缺少的需求 libmysqlclient.so.18(libmysqlclient_18)(64bit)
[root@localhost ~]# yum install epel-release.noarch
```

有各种问题

安装epel

图 2-55 安装补充文件

```
root@localhost:~
文件(F) 编辑(E) 查看(V) 搜索(S) 终端(T) 帮助(H)
[root@localhost ~]# yum install epel-release.noarch
已加载插件：fastestmirror, langpacks
Loading mirror speeds from cached hostfile
 * base: mirror.lzu.edu.cn
 * extras: mirror.lzu.edu.cn
 * updates: mirror.lzu.edu.cn
正在解决依赖关系
--> 正在检查事务
---> 软件包 epel-release.noarch.0.7-9 将被 安装
--> 解决依赖关系完成

依赖关系解决

================================================================================
 Package              架构             版本            源              大小
================================================================================
正在安装：
 epel-release         noarch           7-9             extras          14 k

事务概要
================================================================================
安装  1 软件包

总下载量：14 k
```

安装epel

图 2-56 安装成功

在询问是否的时候，输入“y”，最后提示“已安装”表示安装完成，如图 2-57 所示。

```
root@localhost:~
文件(F) 编辑(E) 查看(V) 搜索(S) 终端(T) 帮助(H)
Is this ok [y/d/N]: y
Downloading packages:
警告：/var/cache/yum/x86_64/7/extras/packages/epel-release-7-9.noarch.rpm: 头V3
RSA/SHA256 Signature, 密钥 ID f4a80eb5: NOKEY
epel-release-7-9.noarch.rpm 的公钥尚未安装
epel-release-7-9.noarch.rpm                              |  14 kB   00:01
从 file:///etc/pki/rpm-gpg/RPM-GPG-KEY-CentOS-7 检索密钥
导入 GPG key 0xF4A80EB5:
 用户ID     : "CentOS-7 Key (CentOS 7 Official Signing Key) <security@centos.org
>"
 指纹       : 6341 ab27 53d7 8a78 a7c2 7bb1 24c6 a8a7 f4a8 0eb5
 软件包     : centos-release-7-3.1611.el7.centos.x86_64 (@anaconda)
 来自       : /etc/pki/rpm-gpg/RPM-GPG-KEY-CentOS-7
是否继续？[y/N]: y
Running transaction check
Running transaction test
Transaction test succeeded
Running transaction
  正在安装    : epel-release-7-9.noarch                                  1/1
  验证中      : epel-release-7-9.noarch                                  1/1

已安装:
  epel-release.noarch   epel安装完成
```

图 2-57 完成安装

可以使用 yum repolist 命令查看库中的内容，如图 2-58 所示。

```
root@localhost:~
文件(F) 编辑(E) 查看(V) 搜索(S) 终端(T) 帮助(H)
[root@localhost ~]# yum repolist 查看库中的内容
已加载插件：fastestmirror, langpacks
epel/x86_64/metalink                                   | 6.5 kB   00:00
epel                                                   | 4.3 kB   00:00
(1/3): epel/x86_64/group_gz                            | 170 kB   00:00
epel/x86_64/updateinfo         FAILED
https://mirror.lzu.edu.cn/epel/7/x86_64/repodata/a38292eacccd5707e14cbb34791bd87
1c1330d32829b089d317bb6aefc7812b5-updateinfo.xml.bz2: [Errno 14] HTTPS Error 404
 - Not Found
正在尝试其它镜像。
To address this issue please refer to the below knowledge base article

https://access.redhat.com/articles/1320623

If above article doesn't help to resolve this issue please create a bug on https
://bugs.centos.org/

(2/3): epel/x86_64/updateinfo                          | 760 kB   00:00
epel/x86_64/primary_db         FAILED
http://ir.mirror.rasanegar.com/fedoraproject/pub/epel/7/x86_64/repodata/aad1e5a4
a0d189c464158e7e1c8fe45556ca66c0d73a5cc0e92f29bed25e4884-primary.sqlite.xz: [Err
no 14] curl#18 - "transfer closed with 4641777 bytes remaining to read"
正在尝试其它镜像。
(3/3): epel/x86_64/primary_db                          | 4.6 MB   00:00
```

图 2-58 查看库内容

根据上面的提示还需要借助 yum install tinyxml 命令安装 tinyxml 文件。安装过程如图 2-59 所示，最后显示安装成功。

最后，重新使用 yum install 命令安装 mysql-workbench 文件，如图 2-60 所示。

安装过程中，会有下载信息的提示，也会询问是否安装，此时输入“y”即可，如图 2-61 所示。

下载后，自动出现安装信息，如图 2-62 所示。

最后提示已安装 Workbench 且依赖项都已安装，表明安装完毕，如图 2-63 所示。

安装完毕 Workbench 之后，可以在系统的“应用程序”→“编程”菜单中看到对应的 MySQL Workbench 启动图标，如图 2-64 所示。

```
root@localhost:~
文件(F) 编辑(E) 查看(V) 搜索(S) 终端(T) 帮助(H)
repolist: 22,400
[root@localhost ~]# yum install tinyxml        安装tinyxml
已加载插件：fastestmirror, langpacks
Loading mirror speeds from cached hostfile
 * base: mirror.lzu.edu.cn
 * epel: mirror.lzu.edu.cn
 * extras: mirror.lzu.edu.cn
 * updates: mirror.lzu.edu.cn
正在解决依赖关系
--> 正在检查事务
---> 软件包 tinyxml.x86_64.0.2.6.2-3.el7 将被 安装
--> 解决依赖关系完成

依赖关系解决

================================================================================
 Package          架构            版本               源              大小
================================================================================
正在安装:
 tinyxml          x86_64          2.6.2-3.el7        epel            49 k

事务概要
================================================================================
安装  1 软件包
```

图 2-59 安装 tinyxml

```
root@localhost:~
文件(F) 编辑(E) 查看(V) 搜索(S) 终端(T) 帮助(H)

已安装:
  tinyxml.x86_64 0:2.6.2-3.el7          安装成功

完毕！
[root@localhost ~]# yum install mysql-workbench-community
已加载插件：fastestmirror, langpacks
Loading mirror speeds from cached hostfile   重新安装MySQL workbench
 * base: mirror.lzu.edu.cn
 * epel: mirror.lzu.edu.cn
 * extras: mirror.lzu.edu.cn
 * updates: mirror.lzu.edu.cn
正在解决依赖关系
--> 正在检查事务
---> 软件包 mysql-workbench-community.x86_64.0.6.3.9-1.el7 将被 安装
--> 正在处理依赖关系 python-paramiko >= 1.15.1，它被软件包 mysql-workbench-community-6.3.9-1.el7.x86_64 需要
--> 正在处理依赖关系 python2-crypto，它被软件包 mysql-workbench-community-6.3.9-1.el7.x86_64 需要
--> 正在处理依赖关系 proj，它被软件包 mysql-workbench-community-6.3.9-1.el7.x86_64 需要
--> 正在处理依赖关系 libzip，它被软件包 mysql-workbench-community-6.3.9-1.el7.x86_64 需要
--> 正在处理依赖关系 libzip.so.2()(64bit)，它被软件包 mysql-workbench-community-
```

图 2-60 安装 Workbench

```
root@localhost:~
文件(F) 编辑(E) 查看(V) 搜索(S) 终端(T) 帮助(H)
依赖关系解决

================================================================================
 Package                     架构     版本           源                        大小
================================================================================
正在安装:
 mysql-workbench-community   x86_64   6.3.9-1.el7    mysql-tools-community     20 M
为依赖而安装:
 libtomcrypt                 x86_64   1.17-23.el7    epel                     224 k
 libtommath                  x86_64   0.42.0-4.el7   epel                      35 k
 libzip                      x86_64   0.10.1-8.el7   base                      48 k
 postgresql-libs             x86_64   9.2.18-1.el7   base                     232 k
 proj                        x86_64   4.8.0-4.el7    epel                     181 k
 python2-crypto              x86_64   2.6.1-13.el7   epel                     476 k
 python2-ecdsa               noarch   0.13-4.el7     epel                      83 k
 python2-paramiko            noarch   1.16.1-2.el7   epel                     258 k

事务概要
================================================================================
安装  1 软件包 (+8 依赖软件包)

总下载量：22 M
安装大小：135 M
Is this ok [y/d/N]: y
```

图 2-61 继续安装

```
root@localhost:~
文件(F)  编辑(E)  查看(V)  搜索(S)  终端(T)  帮助(H)
Is this ok [y/d/N]: y
Downloading packages:
(1/9): libtomcrypt-1.17-23.el7.x86_64.rpm                | 224 kB  00:00
(2/9): libtommath-0.42.0-4.el7.x86_64.rpm                |  35 kB  00:00
(3/9): proj-4.8.0-4.el7.x86_64.rpm                       | 181 kB  00:00
(4/9): python2-crypto-2.6.1-13.el7.x86_64.rpm            | 476 kB  00:00
(5/9): libzip-0.10.1-8.el7.x86_64.rpm                    |  48 kB  00:00
(6/9): python2-ecdsa-0.13-4.el7.noarch.rpm               |  83 kB  00:00
(7/9): python2-paramiko-1.16.1-2.el7.noarch.rpm          | 258 kB  00:00
(8/9): postgresql-libs-9.2.18-1.el7.x86_64.rpm           | 232 kB  00:00
(9/9): mysql-workbench-community-6.3.9-1.el7.x86_64.rpm  |  20 MB  01:48
--------------------------------------------------------------------------------
总计                                              207 kB/s |  22 MB  01:48
Running transaction check                              自动下载后安装
Running transaction test
Transaction test succeeded
Running transaction
  正在安装    : libzip-0.10.1-8.el7.x86_64                                 1/9
  正在安装    : libtommath-0.42.0-4.el7.x86_64                             2/9
  正在安装    : libtomcrypt-1.17-23.el7.x86_64                             3/9
  正在安装    : python2-crypto-2.6.1-13.el7.x86_64                         4/9
  正在安装    : postgresql-libs-9.2.18-1.el7.x86_64                        5/9
  正在安装    : python2-ecdsa-0.13-4.el7.noarch                            6/9
  正在安装    : python2-paramiko-1.16.1-2.el7.noarch                       7/9
```

图 2-62　安装信息

```
root@localhost:~
文件(F)  编辑(E)  查看(V)  搜索(S)  终端(T)  帮助(H)
  正在安装    : python2-paramiko-1.16.1-2.el7.noarch                       7/9
  正在安装    : proj-4.8.0-4.el7.x86_64                                    8/9
  正在安装    : mysql-workbench-community-6.3.9-1.el7.x86_64               9/9
  验证中      : mysql-workbench-community-6.3.9-1.el7.x86_64               1/9
  验证中      : proj-4.8.0-4.el7.x86_64                                    2/9
  验证中      : python2-ecdsa-0.13-4.el7.noarch                            3/9
  验证中      : postgresql-libs-9.2.18-1.el7.x86_64                        4/9
  验证中      : libtomcrypt-1.17-23.el7.x86_64                             5/9
  验证中      : python2-paramiko-1.16.1-2.el7.noarch                       6/9
  验证中      : libtommath-0.42.0-4.el7.x86_64                             7/9
  验证中      : libzip-0.10.1-8.el7.x86_64                                 8/9
  验证中      : python2-crypto-2.6.1-13.el7.x86_64                         9/9

已安装:
  mysql-workbench-community.x86_64 0:6.3.9-1.el7            安装成功

作为依赖被安装:
  libtomcrypt.x86_64 0:1.17-23.el7          libtommath.x86_64 0:0.42.0-4.el7
  libzip.x86_64 0:0.10.1-8.el7              postgresql-libs.x86_64 0:9.2.18-1.el7
  proj.x86_64 0:4.8.0-4.el7                 python2-crypto.x86_64 0:2.6.1-13.el7
  python2-ecdsa.noarch 0:0.13-4.el7         python2-paramiko.noarch 0:1.16.1-2.el7

完毕!
[root@localhost ~]#
```

图 2-63　安装完毕提示

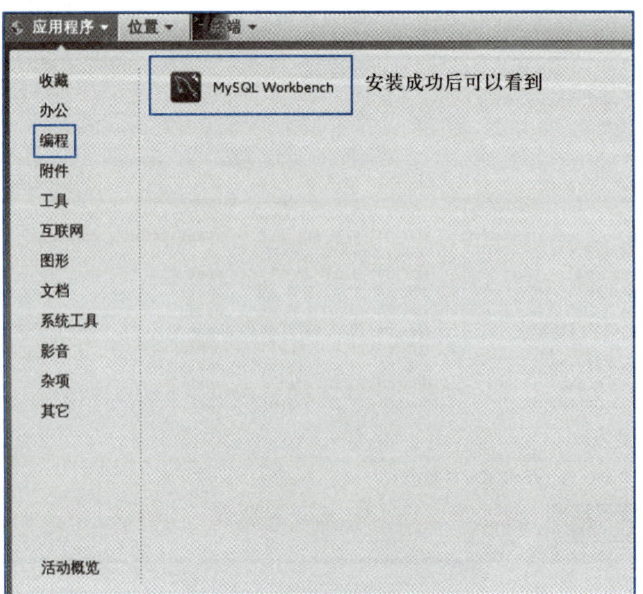

图 2-64　Workbench 启动图标

2.4 图形化管理工具 Workbench

MySQL Workbench 是 MySQL AB 发布的可视化的数据库设计软件，如图 2-65。

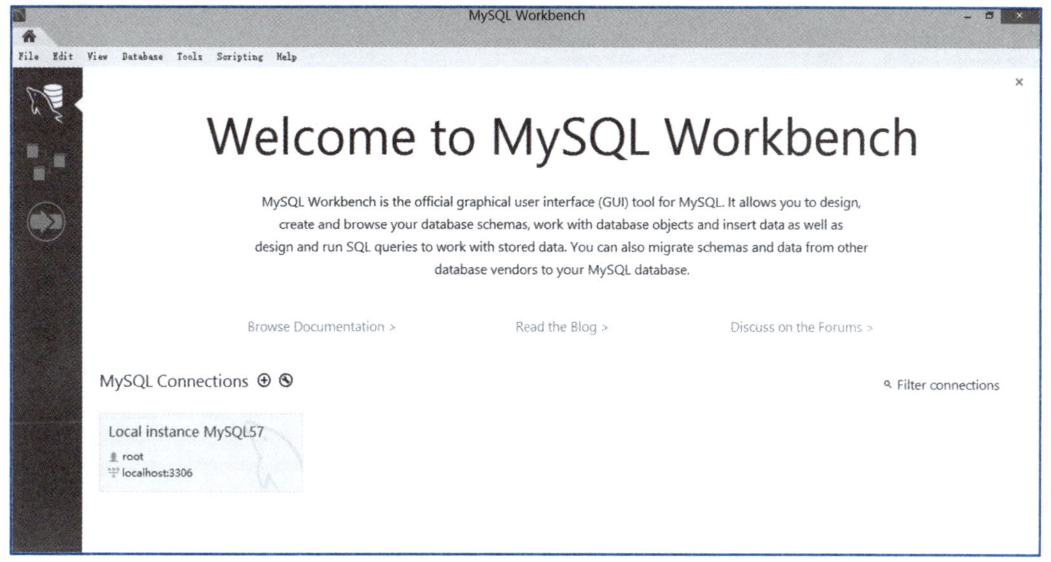

图 2-65 MySQL Workbench

MySQL Workbench 是一款专门为 MySQL 数据库设计的数据库建模工具。它可以用来设计和创建数据库 E-R 模型、执行文档任务。它还可以生成正向或逆向数据库工程。

下面介绍一下 Workbench 的使用方法：

1）左键单击所选择的数据库实例，如图 2-66 所示。

2）输入用户名和密码进行登录，如图 2-67 所示。

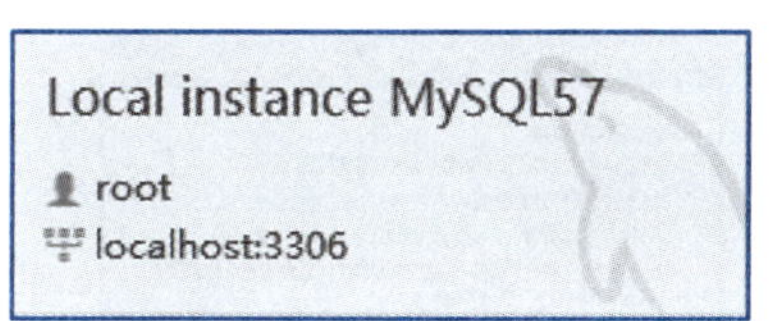

图 2-66 数据库实例

图 2-67 登录界面

3）登录成功后，界面如图 2-68 所示。

4）图 2-68 的左上部分为导航栏，如图 2-69 所示。

该导航栏分两个标签页，图 2-69 所示是数据库操作列表，图 2-70 所示是数据库中所有库的列表。

5）图 2-68 的左下部分为信息栏，如图 2-71 所示。

该信息栏分为两个标签页：一个是表信息，如图 2-71 所示，其中显示的是在图 2-70 中选择的某个数据库中的某张表的表结构；另一个是登录信息，如图 2-72 所示。

6）图 2-68 的右上部分为 SQL 的编辑器及执行环境，右下部分为执行结果列表，如图 2-73 所示。

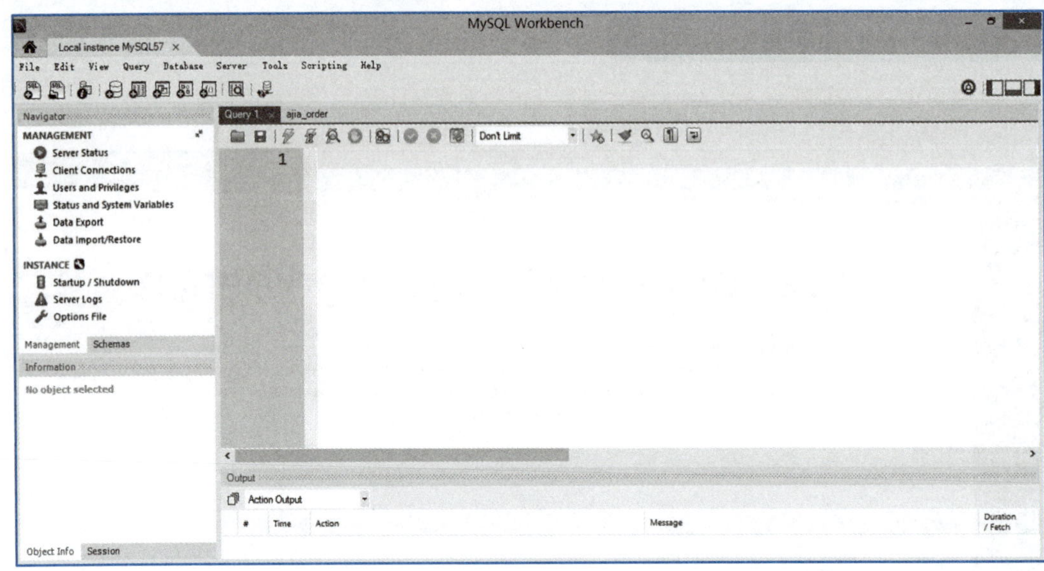

图 2-68　登录后界面

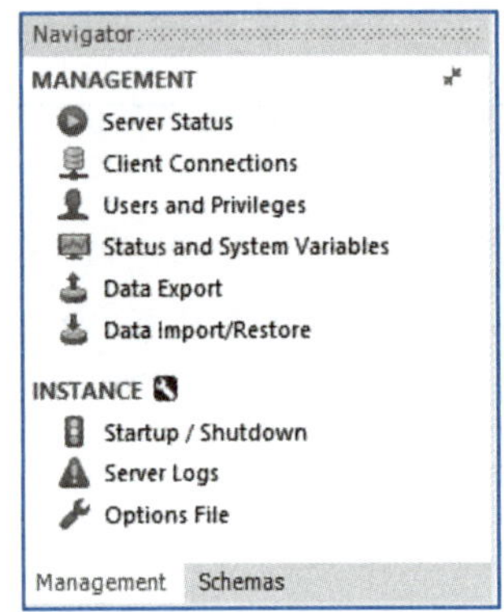

图 2-69　导航栏

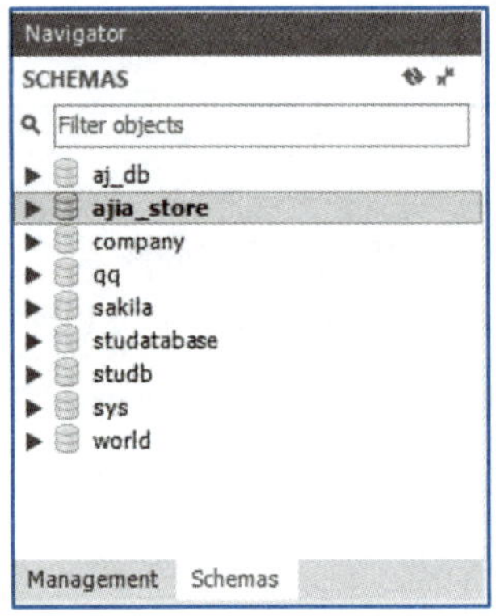

图 2-70　导航栏—所有的数据库列表

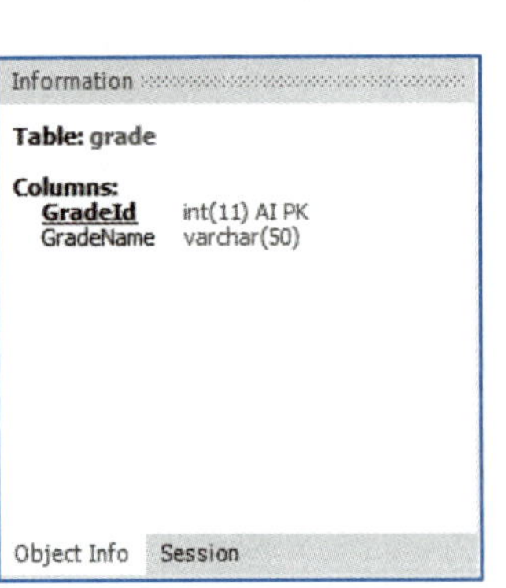

图 2-71　信息栏—表信息

图 2-72　登录信息

7）创建新数据库的方法。首先用鼠标指向图 2-70 所示的导航栏的数据库列表中的任意数据库名，注意不能指向表名，然后单击鼠标右键，弹出如图 2-74 所示的菜单。

选择 Create Schema... 命令，右边弹出如图 2-75 所示界面。

在 Name 文本框中输入新建数据库名称“mall_store”，然后单击右下角的 Apply 按钮，弹出如图 2-76 所示的界面。

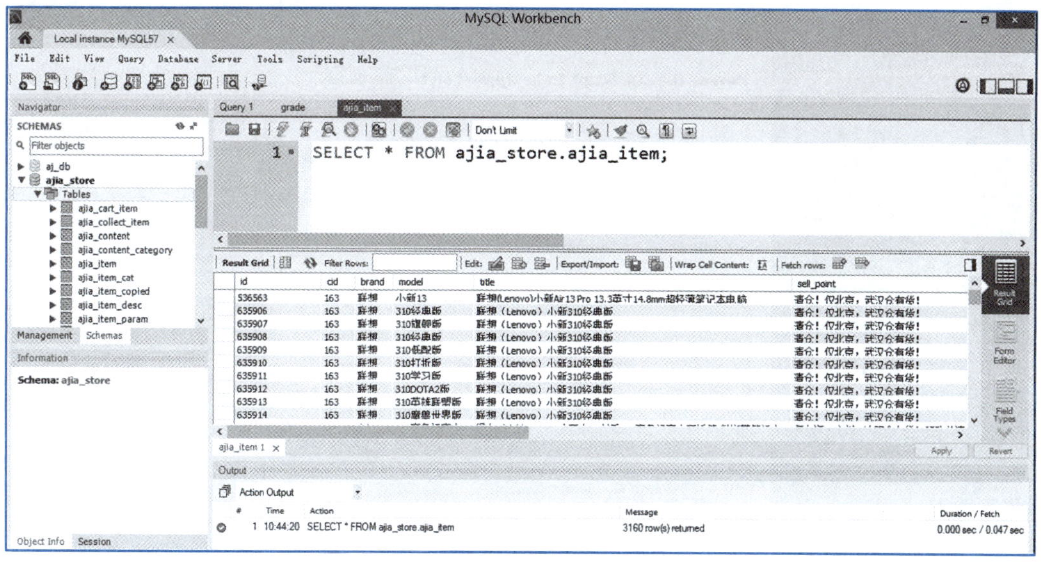

图 2-73　SQL 编辑器及执行环境

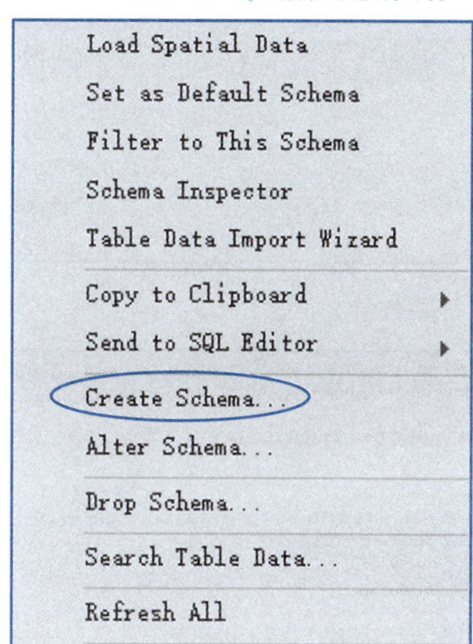

图 2-74　创建新数据库

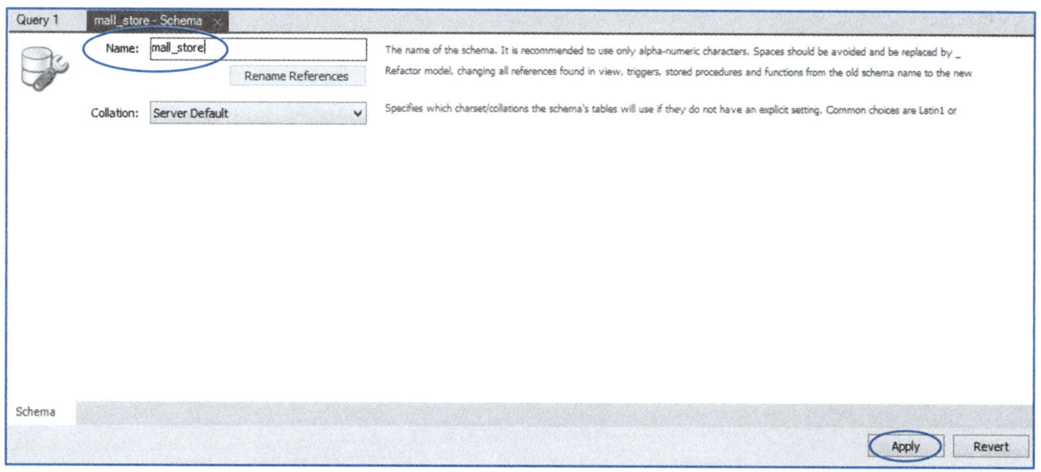

图 2-75　输入新数据库名称

直接单击右下角的 Apply 按钮即弹出如图 2-77 所示的完成界面。

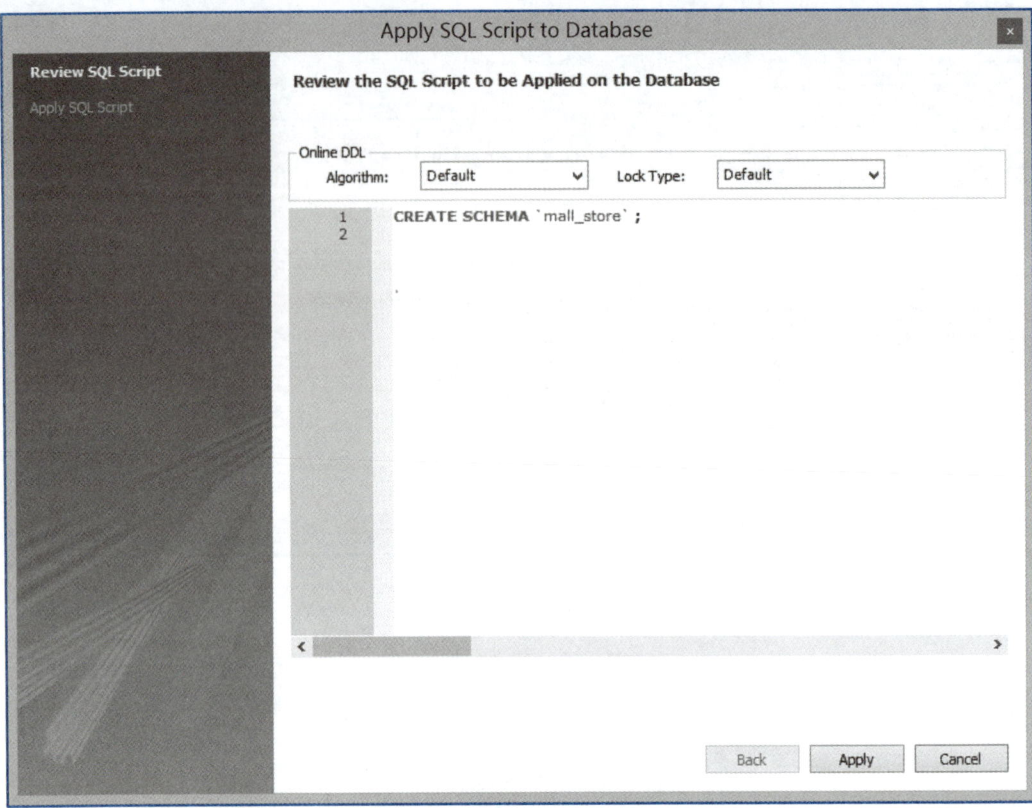

图 2-76 确认界面

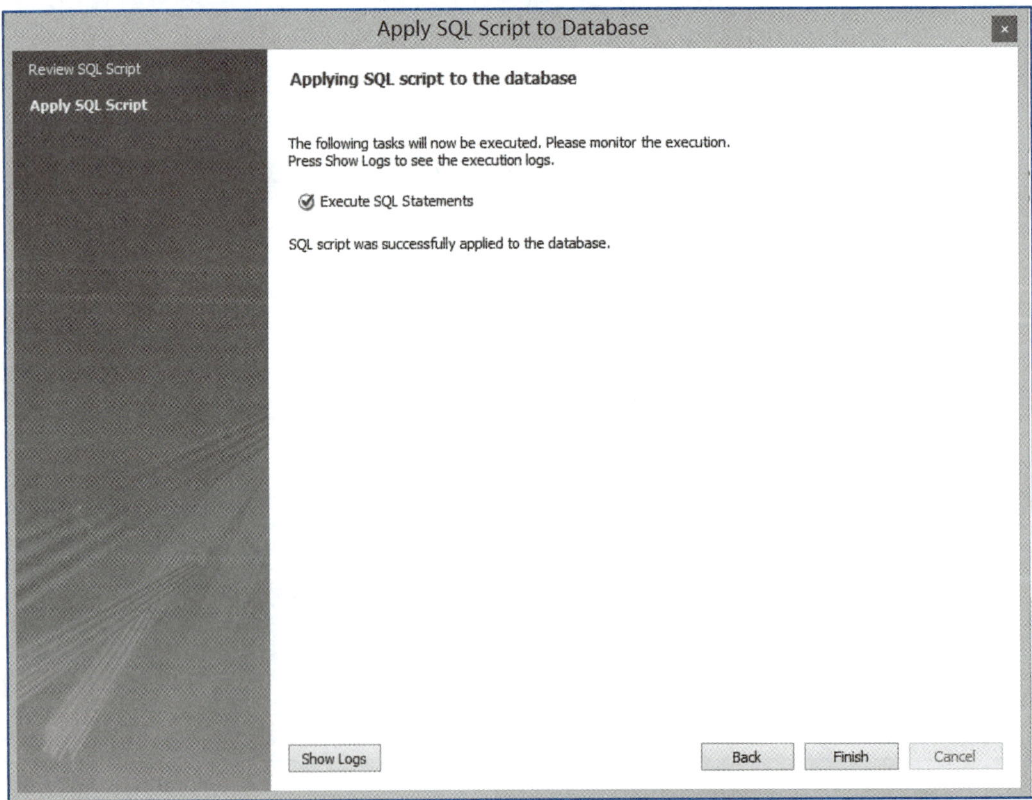

图 2-77 完成界面

直接单击右下角的 Finish 按钮即可完成创建新的数据库过程。此时，导航栏的数据库列表中可以看到新创建的数据库名字，如图 2–78 所示。

8）删除数据库的方法。首先用鼠标指向导航栏的数据库列表中要删除的数据库名 mall_store，然后单击鼠标右键，弹出如图 2–79 所示的菜单。

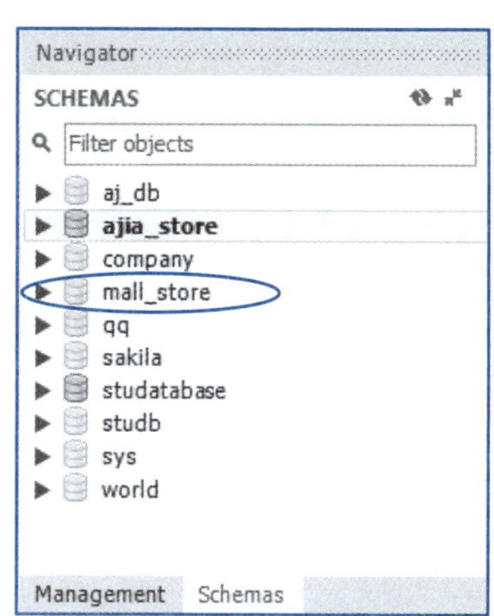

图 2–78　导航栏—所有的数据库列表

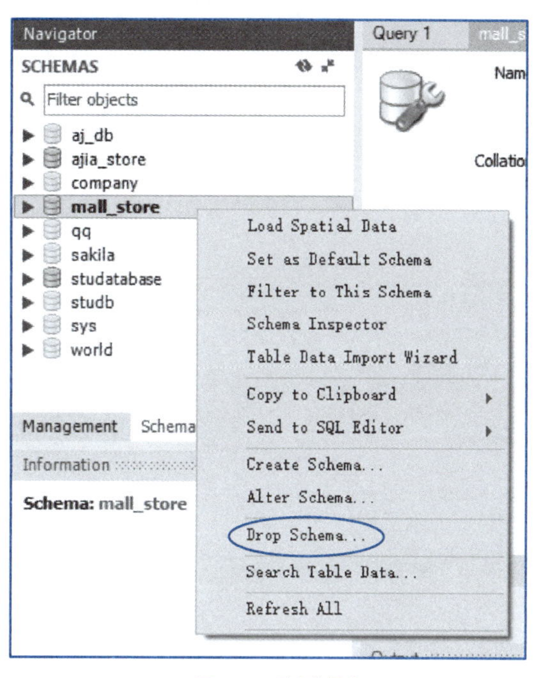

图 2–79　删除数据库

选择 Drop Schema... 命令，弹出如图 2–80 所示的界面。

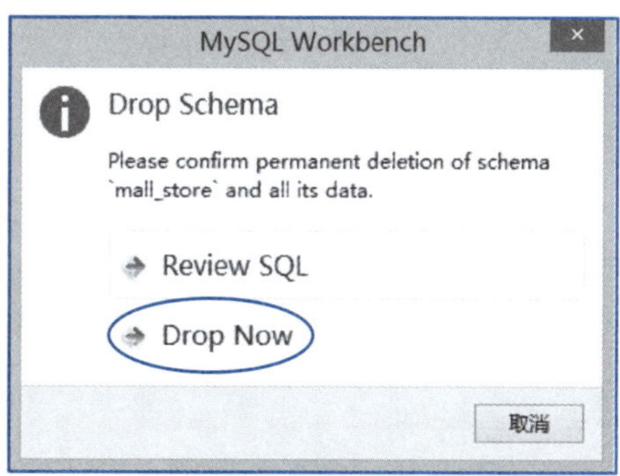

图 2–80　确认删除数据库

选择 Drop Now 选项，即可删除指定的数据库。

2.5　本章小结

本章主要介绍了 MySQL 数据库。读者应该了解 MySQL 数据库的历史和优势，知道如何在 Windows 和 Linux 操作系统上安装和配置 MySQL 数据库，掌握 MySQL Workbench 的使用方法，MySQL Workbench 是 MySQL AB 发布的可视化的数据库设计软件。

本章的知识结构如图 2–81 所示：

图形化管理工具
MySQL数据库简介
历史
在Linux系统上安装配置
在Windows上安装配置
安装与配置
MySQL的优势

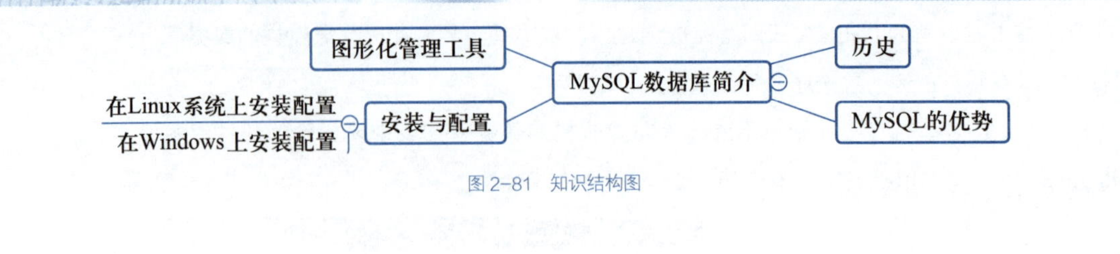

图2-81 知识结构图

第 3 章　数据库的基本操作

本章重点

本章首先介绍如何在 Windows 和 Linux 操作系统中启动 MySQL 数据库、停止 MySQL 数据库。然后介绍如何在 MySQL 中显示已经创建的数据库名称和新创建一个数据库等。接着介绍如何在 MySQL 中删除一个数据库。最后介绍了储存引擎以及如何为 MySQL 中数据库和表选择合适的储存引擎。

本章资源

1. PPT：数据库的基本操作
2. 微课 3–1 启动和停止 MySQL 数据库
3. 微课 3–2 创建删除数据库
4. 微课 3–3 存储引擎概念
5. 微课 3–4 存储引擎的指定方法

3.1　启动和停止 MySQL 数据库

PPT
数据库的基本操作

微课 3-1
启动和停止
MySQL 数据库

在操作系统中安装完 MySQL 之后，一般 MySQL 服务器会自动启动。那么如何通过命令来启动或停止 MySQL 服务器呢？下面分别介绍 Windows 操作系统和 Linux 操作系统的启动与停止方法。

3.1.1　Windows 系统

（1）如果 MySQL 服务器没有启动，则无法登录 MySQL 服务器，如图 3-1 所示。

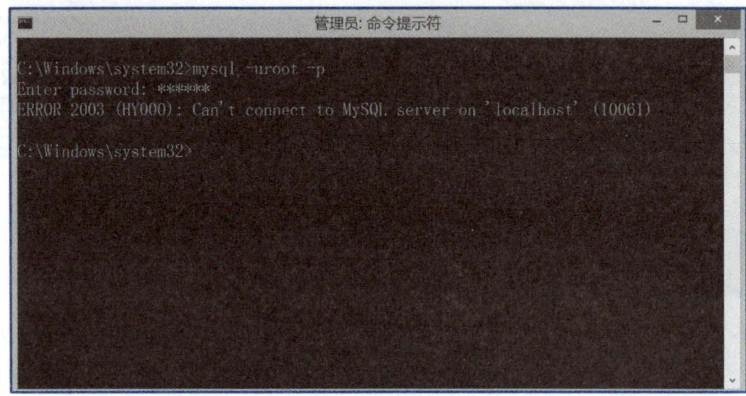

图 3-1　错误提示

当提示 Can’t connect to MySql server on ‘localhost’(10061) 时，表示 MySQL 服务器没有启动。

（2）以管理员身份进入终端，如图 3-2 所示。（注意一定要用管理员身份。）

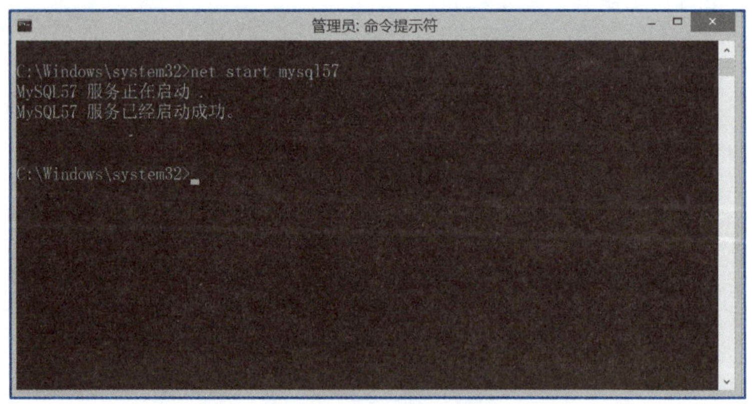

图 3-2　启动 MySQL 服务器

在提示符 > 处输入“net start mysql57”，数字 57 是版本号。当出现“MySQL57 服务已经启动成功”时，表示 MySQL 服务器启动成功。

（3）启动成功后，再次登录 MySQL，如图 3-3 所示。

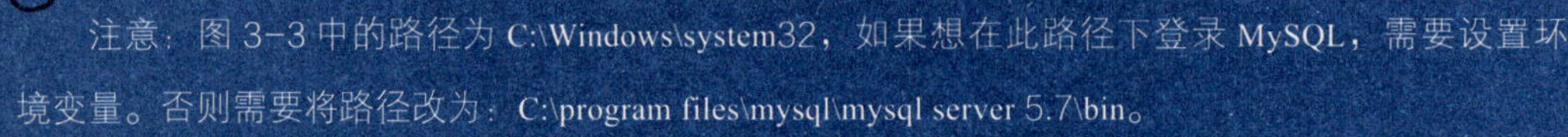

注意：图 3-3 中的路径为 C:\Windows\system32，如果想在此路径下登录 MySQL，需要设置环境变量。否则需要将路径改为：C:\program files\mysql\mysql server 5.7\bin。

（4）停止 MySQL 服务器，如图 3-4 所示。

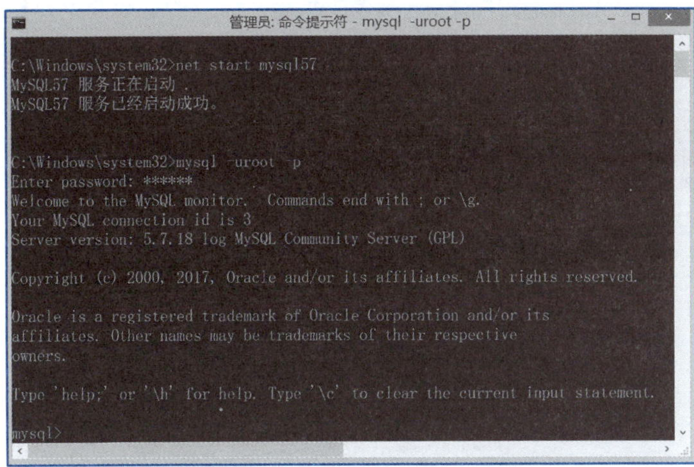

图 3-3 登录成功

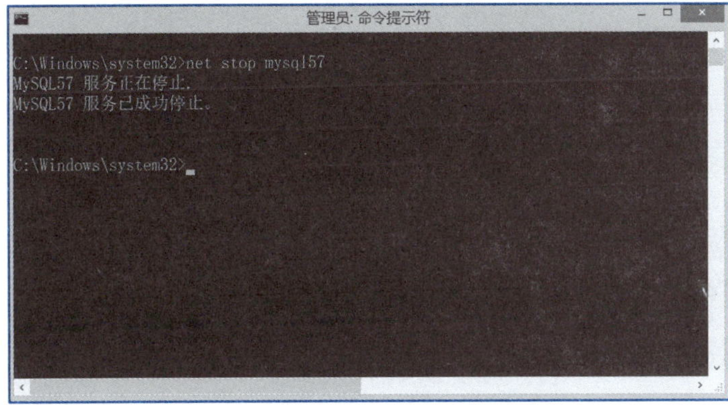

图 3-4 停止 MySQL 服务器

在提示符 > 处输入“net stop mysql57”，当出现“MySQL57 服务已经成功停止”时，表示 MySQL 服务器停止成功。

（5）还可以使用 Windows 系统提供的计算机管理器启动或停止 MySQL 服务。

1）鼠标指向“这台电脑”图标，单击鼠标右键，如图 3-5 所示。

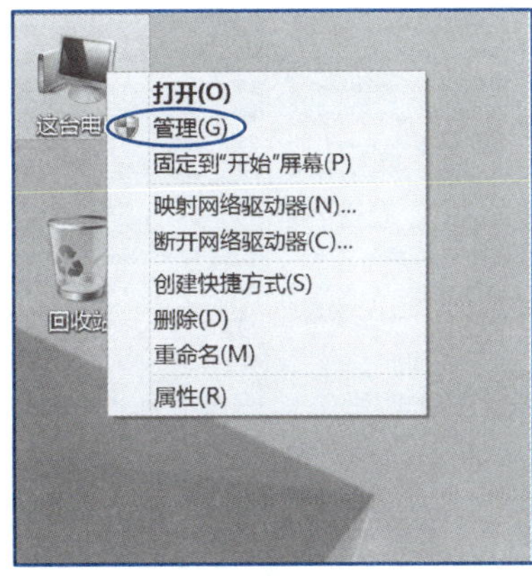

图 3-5 打开计算机管理器

在弹出的菜单中，选择“管理”菜单项。

2）在打开的“计算机管理”窗口左列表框中选择“服务”，如图 3-6 所示。

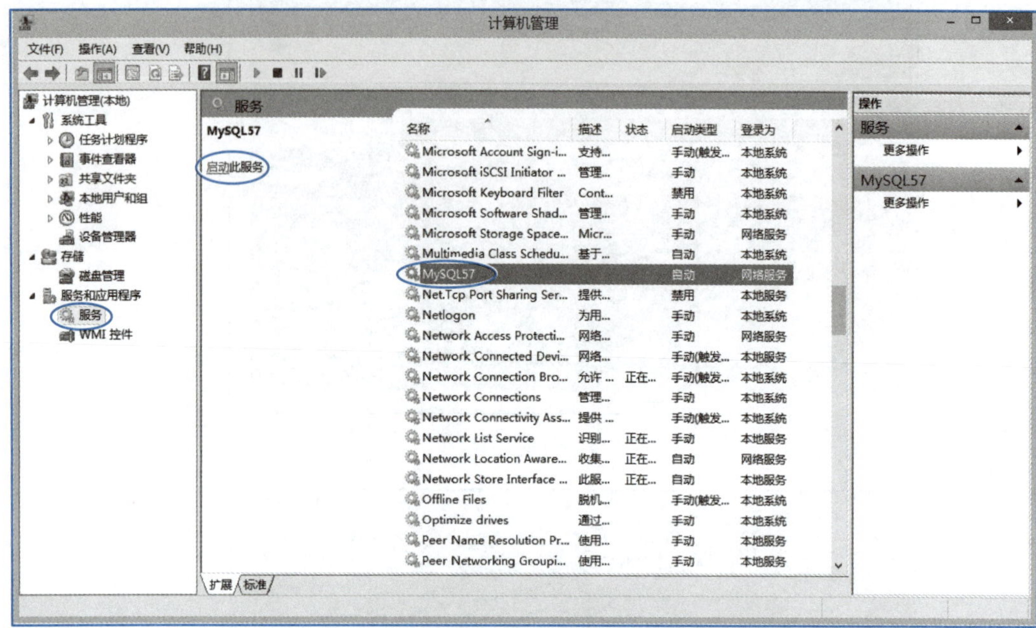

图 3-6 启动 MySQL 服务

在中间的列表框中选择 MySQL57，单击其右侧的“启动”选项，启动 MySQL 服务。

3）启动之后，在同一窗口中，可以关闭 MySQL 服务，如图 3-7 所示。

图 3-7 停止 MySQL 服务

3.1.2 Linux 系统

1. 如果 MySQL 服务没有启动，则无法登录 MySQL 服务器，如图 3-8 所示。

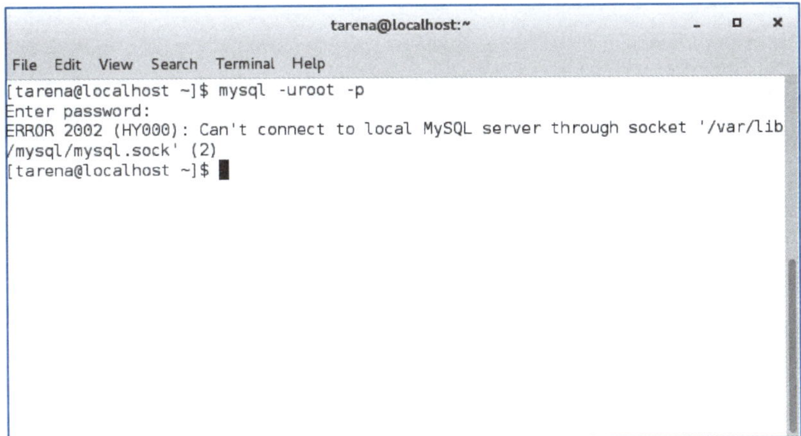

图 3-8 错误提示

2. 输入如图 3-9 所示的命令，启动 MySQL 服务。

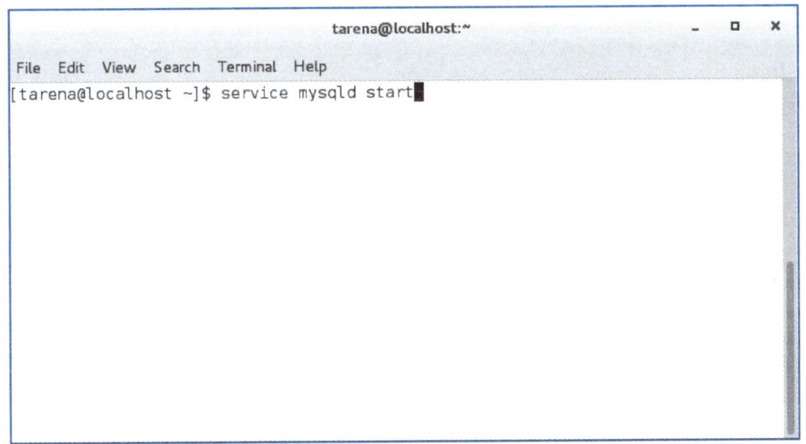

图 3-9 启动 MySQL 服务

按回车键后需要输入密码，如图 3-10 所示。

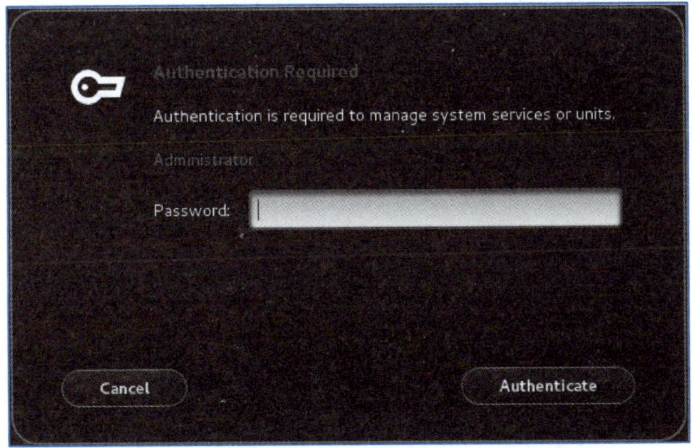

图 3-10 输入密码

密码正确，则能启动 MySQL 服务。

3. 启动成功后，再次登录 MySQL 服务器，如图 3-11 所示。

```
tarena@localhost:~
File  Edit  View  Search  Terminal  Help
[tarena@localhost ~]$ service mysqld start
Redirecting to /bin/systemctl start  mysqld.service
[tarena@localhost ~]$ mysql -uroot -p
Enter password:
Welcome to the MySQL monitor.  Commands end with ; or \g.
Your MySQL connection id is 3
Server version: 5.7.18

Copyright (c) 2000, 2017, Oracle and/or its affiliates. All rights reserved.

Oracle is a registered trademark of Oracle Corporation and/or its
affiliates. Other names may be trademarks of their respective
owners.

Type 'help;' or '\h' for help. Type '\c' to clear the current input statement.

mysql> 
```

图 3-11 登录成功

4. 输入图 3-12 所示的命令停止 MySQL 服务。

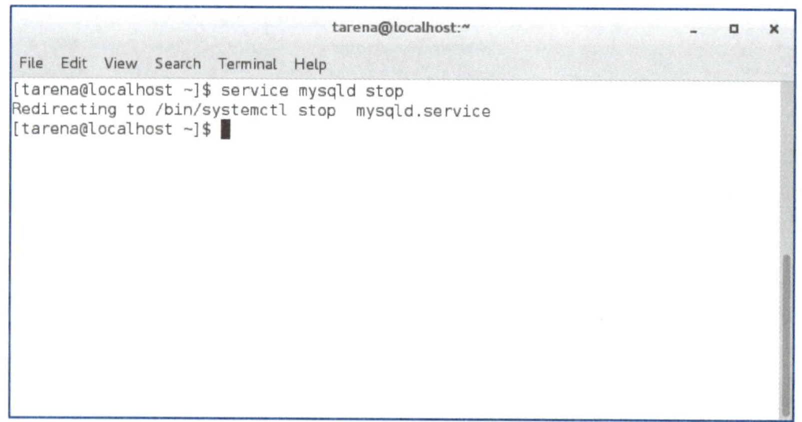

图 3-12 停止 MySQL 服务

注意：按回车键后，同样需要输入密码。

3.2 创建数据库

微课 3-2
创建删除数据库

当启动数据库后，就可以对数据库进行操作了。

首先可以使用“show databases;”命令查看 MySQL 服务器中已有的数据库，如图 3-13 所示。

这里显示的是 MySQL 自带的 6 个数据库。它们的作用如下。

1）information_schema：保存了 MySQL 服务器中所有数据库的相关信息，包括这些数据库的数据库名、数据库中的所有表信息、字段的数据类型与访问权限等。

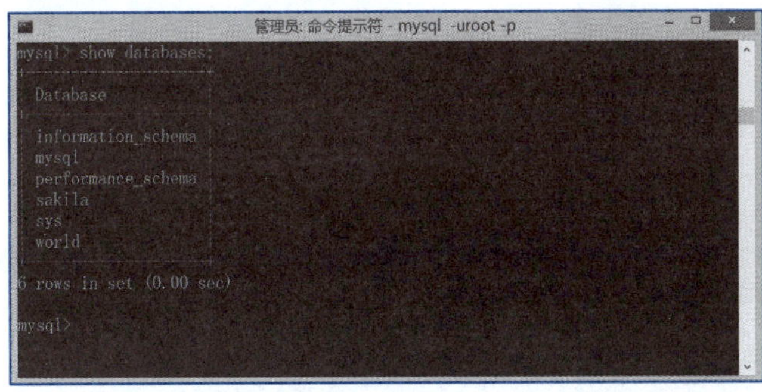

图 3-13 查看数据库

2）mysql：保存了数据库的用户、权限设置、关键字等 MySQL 服务器需要使用的控制和管理信息。

3）performance_schema：主要用于保存 MySQL 服务器的各项性能参数。通过这些参数，可分析出当前数据库的性能瓶颈在哪里。

4）sakila：是 MySQL 提供的一个例子数据库，该例子是模拟一个 DVD 租赁管理信息数据库。

5）sys：通过视图的形式将 information_schema 和 performance_schema 两个数据库有效地结合起来，可以更加有效地分析出性能配置，也可以得到一些性能诊断报告。该数据库是 MySQL 5.7 中新增的。

6）world：这也是一个 MySQL 提供的例子数据库，该例子保存的是世界上大多数的国家、城市和语言的数据。

上述的数据库，对于初学者来说，不要删除它们。否则现阶段会造成一些意想不到的问题。

查看完已有的数据库后，就可以创建自己的数据库了。创建方法如图 3-14 所示。

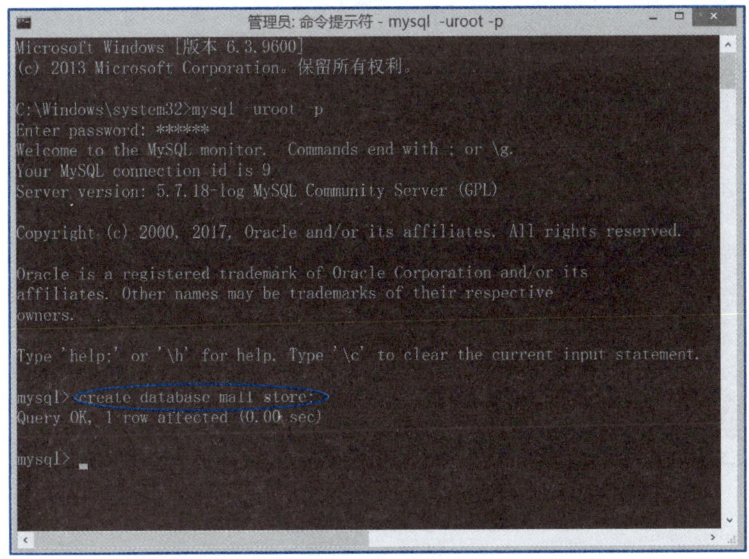

图 3-14 创建数据库

登录 MySQL 数据库后，在提示符 mysql> 后面输入"create database"命令可以创建数据库，该命令需要一个数据库的名字，在本例中为 mall_store。当出现 Query OK 字样时，表示数据库创建成功。

此时，如果再使用“show databases；”命令查看 MySQL 服务器中的数据库时，可以看到 mall_store 数据库，如图 3-15 所示。

```
管理员: 命令提示符 - mysql -uroot -p
mysql> create database mall_store;
Query OK, 1 row affected (0.00 sec)

mysql> show databases;
+--------------------+
| Database           |
+--------------------+
| information_schema |
| mall_store         |
| mysql              |
| performance_schema |
| sakila             |
| sys                |
| world              |
+--------------------+
7 rows in set (0.01 sec)

mysql>
```

图 3-15 新创建的数据库 mall_store

3.3 删除数据库

对于已有的数据库，可以使用 drop database 命令将其删除，如图 3-16 所示。

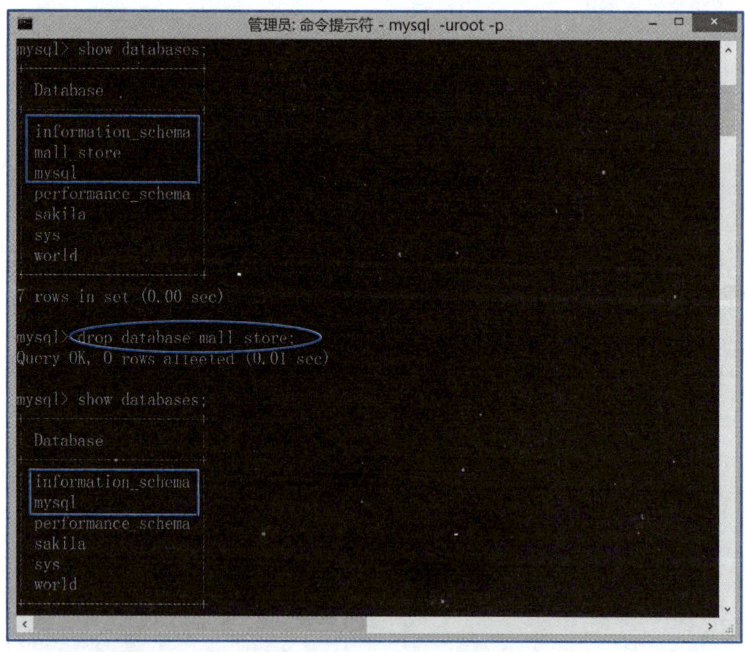

图 3-16 删除指定数据库

在图 3-16 中，首先使用“show databases；”命令查看当前 MySQL 服务器中的数据库，可以看到存在 mall_store 数据库。然后使用 drop database 命令，将 mall_store 数据库删除。当出现 Query OK 时，表示删除成功。此时再用“show databases；”命令查看 MySQL 服务器中的数据库，会发现已经没有 mall_store 数据库了。

3.4 为数据库选择合适的存储引擎

3.4.1 存储引擎概念

存储引擎是指 MySQL 中提供的不同组件，每个组件对应于一种类型的表，进行相应的 SQL 操作处理。

对于 MySQL 服务器中存储的数据，根据组件的不同，会使用不同的存储机制和索引技巧。

MySQL 服务器使用一个可插拔存储引擎架构，该架构在一个运行的 MySQL 服务器上实现存储引擎的装入和卸载。

在实际使用当中，会根据需求来选择相应的存储引擎，使应用的整体性能得到最大的发挥。

使用“show engines；”命令查看 MySQL 服务器中的所有存储引擎，如图 3-17 所示。

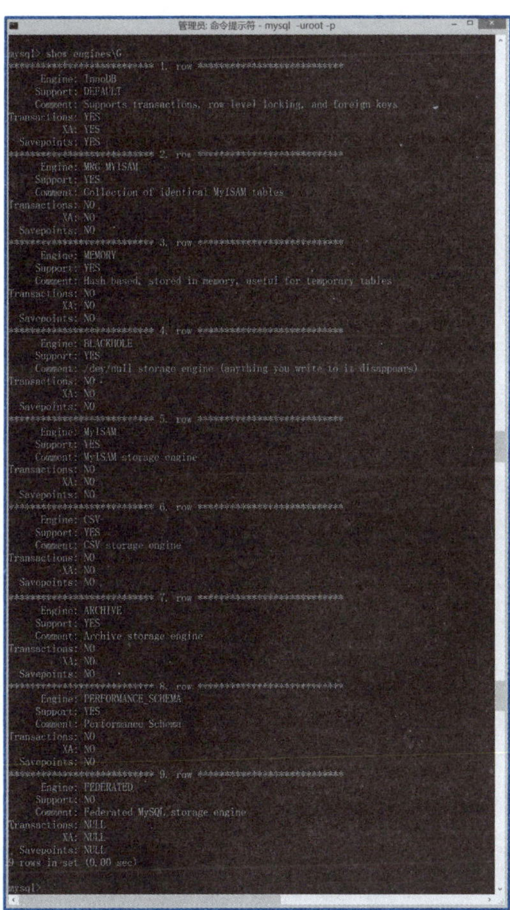

图 3-17 MySQL 中的存储引擎

微课 3-3
存储引擎概念

其中常用的存储引擎如下。

1）InnoDB：是默认的存储引擎。在使用 create table 命令创建一张表时，如果不指定存储引擎，MySQL 将存储引擎默认指定为 InnoDB。InnoDB 是一种事务安全型（transaction-safe）

引擎，提供提交、回滚、崩溃恢复功能，以保护用户数据。采用行级锁以提高多用户的并发性能。InnoDB 在存储数据时，对于一般的基于主键的查询操作，使用集群索引以减少 I/O 操作，提高速度。为了保证数据的完整性，InnoDB 还支持外键引用完整性约束。

2）MyISAM：是基于 ISAM(已不再使用)的存储引擎，但包含许多有用的扩展。该存储引擎设置的表级锁限制了读写性能，所以 MyISAM 存储引擎通常用于只读或以读为主的数据库中。

3）MEMORY：将数据全部使用 HASH 算法存储在内存中。主要应用于对查找速度有较高要求的数据库中。但这种存储引擎现在应用得已经不多了，因为 InnoDB 存储引擎的缓冲池内存区域也提供了一个通用的和持久的方法，使得大部分或所有的数据可以被保存在内存中。

4）CVS：使用该存储引擎的表实际上是一个用逗号分隔的文本文件，主要用于同脚本或应用程序导入、导出 CVS 格式的数据。CVS 表没有索引，通常将数据保存在 InnoDB 表中，以进行正常的 SQL 操作，只在导入、导出数据阶段使用 CVS 表。

5）ARCHIVE：使用该存储引擎的表存储和检索大量的极少使用的历史数据、归档数据，或安全审计信息。ARCHIVE 表没有索引。

6）BLACKHOLE：使用该存储引擎的表仅接受数据，但并不真正存储数据。这些表可以用于复制 DML 语句发送到从服务器，但主服务器并不保持自身复制的数据。

7）FEDERATED：将众多的单独 MySQL 服务器链接起来，将众多的物理服务器构成一个逻辑上的数据库服务器。主要应用于分布式或数据集成环境中。

3.4.2 存储引擎的指定方法

微课 3-4
存储引擎的指定方法

1）当创建一个新表的时候，对于 create table 命令，可以使用 engine 参数指定该表使用哪种存储引擎，如图 3-18 所示。

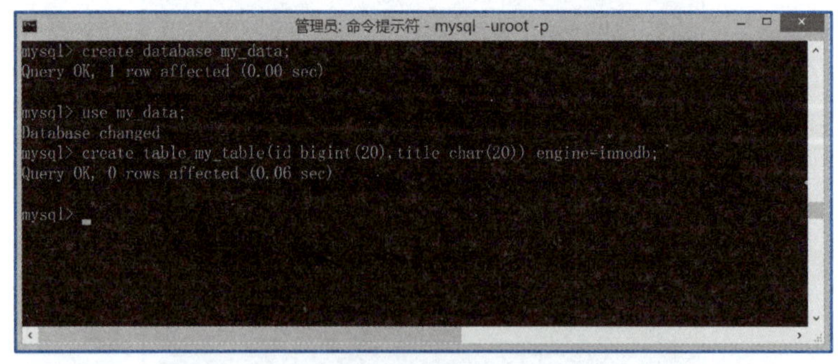

图 3-18 指定存储引擎

注意：创建一张表之前，必须已经创建包含该表的数据库，并且用 use 命令引用该数据库。

如果是图 3-18 指定的存储引擎，可以省略 engine=innodb。因为 innoDB 引擎是默认的存储引擎。

2）使用 alter table 命令可修改已经指定的存储引擎，如图 3-19 所示。

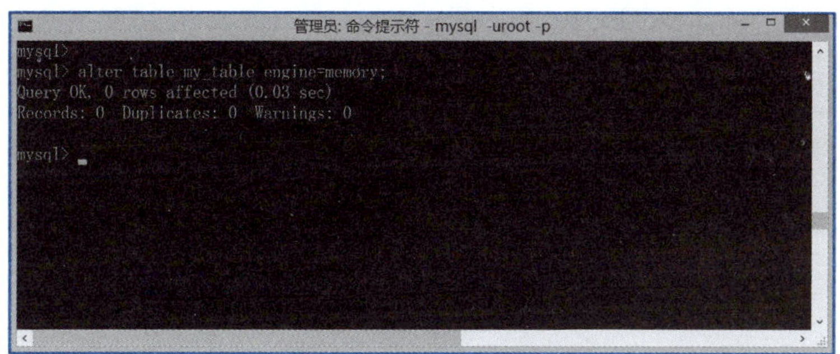

图 3-19 修改存储引擎

3）修改配置文件。

配置文件在 Windows 操作系统中的路径是 C:\Program Files\MySQL\MySQL Server 5.7\bin，文件名为 my.ini。在 Linux 操作系统中的路径是 /etc，文件名为 my.cnf。

打开配置文件，在 mysqld 后面增加 default-storage-engine=INNODB。

3.5 本章小结

本章主要介绍了数据库的基本操作。读者应该了解如何启动和停止数据库，知道数据库的创建方法和删除方法，以及如何为数据库选择合适的储存方法。

本章的知识结构如图 3-20 所示：

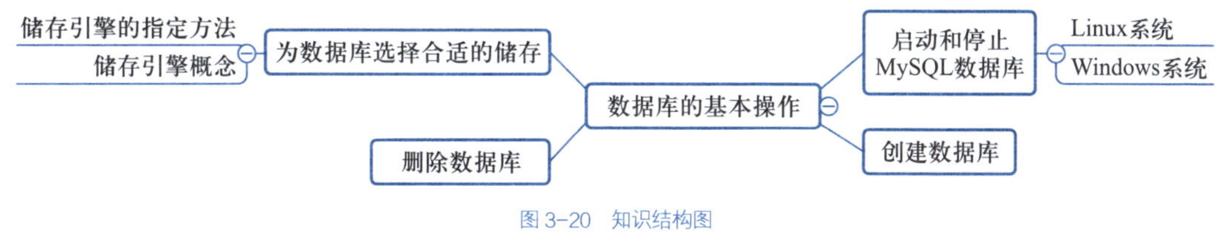

图 3-20 知识结构图

第4章 数据类型、运算符及函数

本章重点

本章首先介绍数据库中使用的数据类型，包括整数、浮点数字符串、日期和时间、bool类型以及enum类型。数据类型是MySQL服务器中保存数据的属性，是对数据的存储格式、有效范围和限制的一种规定。

然后，介绍数据库中使用的运算符，包括算术运算符、关系运算符和逻辑运算符。在MySQL中，能够通过运算符对服务器中存储的数据进行运算，生成新的服务器中没有的数据。

最后，介绍数据库中使用的函数，包括数学函数、字符串函数、日期和时间函数。

本章资源

1. PPT：数据类型、运算符及函数
2. 微课 4–1 整数
3. 微课 4–2 浮点数字符串
4. 微课 4–3 日期和时间布尔枚举
5. 微课 4–4 算数运算符
6. 微课 4–5 关系运算符
7. 微课 4–6 逻辑运算符
8. 微课 4–7abs 等函数
9. 微课 4–8sqrt 等函数
10. 微课 4–9ascii 等函数
11. 微课 4–10left 等函数
12. 微课 4–11insert 等函数
13. 微课 4–12week 等函数
14. 微课 4–13unix_timestamp 等函数

4.1 数据类型详解

PPT 数据类型、运算符及函数

数据类型是 MySQL 服务器中保存数据的属性，是对数据的存储格式、有效范围和限制的一种规定。

MySQL 支持所有的标准 SQL 数据类型，主要分为数值类型、字符串类型、日期和时间类型，如图 4-1 所示。

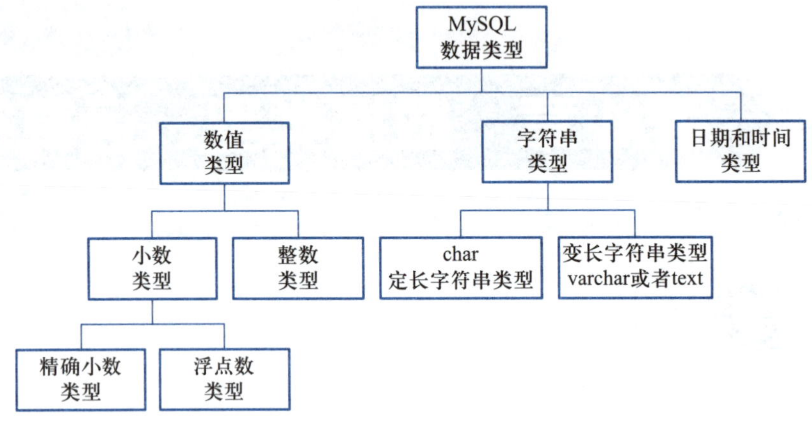

图 4-1 MySQL 数据类型

4.1.1 整数

整数类型，顾名思义，就是不带小数点的数据。在 MySQL 中，按照整数能表示的范围，其被分成 5 种，如表 4-1 所示。

微课 4-1
整数

表 4-1 整型类型

类型	大小 / 字节	范围		用途
		有符号	无符号	
TINYINT	1	(-128，127)	(0，255)	小整数值
SMALLINT	2	(-32768，32767)	(0，65535)	大整数值
MEDIUMINT	3	(-8388608，8388607)	(0，16777215)	大整数值
INT 或 INTEGER	4	(-2147483648，2147483647)	(0，4294967295)	大整数值
BIGINT	8	(-9223372036854775808，9223372036854775807)	(0，18446744073709551615)	极大整数值

在 MySQL 中，整数型有一个可选的宽度显示指示器选项，该选项指定从数据库中检索的数据显示宽度。例如，数据类型定义成 bigint（20），表示该类型定义的数据在显示时，需要占 20 位的宽度，如果不足 20 位时，则在左侧自动补空格。

注意：宽度显示指示器不会影响数据类型对数据大小的规定，如写成 tinyint（5），不表示这个数能有 5 位数字，其大小仍然是（-128，127），只是该数字在显示时占 5 位宽度。

unsigned 修饰符定义的是无符号整型数，其取值范围见表 4-1 的第 4 列中说明。

zerofill 修饰符则规定，当数据在显示时，不足宽度显示指示器定义的位数时，不用空格补充，改用数字 0 来补充。

4.1.2 浮点数

浮点数就是带小数点的数据。在 MySQL 中，按照浮点数能表示的范围，其被分成 3 种，如表 4-2 所示。

微课 4-2
浮点数字符串

表 4-2 浮点数类型

类型	大小/字节	范围		用途
		有符号	无符号	
FLOAT	4	(-3.402823466E+38, 1.175494351E-38), 0, (1.175494351E-38, 3.402823466351E+38)	0,(1.175494351E-38, 3.402823466E+38)	单精度浮点数值
DOUBLE	8	(1.7976931348623157E+308, 2.2250738585072014E-308), 0, (2.2250738585072014E-308, 1.7976931348623157E+308)	0, (2.2250738585-072014E-308, 1.79769313486-23157E+308)	双精度浮点数值
DECIMAL	对 DECIMAL(M,D)，如果 M>D，为 M+2，否则为 D+2	依赖于 M 和 D 的值	依赖于 M 和 D 的值	小数值
FLOAT	4	(-3.402823466E+38, 1.175494351E-38), 0, (1.175494351E-38, 3.402823466351E+38)	0,(1.175494351E-38, 3.402823466E+38)	单精度浮点数值

对于浮点数类型，MySQL 同样带有一个可选的宽度显示指示器选项，与整型不同的是，浮点数还带有一个小数点指示器，该指示器可以用于定义小数点后面带有的小数个数。例如，数据类型定义成 FLOAT（7，3），前面的数字 7 表示整个小数不能超过 7 位，后面的 3 表示小数点后最多有 3 位小数。

unsigned 修饰符同样定义的是无符号数。

zerofill 修饰符的作用与整型相同，在前面用 0 来补充。

4.1.3 字符串

字符串是存储在数据库中的文本信息。在 MySQL 中，字符串主要分成以下几类。

1）char 和 varchar

char 类型的数据，存放的字符串长度是固定的。例如，数据的类型为 char（30），表示该数据占用 30 字节，而与该数据内具体存放的字符个数无关。

varchar 类型的数据，存放的字符串长度是可变的。例如，数据类型为 varchar（30），表示该数据所占字节数与数据内具体存放的字符个数有关，最多 30 字节。如果存放的是“12345”，则仅占 6 字节。

在实际应用中，一般都使用 varchar 类型，以节省存储空间。但如果存储的字符串长度相同或相近，则采用 char 类型。另外，char 类型的检索速度要比 varchar 类型快。char 和 varchar 类型数据的大小及用途如表 4-3 所示。

表 4-3 字 符 型

类型	大小 / 字节	用途
char	0~255	定长字符串
varchar	0~255	变长字符串

2）binary 和 varbinary

binary 类型、varbinary 类型与 char 类型、varchar 类型基本类似，但不同的是，这两种类型存储的不是字符，而是二进制数据。binary 和 varbinary 类型数据的大小及用途如表 4-4 所示。

表 4-4 字 节 型

类型	大小 /MB	用途
binary	0~M	定长字节串
varbinary	0~M	变长字节串

binary 类型为固定长度，当存储数据的字节数小于指定长度时，在空出的字节中保存 0x00。例如，数据类型定义为 binary（10），保存的数据是 0x10 0x20 0x30 0x40 0x50，剩余的 5 字节自动填充为 0x00。

3）blob 和 text

blob 是二进制大对象类型，text 是字符型大对象类型。它们类似于 binary 和 char 的区别。一般用于存储文本块或图像、声音文件等二进制数据。blob 和 text 类型数据的大小及用途如表 4-5 所示。

表 4-5 大数据类型

类型	大小 / 字节	用途
TINYBLOB	0~255	不超过 255 个字符的二进制字符串
TINYTEXT	0~255	短文本字符串
BLOB	0~65 535	二进制形式的长文本数据
TEXT	0~65 535	长文本数据
MEDIUMBLOB	0~16 777 215	二进制形式的中等长度文本数据
MEDIUMTEXT	0~16 777 215	中等长度文本数据
LONGGBLOB	0~4 294 967 295	二进制形式的极大文本数据
LONGTEXT	0~4 294 967 295	极大文本数据

blob 数据类型在比较时区分大小写，而 text 数据类型则在比较时不区分大小写。

4.1.4 日期和时间

微课 4-3
日期和时间
布尔枚举

date 为日期类型，一般使用“年－月－日”的格式表示。允许使用不严格的语法，如“2016-12-31”“2016.12.31”“2016/12/31”“2016@12@31”是等价的。

time 为时间类型，一般使用“时: 分: 秒”的格式表示。同样允许不严格语法，而且时、分、秒的值小于 10 时，无需加 0。如“10：6：3”与“10：06：03”是等效的。另外，时间类型还可以表示为“HH:MM:SS.fraction”（其中 fraction 为分秒或毫秒），“D HH:MM:SS”（D 为天数）。

year 为年类型。其值可以是字符串，也可以是数值。

datetime 为日期时间类型，一般使用“年－月－日时：分：秒”的格式表示。该格式支持不严格语法。

timestamp 与 datetime 类型都是日期时间类型，同样采用“年－月－日时：分：秒”的格式表示。两者的区别是 datetime 类型必须在输入数据时，指定具体的日期和时间，timestamp 类型可以不输入，由系统自动设置为系统的当前时间。另一个区别是存储的时间范围不同，datetime 能存储的时间范围为：'1000-01-01 00:00:00.000000'—'9999-12-31 23:59:59.999999'，而 timestamp 能存储的时间范围为：'1970-01-01 00:00:01.000000'—'2037-01-19 03:14:07.999999'，如表 4-6 所示。

表 4-6 日期和时间类型

类型	大小	范围	格式	用途
date	3	1000-01-01/9999-12-31	YYYY-MM-DD	日期值
time	3	'-838:59:59'/'838:59:59'	HH:MM:SS	时间值或持续时间
year	1	1901/2155	YYYY	年份值
datetime	8	1000-01-01 00:00:00/9999-12-31 23:59:59	YYYY-MM-DD HH:MM:SS	混合日期和时间值
timestamp	8	1970-01-01 00:00:00/2037 年某时	YYYYMMDD HHMMSS	混合日期和时间值，时间戳

4.1.5 bool 类型

在 MySQL 中本身没有 bool 类型，但为了与其他关系数据库相兼容，MySQL 提供了 bool 类型的映射。

在 MySQL 中，bool 类型会被转换成 tinyint 数据类型，如表 4-7 所示。

表 4-7 bool 类型

类型	MySQL 映射类型
bool	tinyint
boolean	tinyint

4.1.6 enum 类型

enum 是 MySQL 中的枚举类型，其可以定义枚举值，该种数据类型的值只能是定义时的枚举值之一。如果输入了枚举值之外的数值，则插入命令将报错。

枚举值一般为字符串，但可以为 NULL。字符串按照枚举顺序，枚举值的索引依次被定义为 0，1，2，3……；NULL 的枚举值仍然为 NULL。枚举值也可以为数字，当枚举值为数字时，索引值就是枚举值，不建议使用数字作为枚举值。

例如，enum（NULL，‘ ’，‘one’，‘two’，‘three’，20）对应的枚举值如表 4-8 所示。

表 4-8 枚举值与索引对照表

枚举值	索引
NULL	NULL
‘ ’	0
‘one’	1
‘two’	2
‘three’	3
20	20

4.2 运算符

在 MySQL 中，能够通过运算符对服务器中存储的数据进行运算，生成新的服务器中没有的数据。如在在线商城中，对购物车进行结算时，可以将商品表中的商品单价乘以购物车表中的商品数量，得到订单表中的实付金额。

运算符主要有算术运算符、关系运算符和逻辑运算符。

4.2.1 算术运算符

算术运算符能够完成加、减、乘、除、求余数五种运算，如表 4-9 所示。

表 4-9 算术运算符

微课 4-4
算数运算符

符号	作用
+	加法运算
–	减法运算
*	乘法运算
/	除法运算
DIV	除法运算
%	求余数运算
MOD	求余数运算

注意：当运算符两边的数据类型不一致时，要进行数据类型转换。

① 字符型与整型运算时，字符型将被转换成整型，如图 4-2 所示。

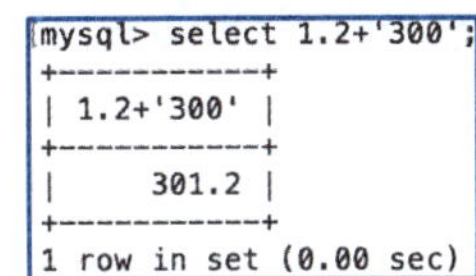

```
mysql> select 1.2+'300';
+-----------+
| 1.2+'300' |
+-----------+
|     301.2 |
+-----------+
1 row in set (0.00 sec)
```

图 4-2 字符串数字向数值型数字转换

② 整型与浮点型运算时，由整型向浮点型转换，如图 4-3 所示。

```
mysql> select 1.2+3;
+-------+
| 1.2+3 |
+-------+
|   4.2 |
+-------+
1 row in set (0.00 sec)
```

图 4-3 整型向浮点型转换

③ 在做除法时，如果除数为 0，则商为空，如图 4-4 所示。

```
mysql> select 1/0;
+------+
| 1/0  |
+------+
| NULL |
+------+
1 row in set, 1 warning (0.00 sec)
```

图 4-4 除数为 0

④ 求余数时，如果被除数为带小数点的小数时，小数点后面的数字不参与运算，直接作为余数，如图 4-5 所示。

```
mysql> select 3.5%2;
+-------+
| 3.5%2 |
+-------+
|   1.5 |
+-------+
1 row in set (0.00 sec)
```

图 4-5 浮点数求余数

4.2.2 关系运算符

关系运算符包括等于、大于、小于、大于或等于、小于或等于、不等于、是否为空、在某个区间，如表 4-10 所示。

表 4-10 关系运算符

符号	作用
=	等于
>	大于
<	小于
>=	大于或等于
<=	小于或等于
!=	不等于

微课 4-5
关系运算符

续表

符号	作用
<>	不等于
is null	字段是否为空
is not null	字段是否不为空
between and	在某个区间内

1）判断一个记录的某个字段是否为空，不能使用 =（逻辑运算符等于），而应该使用 is null 或者 is not null。

2）between...and... 在计算时含等于，如 between 50 and 100，等效于 x>=50 and x<=100，不是 x>50 and x<100，如图 4-6 所示。

```
mysql> select 50 between 50 and 100,100 between 50 and 100;
+-----------------------+------------------------+
| 50 between 50 and 100 | 100 between 50 and 100 |
+-----------------------+------------------------+
|                     1 |                      1 |
+-----------------------+------------------------+
1 row in set (0.00 sec)
```

图 4-6　between...and... 在计算时含等于

4.2.3　逻辑运算符

微课 4-6
逻辑运算符

逻辑运算符包含与、或、非，如表 4-11 所示。

表 4-11　逻辑运算符

符号	作用
&&	与
and	与
||	或
or	或
!	非
not	非

1）与：口诀是“全真为真，有假即假”。

① 全真为真是指与运算的两边的两个操作符都为真时，与运算的结果是真，如图 4-7 所示。

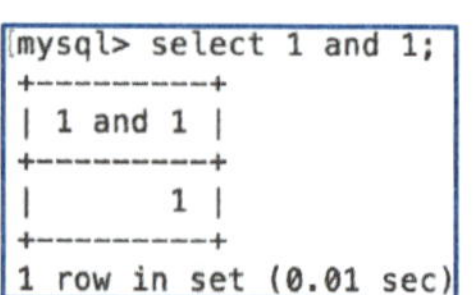

```
mysql> select 1 and 1;
+---------+
| 1 and 1 |
+---------+
|       1 |
+---------+
1 row in set (0.01 sec)
```

图 4-7　全真为真

② 有假即假是指与运算的两边的两个运算符只要有一个运算符是假，与运算的结果就

是假，如图 4-8 所示。

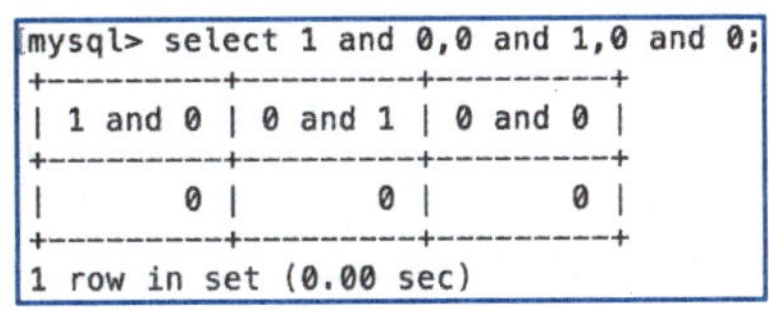

```
mysql> select 1 and 0,0 and 1,0 and 0;
+---------+---------+---------+
| 1 and 0 | 0 and 1 | 0 and 0 |
+---------+---------+---------+
|       0 |       0 |       0 |
+---------+---------+---------+
1 row in set (0.00 sec)
```

图 4-8 有假即假

2）或：口诀是“全假为假，有真即真”。

① 全假为假是指或运算符两边的两个运算符都为假时，或运算的结果为假，如图 4-9 所示。

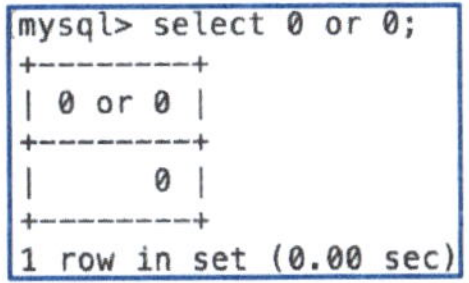

```
mysql> select 0 or 0;
+--------+
| 0 or 0 |
+--------+
|      0 |
+--------+
1 row in set (0.00 sec)
```

图 4-9 全假为假

② 有真为真是指或运算符两边的两个运算符只要有一个为真，或运算的结果为真，如图 4-10 所示。

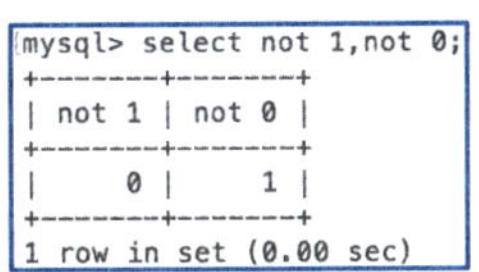

```
mysql> select 1 or 1,0 or 1,1 or 0;
+--------+--------+--------+
| 1 or 1 | 0 or 1 | 1 or 0 |
+--------+--------+--------+
|      1 |      1 |      1 |
+--------+--------+--------+
1 row in set (0.00 sec)
```

图 4-10 有真为真

3）非：口诀是“颠倒黑白”。就是将真变成假，将假变成真，如图 4-11 所示。

```
mysql> select not 1,not 0;
+-------+-------+
| not 1 | not 0 |
+-------+-------+
|     0 |     1 |
+-------+-------+
1 row in set (0.00 sec)
```

图 4-11 颠倒黑白

4.3 函数

MySQL 提供了数学函数、字符串函数、日期和时间函数等函数方法。下面对常用的函数作一个介绍。

4.3.1 数学函数

1）abs(n) 函数，返回 n 的绝对值，如图 4-12 所示。

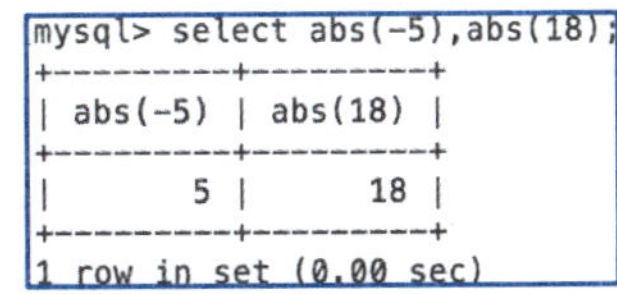

```
mysql> select abs(-5),abs(18);
+---------+---------+
| abs(-5) | abs(18) |
+---------+---------+
|       5 |      18 |
+---------+---------+
1 row in set (0.00 sec)
```

图 4-12 abs() 函数

微课 4-7
abs 等函数

2）sign(n) 函数，返回 n 的符号，如图 4-13 所示。

```
mysql> select sign(-5),sign(0),sign(8);
+----------+---------+---------+
| sign(-5) | sign(0) | sign(8) |
+----------+---------+---------+
|       -1 |       0 |       1 |
+----------+---------+---------+
1 row in set (0.00 sec)
```

图 4-13 sign() 函数

3）mod(n,m) 函数，返回 n 除以 m 的余数，如图 4-14 所示。

```
mysql> select mod(5,2),mod(103,10);
+----------+-------------+
| mod(5,2) | mod(103,10) |
+----------+-------------+
|        1 |           3 |
+----------+-------------+
1 row in set (0.00 sec)
```

图 4-14 mod() 函数

4）floor(n) 函数，返回不大于 n 的最大整数值，如图 4-15 所示。

```
mysql> select floor(5.2),floor(10.56),floor(9.9);
+------------+--------------+------------+
| floor(5.2) | floor(10.56) | floor(9.9) |
+------------+--------------+------------+
|          5 |           10 |          9 |
+------------+--------------+------------+
1 row in set (0.00 sec)
```

图 4-15 floor() 函数

5）ceiling() 函数，返回不小于 n 的最小整数值，如图 4-16 所示。

```
mysql> select ceiling(5.2),ceiling(10.56),ceiling(9.9);
+--------------+----------------+--------------+
| ceiling(5.2) | ceiling(10.56) | ceiling(9.9) |
+--------------+----------------+--------------+
|            6 |             11 |           10 |
+--------------+----------------+--------------+
1 row in set (0.00 sec)
```

图 4-16 ceiling() 函数

6）round(n,d) 函数，返回 n 的四舍五入值，d 的作用是确定小数位数，如图 4-17 所示。

```
mysql> select round(12.499),round(12.5);
+---------------+-------------+
| round(12.499) | round(12.5) |
+---------------+-------------+
|            12 |          13 |
+---------------+-------------+
1 row in set (0.00 sec)
```

图 4-17 round() 函数

7）exp(n) 函数，返回自然对数的底 e 的 n 次方，如图 4-18 所示。

```
mysql> select exp(1),exp(2),exp(5);
+-------------------+------------------+-------------------+
| exp(1)            | exp(2)           | exp(5)            |
+-------------------+------------------+-------------------+
| 2.718281828459045 | 7.38905609893065 | 148.4131591025766 |
+-------------------+------------------+-------------------+
1 row in set (0.00 sec)
```

图 4-18 exp() 函数

8）log(n) 函数，返回 n 的自然对数，如图 4-19 所示。

```
mysql> select log(2.718281828459045),log(148.4131591025766);
+------------------------+------------------------+
| log(2.718281828459045) | log(148.4131591025766) |
+------------------------+------------------------+
|                      1 |                      5 |
+------------------------+------------------------+
1 row in set (0.00 sec)
```

图 4-19 log() 函数

9）log10(n) 函数，返回以 10 为底的 n 的对数，如图 4-20 所示。

```
mysql> select log10(100),log10(10000);
+------------+--------------+
| log10(100) | log10(10000) |
+------------+--------------+
|          2 |            4 |
+------------+--------------+
1 row in set (0.00 sec)
```

图 4-20 log10() 函数

10）pow(x,y) 函数，返回 x 的 y 次方，如图 4-21 所示。

```
mysql> select pow(2,3),pow(10,2);
+----------+-----------+
| pow(2,3) | pow(10,2) |
+----------+-----------+
|        8 |       100 |
+----------+-----------+
1 row in set (0.00 sec)
```

图 4-21 pow() 函数

11）sqrt(n) 函数，返回 n 的平方根，如图 4-22 所示。

微课 4-8
sqrt 等函数

```
mysql> select sqrt(4),sqrt(100);
+---------+-----------+
| sqrt(4) | sqrt(100) |
+---------+-----------+
|       2 |        10 |
+---------+-----------+
1 row in set (0.00 sec)
```

图 4-22 sqrt() 函数

12）pi() 函数，返回 π 值，如图 4-23 所示。

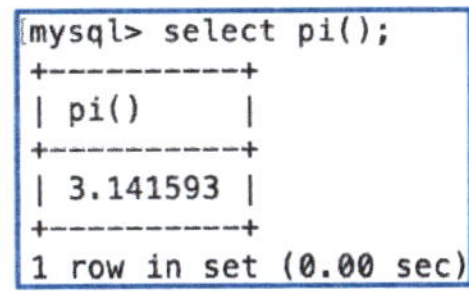

```
mysql> select pi();
+----------+
| pi()     |
+----------+
| 3.141593 |
+----------+
1 row in set (0.00 sec)
```

图 4-23 pi() 函数

13）sin(n) 函数，返回弧度值 n 的正弦值，如图 4-24 所示。

```
mysql> select sin(3.1415926/2),sin(3.1415926);
+--------------------+---------------------------------+
| sin(3.1415926/2)   | sin(3.1415926)                  |
+--------------------+---------------------------------+
| 0.9999999999999997 | 0.00000005358979317005724 5     |
+--------------------+---------------------------------+
1 row in set (0.00 sec)
```

图 4-24 sin() 函数

14）cos(n) 函数，返回弧度值 n 的余弦值，如图 4-25 所示。

```
mysql> select cos(3.1415926/2),cos(3.1415926);
+------------------------+--------------------+
| cos(3.1415926/2)       | cos(3.1415926)     |
+------------------------+--------------------+
| 0.00000002679489658028633 | -0.9999999999999986 |
+------------------------+--------------------+
1 row in set (0.00 sec)
```

图 4-25 cos() 函数

15）tan(n) 函数，返回弧度值 n 的正切值，如图 4-26 所示。

```
mysql> select tan(3.1415926/4),tan(3.1415926/6);
+--------------------+--------------------+
| tan(3.1415926/4)   | tan(3.1415926/6)   |
+--------------------+--------------------+
| 0.9999999732051039 | 0.5773502572807829 |
+--------------------+--------------------+
1 row in set (0.00 sec)
```

图 4-26 tan() 函数

16）degrees(n) 函数，返回弧度值对应的角度值，如图 4-27 所示。

```
mysql> select degrees(3.1415926/4),degrees(3.1415926/6);
+----------------------+----------------------+
| degrees(3.1415926/4) | degrees(3.1415926/6) |
+----------------------+----------------------+
|   44.999999232382756 |   29.999999488255174 |
+----------------------+----------------------+
1 row in set (0.00 sec)
```

图 4-27 degrees() 函数

17）radians(n) 函数，返回角度值对应的弧度值，如图 4-28 所示。

```
mysql> select radians(90),radians(180);
+--------------------+-------------------+
| radians(90)        | radians(180)      |
+--------------------+-------------------+
| 1.5707963267948966 | 3.141592653589793 |
+--------------------+-------------------+
1 row in set (0.00 sec)
```

图 4-28 radians() 函数

18）truncate(n,d) 函数，返回数字 n 的 d 位小数，如图 4-29 所示。

```
mysql> select truncate(1.23456789,3),truncate(1.23456789,6);
+------------------------+------------------------+
| truncate(1.23456789,3) | truncate(1.23456789,6) |
+------------------------+------------------------+
|                  1.234 |               1.234567 |
+------------------------+------------------------+
1 row in set (0.01 sec)
```

图 4-29 truncate() 函数

19）least(x,y,...) 函数，返回参数中的最小值，如图 4-30 所示。

```
mysql> select least(1,2,3,4,5,6,7,8,9);
+--------------------------+
| least(1,2,3,4,5,6,7,8,9) |
+--------------------------+
|                        1 |
+--------------------------+
1 row in set (0.00 sec)
```

图 4-30 least() 函数

20）greatest(x,y,...) 函数，返回参数中的最大值，如图 4-31 所示。

```
mysql> select greatest(1,2,3,4,5,6,7,8,9);
+-----------------------------+
| greatest(1,2,3,4,5,6,7,8,9) |
+-----------------------------+
|                           9 |
+-----------------------------+
1 row in set (0.00 sec)
```

图 4-31 greatest() 函数

4.3.2 字符串函数

1）ascii(str) 函数，返回字符串 str 的第一个字符的 ASCII 码，如图 4-32 所示。

微课 4-9
ascii 等函数

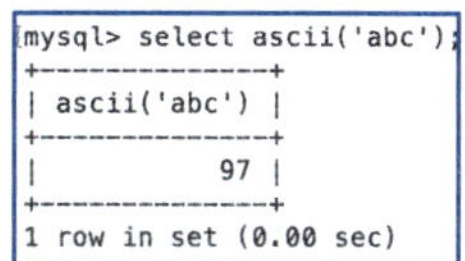

```
mysql> select ascii('abc');
+--------------+
| ascii('abc') |
+--------------+
|           97 |
+--------------+
1 row in set (0.00 sec)
```

图 4-32 ascii() 函数

2）conv(n,from,to) 函数，返回值为参数 from 进制的数字 n 的参数 to 进制的值，如图 4-33 所示。

```
mysql> select conv(100,2,10),conv(100,8,10),conv(100,10,16);
+----------------+----------------+-----------------+
| conv(100,2,10) | conv(100,8,10) | conv(100,10,16) |
+----------------+----------------+-----------------+
| 4              | 64             | 64              |
+----------------+----------------+-----------------+
1 row in set (0.01 sec)
```

图 4-33 conv() 函数

3）concat(str1,str2,...) 函数，返回值为由子串 str1，str2，... 构成的字符串，如图 4-34 所示。

```
mysql> select concat('Hello ','world!');
+---------------------------+
| concat('Hello ','world!') |
+---------------------------+
| Hello world!              |
+---------------------------+
1 row in set (0.00 sec)
```

图 4-34 concat() 函数

4）length(str) 函数，返回字符串 str 中的字符个数，如图 4-35 所示。

```
mysql> select length('This is a string.');
+----------------------------+
| length('This is a string.') |
+----------------------------+
|                         17 |
+----------------------------+
1 row in set (0.00 sec)
```

图 4-35 length() 函数

5）locate(substr,str) 函数，返回子串 substr 的第一个字符在字符串 str 中的序号，从 1 开始计数，如图 4-36 所示。

```
mysql> select locate('is', 'That is a string.');
+-----------------------------------+
| locate('is', 'That is a string.') |
+-----------------------------------+
|                                 6 |
+-----------------------------------+
1 row in set (0.00 sec)
```

图 4-36 locate() 函数

6）locate(substr,str,pos) 函数，返回子串 substr 的第一个字符在字符串 str 中，从第 pos 个字符开始往后第一次出现的序号，如图 4-37 所示。

```
mysql> select locate('is', 'This is a string.', 5);
+---------------------------------------+
| locate('is', 'This is a string.', 5) |
+---------------------------------------+
|                                     6 |
+---------------------------------------+
1 row in set (0.00 sec)
```

图 4-37 locate() 函数

7）lpad(str,len,padstr) 函数，显示字符串 str 的前 len 个字符，当 len 大于字符串 str 的长度时，左端用 padstr 填充，如图 4-38 所示。

```
mysql> select lpad('123',2,'#'),lpad('123',10,'#');
+-------------------+--------------------+
| lpad('123',2,'#') | lpad('123',10,'#') |
+-------------------+--------------------+
| 12                | #######123         |
+-------------------+--------------------+
1 row in set (0.00 sec)
```

图 4-38 lpad() 函数

8）rpad(str,len,padstr) 函数，显示字符串 str 的前 len 个字符，当 len 大于字符串 str 的长度时，右端用 padstr 填充，如图 4-39 所示。

```
mysql> select rpad('123',2,'#'),rpad('123',10,'#');
+-------------------+--------------------+
| rpad('123',2,'#') | rpad('123',10,'#') |
+-------------------+--------------------+
| 12                | 123#######         |
+-------------------+--------------------+
1 row in set (0.00 sec)
```

图 4-39 rpad() 函数

微课 4-10
left 等函数

9）left(str,len) 函数，返回字符串 str 中从第一个字符开始的 len 个字符，如图 4-40 所示。

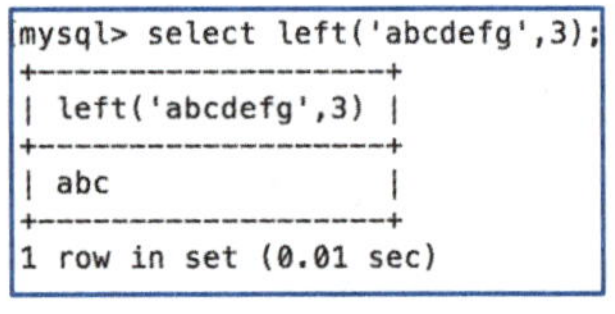

```
mysql> select left('abcdefg',3);
+-------------------+
| left('abcdefg',3) |
+-------------------+
| abc               |
+-------------------+
1 row in set (0.01 sec)
```

图 4-40 left() 函数

10）right(str,len) 函数，返回字符串 str 中从最后一个字符开始向前数的 len 个字符，如图 4-41 所示。

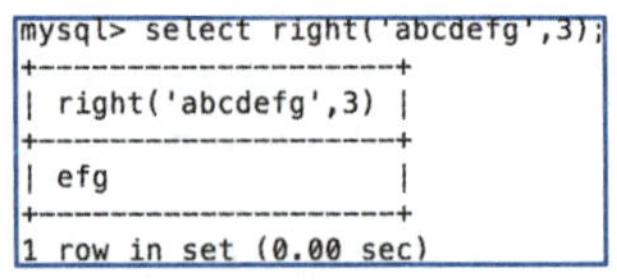

```
mysql> select right('abcdefg',3);
+--------------------+
| right('abcdefg',3) |
+--------------------+
| efg                |
+--------------------+
1 row in set (0.00 sec)
```

图 4-41 right() 函数

11）substring(str,pos,len) 函数，返回字符串 str 中第 pos 个字符开始的 len 个字符，如图 4-42 所示。

```
mysql> select substring('abcdefg',3,2);
+--------------------------+
| substring('abcdefg',3,2) |
+--------------------------+
| cd                       |
+--------------------------+
1 row in set (0.00 sec)
```

图 4-42 substring() 函数

12）ltrim(str) 函数，删除字符串 str 左边的空格，如图 4-43 所示。

```
mysql> select ltrim('   123');
+-----------------+
| ltrim('   123') |
+-----------------+
| 123             |
+-----------------+
1 row in set (0.00 sec)
```

图 4-43 ltrim() 函数

13）rtrim(str) 函数，删除字符串 str 右边的空格，如图 4-44 所示。

```
mysql> select rtrim('123   ');
+-----------------+
| rtrim('123   ') |
+-----------------+
| 123             |
+-----------------+
1 row in set (0.00 sec)
```

图 4-44 rtrim() 函数

14）trim([[both|leading|trailing] [remstr] from] str) 函数，删除字符串 str 中的 remstr 内容，both 表示前后，leading 表示左边，trailing 表示右边，如图 4-45 所示。

```
mysql> select trim('  str  ') as 默认,
    -> trim(leading 'x' from 'xxstrxx') as 左,
    -> trim(both 'x' from 'xxstrxx') as 左右,
    -> trim(trailing 'x' from 'xxstrxx') as 右;
+--------+-------+--------+-------+
| 默认   | 左    | 左右   | 右    |
+--------+-------+--------+-------+
| str    | strxx | str    | xxstr |
+--------+-------+--------+-------+
1 row in set (0.00 sec)
```

图 4-45 trim() 函数

15）replace(str,from,to) 函数，用子串 to 替换字符串 str 中的 from 部分，如图 4-46 所示。

```
mysql> select replace('abc111def','111','xyz');
+----------------------------------+
| replace('abc111def','111','xyz') |
+----------------------------------+
| abcxyzdef                        |
+----------------------------------+
1 row in set (0.00 sec)
```

图 4-46 replace() 函数

16）repeat(str,count) 函数，返回由 count 个字符串 str 构成的字符串，如图 4-47 所示。

```
mysql> select repeat('str ',3);
+------------------+
| repeat('str ',3) |
+------------------+
| str str str      |
+------------------+
1 row in set (0.00 sec)
```

图 4-47 repeat() 函数

17）reverse(str) 函数，返回倒序的字符串 str，如图 4-48 所示。

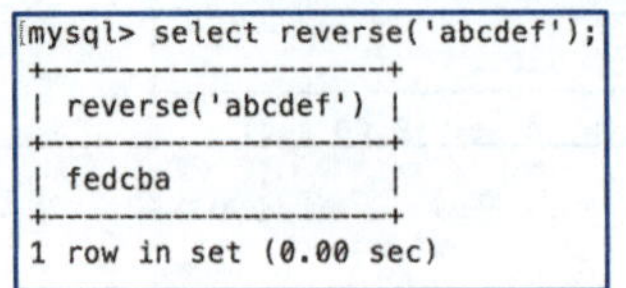

```
mysql> select reverse('abcdef');
+-------------------+
| reverse('abcdef') |
+-------------------+
| fedcba            |
+-------------------+
1 row in set (0.00 sec)
```

图 4-48　reverse() 函数

18）space(n) 函数，返回由 n 个空格构成的字符串。

微课 4-11
insert 等函数

19）insert(str,pos,len,newstr) 函数，将字符串 str 中第 pos 个字符开始连续 len 个字符由子串 newstr 替换，如图 4-49 所示。

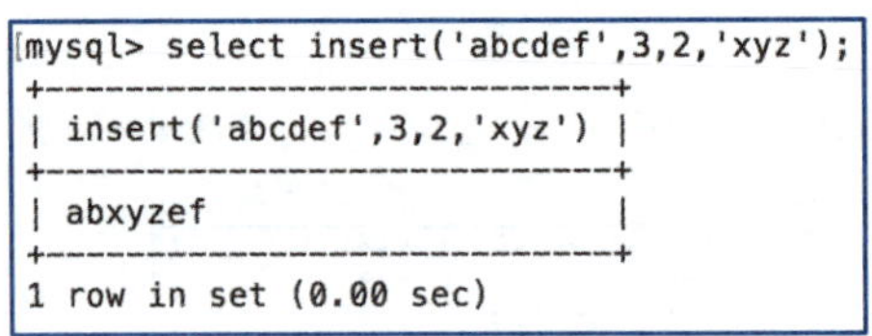

```
mysql> select insert('abcdef',3,2,'xyz');
+----------------------------+
| insert('abcdef',3,2,'xyz') |
+----------------------------+
| abxyzef                    |
+----------------------------+
1 row in set (0.00 sec)
```

图 4-49　insert() 函数

20）lower(str) 函数，将字符串 str 中的所有大写字母转成小写，如图 4-50 所示。

```
mysql> select lower('MySql');
+----------------+
| lower('MySql') |
+----------------+
| mysql          |
+----------------+
1 row in set (0.00 sec)
```

图 4-50　lower() 函数

21）upper(str) 函数，将字符串 str 中的所有小写字母转成大写，如图 4-51 所示。

```
mysql> select upper('MySql');
+----------------+
| upper('MySql') |
+----------------+
| MYSQL          |
+----------------+
1 row in set (0.00 sec)
```

图 4-51　upper() 函数

4.3.3　日期和时间函数

1）dayofweek(date) 函数，返回日期 date 是星期几（1= 星期天，2= 星期二，..., odbc 标准），如图 4-52 所示。

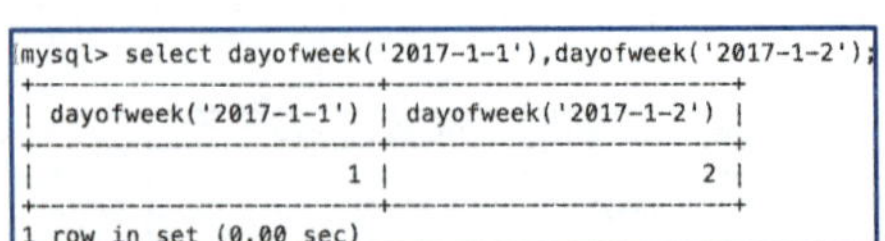

```
mysql> select dayofweek('2017-1-1'),dayofweek('2017-1-2');
+-----------------------+-----------------------+
| dayofweek('2017-1-1') | dayofweek('2017-1-2') |
+-----------------------+-----------------------+
|                     1 |                     2 |
+-----------------------+-----------------------+
1 row in set (0.00 sec)
```

图 4-52　dayofweek() 函数

2）weekday(date) 函数，返回日期 date 是星期几（0= 星期一，1= 星期二，...），如图 4-53 所示。

```
mysql> select weekday('2017-1-1'),weekday('2017-1-2');
+---------------------+---------------------+
| weekday('2017-1-1') | weekday('2017-1-2') |
+---------------------+---------------------+
|                   6 |                   0 |
+---------------------+---------------------+
1 row in set (0.00 sec)
```

图 4-53 weekday() 函数

3）dayofyear(date) 函数，返回日期 date 在一年中的第几日，如图 4-54 所示。

```
mysql> select dayofyear('2017-1-1'),dayofyear('2017-2-1');
+-----------------------+-----------------------+
| dayofyear('2017-1-1') | dayofyear('2017-2-1') |
+-----------------------+-----------------------+
|                     1 |                    32 |
+-----------------------+-----------------------+
1 row in set (0.00 sec)
```

图 4-54 dayofyear() 函数

4）dayofmonth(date) 函数，返回日期 date 在一月中的第几日，如图 4-55 所示。

```
mysql> select dayofmonth('2017-1-5'),dayofmonth('2017-1-18');
+------------------------+-------------------------+
| dayofmonth('2017-1-5') | dayofmonth('2017-1-18') |
+------------------------+-------------------------+
|                      5 |                      18 |
+------------------------+-------------------------+
1 row in set (0.00 sec)
```

图 4-55 dayofmonth() 函数

5）year(date) 函数，返回日期 date 是哪一年，如图 4-56 所示。

```
mysql> select year('2017-1-5');
+------------------+
| year('2017-1-5') |
+------------------+
|             2017 |
+------------------+
1 row in set (0.00 sec)
```

图 4-56 year() 函数

6）month(date) 函数，返回日期 date 是哪一月，如图 4-57 所示。

```
mysql> select month('2017-5-5');
+-------------------+
| month('2017-5-5') |
+-------------------+
|                 5 |
+-------------------+
1 row in set (0.00 sec)
```

图 4-57 month() 函数

7）quarter(date) 函数，返回日期 date 是哪一个季度，如图 4-58 所示。

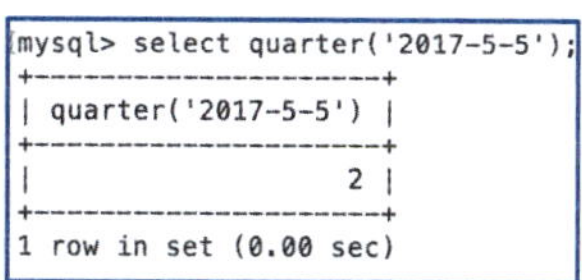

```
mysql> select quarter('2017-5-5');
+---------------------+
| quarter('2017-5-5') |
+---------------------+
|                   2 |
+---------------------+
1 row in set (0.00 sec)
```

图 4-58 quarter() 函数

8）week(date,first) 函数，返回日期 date 是一年中的第几周，first 为 0 时，表示一周从周日开始计算；为 1 时，表示从周一开始计算，如图 4-59 所示。

微课 4-12
week 等函数

```
mysql> select week('2017-5-7',0),week('2017-5-7',1);
+--------------------+--------------------+
| week('2017-5-7',0) | week('2017-5-7',1) |
+--------------------+--------------------+
|                 19 |                 18 |
+--------------------+--------------------+
1 row in set (0.00 sec)
```

图 4-59 week() 函数

9）hour(time) 函数，返回时间 time 中的小时数，如图 4-60 所示。

```
mysql> select hour('2017-5-5 12:34:56');
+---------------------------+
| hour('2017-5-5 12:34:56') |
+---------------------------+
|                        12 |
+---------------------------+
1 row in set (0.00 sec)
```

图 4-60 hour() 函数

10）minute(time) 函数，返回时间 time 中的分钟数，如图 4-61 所示。

```
mysql> select minute('2017-5-5 12:34:56');
+-----------------------------+
| minute('2017-5-5 12:34:56') |
+-----------------------------+
|                          34 |
+-----------------------------+
1 row in set (0.00 sec)
```

图 4-61 minute() 函数

11）second(time) 函数，返回时间 time 中的秒数，如图 4-62 所示。

```
mysql> select second('2017-5-5 12:34:56');
+-----------------------------+
| second('2017-5-5 12:34:56') |
+-----------------------------+
|                          56 |
+-----------------------------+
1 row in set (0.00 sec)
```

图 4-62 second() 函数

12）curdate() 函数，返回当前日期，如图 4-63 所示。

```
mysql> select curdate();
+------------+
| curdate()  |
+------------+
| 2017-07-27 |
+------------+
1 row in set (0.00 sec)
```

图 4-63 curdate() 函数

13）curtime() 函数，返回当前时间，如图 4-64 所示。

```
mysql> select curtime();
+-----------+
| curtime() |
+-----------+
| 12:59:44  |
+-----------+
1 row in set (0.00 sec)
```

图 4-64 curtime() 函数

14）now() 函数，返回当前日期时间，如图 4-65 所示。

```
mysql> select now(),now(6),now(6)+0;
+---------------------+----------------------------+-----------------------+
| now()               | now(6)                     | now(6)+0              |
+---------------------+----------------------------+-----------------------+
| 2017-07-27 17:18:26 | 2017-07-27 17:18:26.534963 | 20170727171826.534963 |
+---------------------+----------------------------+-----------------------+
1 row in set (0.00 sec)
```

图 4-65 now() 函数

注意：① 参数表示秒后的精度，最多精确到微秒。

② now()+0 将输出数值型数据。

15）unix_timestamp([date]) 函数，返回从 1970-01-01 00:00:00 到指定日期 date 间的秒数，date 默认值为当前时间，如图 4-66 所示。

微课 4-13 unix_timestamp 等函数

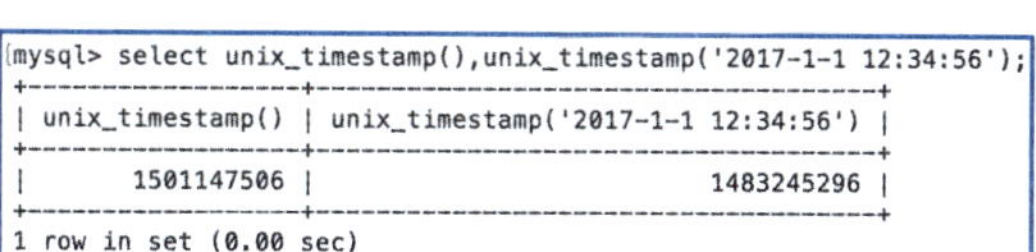

```
mysql> select unix_timestamp(),unix_timestamp('2017-1-1 12:34:56');
+------------------+-------------------------------------+
| unix_timestamp() | unix_timestamp('2017-1-1 12:34:56') |
+------------------+-------------------------------------+
|       1501147506 |                          1483245296 |
+------------------+-------------------------------------+
1 row in set (0.00 sec)
```

图 4-66 unix_timestamp() 函数

16）from_unixtime(unix_timestamp) 函数，返回秒数 unix_timestamp 对应的时间戳，如图 4-67 所示。

```
mysql> select from_unixtime(1234567890);
+---------------------------+
| from_unixtime(1234567890) |
+---------------------------+
| 2009-02-14 07:31:30       |
+---------------------------+
1 row in set (0.00 sec)
```

图 4-67 from_unixtime() 函数

17）sec_to_time(seconds) 函数，返回秒数 seconds 对应的 hh:mm:ss 格式，如图 4-68 所示。

```
mysql> select sec_to_time(1234567890);
+-------------------------+
| sec_to_time(1234567890) |
+-------------------------+
| 838:59:59               |
+-------------------------+
1 row in set, 1 warning (0.01 sec)
```

图 4-68 sec_to_time() 函数

18）time_to_sec(time) 函数，返回 hh:mm:ss 格式的时间 time 对应的秒数，如图 4-69 所示。

```
mysql> select time_to_sec('23:59:59');
+-------------------------+
| time_to_sec('23:59:59') |
+-------------------------+
|                   86399 |
+-------------------------+
1 row in set (0.00 sec)
```

图 4-69 time_to_sec() 函数

19）date_format(date,format) 函数，将日期时间 date 按指定格式 format 输出，format 格

式规定如表 4-12 所示。

表 4-12 format 格式符

标识符	含义
%M	月的英文名字
%b	月的英文名字缩写
%W	星期的英文名字
%a	星期的英文名字缩写
%d	有英文前缀的月份日期
%Y	年（4 位数字）
%y	年（2 位数字）
%d	月份中的天数，两位数字
%e	月份中的天数，一位或两位数字
%m	月份，两位数字
%c	月份，一位或两位数字
%j	一年中的天数
%H	小时，24 小时制（两位数字）
%k	小时，24 小时制（一位或两位数字）
%h	小时，12 小时制（两位数字）
%l	小时，12 小时制（一位或两位数字）
%i	分钟
%s	秒
%p	am 或 pm
%r	时分秒，12 小时制
%t	时分秒，24 小时制
%w	一个星期中的第几天
%u	一年中的第几周

使用示例如图 4-70 所示。

```
mysql> select date_format('2017-07-24 13:3:5','%W,%M,%y');
+---------------------------------------------+
| date_format('2017-07-24 13:3:5','%W,%M,%y') |
+---------------------------------------------+
| Monday,July,17                              |
+---------------------------------------------+
1 row in set (0.00 sec)
```

图 4-70 date_format() 函数

4.4 本章小结

本章主要介绍了数据库的数据类型、运算符以及函数。读者应该了解数据库应包含的所有数据类型，包括整型、浮点型、字符串、日期和时间、bool 类型和 enum 类型；知道所有的运算符，包括算术运算符、关系运算符和逻辑运算符；知道数据库的相关函数，包括数学函数、字符串函数和日期和时间函数。

本章的知识结构如图 4-71 所示：

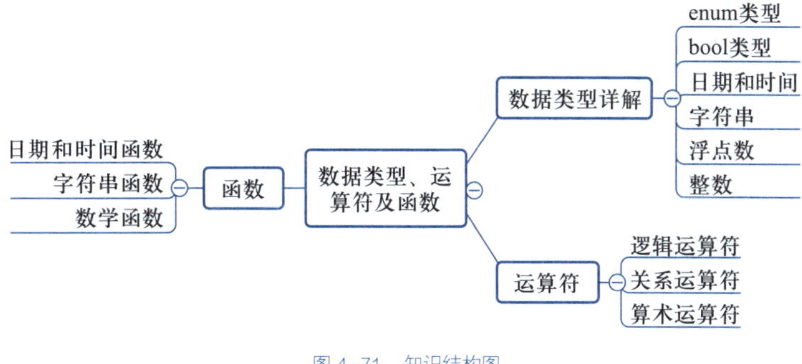

图 4-71 知识结构图

第 5 章　表的基本操作

本章重点

数据库中表的基本操作主要是指增、删、改、查四种。本章将依托第一章中所讲的在线商城项目，讲解表的增、删、改三个操作，将在下一章介绍表的查询操作。

本章资源

1. PPT：表的基本操作
2. 微课 5–1 表的创建
3. 微课 5–2 表的查看
4. 微课 5–3 表副本的创建和主键约束
5. 微课 5–4 非空约束和默认约束
6. 微课 5–5 检查约束和唯一约束
7. 微课 5–6 外链约束的概念
8. 微课 5–7 外链约束的创建
9. 微课 5–8 关联数据的删除
10. 微课 5–9 表的修改
11. 微课 5–10 创建好的表添加约束
12. 微课 5–11 表中约束的删除

5.1 创建表

5.1.1 创建表

微课 5-1
表的创建

1）创建表的基本语法

create table 表名（字段名 字段类型，［字段名 字段类型，…］）；

其中，字段名 字段类型可以是一个，也可以是多个。

例子如图 5-1 所示。

```
mysql> create table student(
    -> name varchar(50),
    -> age int(5),
    -> gender tinyint(2));
Query OK, 0 rows affected (0.01 sec)
```

图 5-1 创建学生表

该学生表有三列，分别是姓名、年龄、性别。姓名的数据类型是 varchar，年龄的数据类型是 int，性别的数据类型是 tinyint。有关数据类型的详细说明见 4.1 数据类型详解。

注意：int 后面的括号里的数字仅是在终端中显示的宽度，不是数据的大小范围。这个数字仅与显示有关。

2）使用关键字 exists 预防将已经创建的数据库覆盖，如图 5-2 所示。

```
mysql> create table if not exists student(
    -> name varchar(50),
    -> age int(5),
    -> gender tinyint(2));
Query OK, 0 rows affected, 1 warning (0.00 sec)
```

图 5-2 使用 exists 关键字

exists 关键字在创建表时，会自动检测表 student 是否存在。加上前面的 if not 表示，如果不存在，则创建表 student。所以在执行完图 5-1 所示的命令后，再执行图 5-2 所示的命令不会报错。如果没有 if not exists 关键字，则会报如图 5-3 所示的错误。

```
mysql> create table student(
    -> name varchar(50),
    -> age int(5),
    -> gender tinyint(2));
ERROR 1050 (42S01): Table 'student' already exists
```

图 5-3 不使用 exists 报错

微课 5-2
表的查看

3）显示创建的表结构

① 使用 describe 命令，如图 5-4 所示。

```
mysql> describe student;
+--------+-------------+------+-----+---------+-------+
| Field  | Type        | Null | Key | Default | Extra |
+--------+-------------+------+-----+---------+-------+
| name   | varchar(50) | YES  |     | NULL    |       |
| age    | int(5)      | YES  |     | NULL    |       |
| gender | tinyint(2)  | YES  |     | NULL    |       |
+--------+-------------+------+-----+---------+-------+
3 rows in set (0.01 sec)
```

图 5-4 使用 describe 命令显示表结构

该命令可以简写为 desc，如图 5-5 所示。

```
mysql> desc student;
+--------+-------------+------+-----+---------+-------+
| Field  | Type        | Null | Key | Default | Extra |
+--------+-------------+------+-----+---------+-------+
| name   | varchar(50) | YES  |     | NULL    |       |
| age    | int(5)      | YES  |     | NULL    |       |
| gender | tinyint(2)  | YES  |     | NULL    |       |
+--------+-------------+------+-----+---------+-------+
3 rows in set (0.00 sec)
```

图 5-5 使用 desc 命令显示表格形式

② 使用 show 命令，如图 5-6 所示。

```
mysql> show create table student;
+---------+-------------------------------------------------
--------------------------------------------------------------
---------------------------------------------------+
| Table   | Create Table

                                                   |
+---------+-------------------------------------------------
--------------------------------------------------------------
---------------------------------------------------+
| student | CREATE TABLE `student` (
  `name` varchar(50) DEFAULT NULL,
  `age` int(5) DEFAULT NULL,
  `gender` tinyint(2) DEFAULT NULL
) ENGINE=InnoDB DEFAULT CHARSET=latin1 |
+---------+-------------------------------------------------
--------------------------------------------------------------
---------------------------------------------------+
1 row in set (0.01 sec)
```

图 5-6 使用 show 命令显示表结构

该命令实际上是显示创建表时，字段的定义。这种方式被称为以行的方式显示表结构

该命令还有另外一种形式，是以 \G 结尾，如图 5-7 所示。

```
mysql> mysql> show create table student\G
*************************** 1. row ***************************
       Table: student
Create Table: CREATE TABLE `student` (
  `name` varchar(50) DEFAULT NULL,
  `age` int(5) DEFAULT NULL,
  `gender` tinyint(2) DEFAULT NULL
) ENGINE=InnoDB DEFAULT CHARSET=latin1
1 row in set (0.00 sec)
```

图 5-7 使用 show 命令，以 \G 结尾

该命令还是显示创建表时，字段的定义。但这种方式被称为以列的方式显示表结构。

4）创建临时表，如图 5-8 所示。

```
mysql> create temporary table student(
    -> name varchar(50),
    -> age int(5),
    -> gender tinyint(2));
Query OK, 0 rows affected (0.00 sec)
```

图 5-8 创建临时表

注意：临时表可以同已经创建的非临时表同名，一旦创建了临时表，同名的非临时表将不能被操作。临时表在退出登录时被撤销。再次登录，临时表需要重新创建，如图 5-9 所示。

```
mysql> insert into student values('zhangsan',20,1);
Query OK, 1 row affected (0.00 sec)

mysql> select * from student;
+----------+------+--------+
| name     | age  | gender |
+----------+------+--------+
| zhangsan |   20 |      1 |
+----------+------+--------+
1 row in set (0.00 sec)

mysql> exit;
Bye
```

图 5-9 退出后，临时表被撤销

图 5-9 中使用 insert into 命令为临时表 student 添加一条记录，但并未添加到非临时表 student 中。使用 select 查询命令，查询到的是临时表中的数据。重新登录后，非临时表没有数据，如图 5-10 所示。

```
tarenadeMBP:~ tarena$ mysql -uroot -p
Enter password:
Welcome to the MySQL monitor.  Commands end with ; or \g.
Your MySQL connection id is 589
Server version: 5.7.18 MySQL Community Server (GPL)

Copyright (c) 2000, 2017, Oracle and/or its affiliates. All rig
hts reserved.

Oracle is a registered trademark of Oracle Corporation and/or i
ts
affiliates. Other names may be trademarks of their respective
owners.

Type 'help;' or '\h' for help. Type '\c' to clear the current i
nput statement.

mysql> use school;
Reading table information for completion of table and column na
mes
You can turn off this feature to get a quicker startup with -A

Database changed
mysql> select * from student;
Empty set (0.00 sec)
```

图 5-10 重新登录后，非临时表没有数据

微课 5-3
表副本的创建和主键约束

5）创建 student 表的副本，如图 5-11 所示。

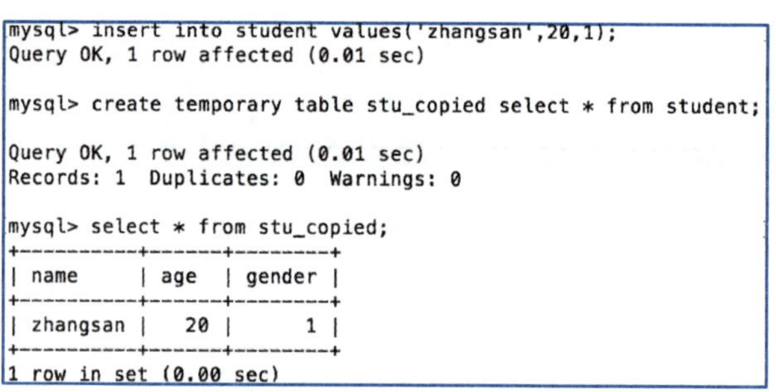

```
mysql> insert into student values('zhangsan',20,1);
Query OK, 1 row affected (0.01 sec)

mysql> create temporary table stu_copied select * from student;

Query OK, 1 row affected (0.01 sec)
Records: 1  Duplicates: 0  Warnings: 0

mysql> select * from stu_copied;
+----------+------+--------+
| name     | age  | gender |
+----------+------+--------+
| zhangsan |   20 |      1 |
+----------+------+--------+
1 row in set (0.00 sec)
```

图 5-11 创建副本表

在创建表命令 create temporary table stu_copied 后面加上 select * from student，将创建表 student 的副本 stu_copied。表 student 中的所有字段将变成表 stu_copied 中的字段。同时，表 student 中的所有数据，也将被复制到表 stu_copied 中。

如果仅需要复制表 student 的结构，不需要数据。可以使用如图 5-12 所示的方法。

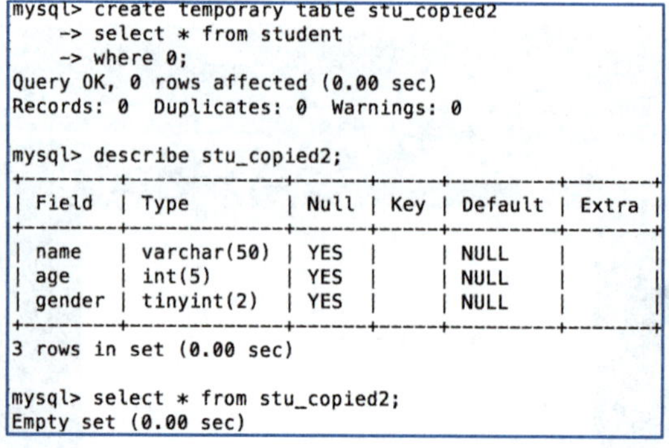

```
mysql> create temporary table stu_copied2
    -> select * from student
    -> where 0;
Query OK, 0 rows affected (0.00 sec)
Records: 0  Duplicates: 0  Warnings: 0

mysql> describe stu_copied2;
+--------+-------------+------+-----+---------+-------+
| Field  | Type        | Null | Key | Default | Extra |
+--------+-------------+------+-----+---------+-------+
| name   | varchar(50) | YES  |     | NULL    |       |
| age    | int(5)      | YES  |     | NULL    |       |
| gender | tinyint(2)  | YES  |     | NULL    |       |
+--------+-------------+------+-----+---------+-------+
3 rows in set (0.00 sec)

mysql> select * from stu_copied2;
Empty set (0.00 sec)
```

图 5-12 仅复制表结构

加上 "where 0；" 后，表 stu_copied2 仅得到了表 student 的所有字段，使用 describe 命令查询到了表 stu_copied2 的结构。但没有得到数据，使用 select 命令没能查询到 stu_copied2 中有数据。

5.1.2 为字段添加约束

约束是指对表中字段的取值限制，用来确定表中数据的完整性和唯一性。约束主要包括表 5-1 中的几种。

表 5-1 约　束

关键字	约束
primary key	主键
not null	非空
default	默认
check	检查（在 MySQL 中不起作用）
unique	唯一
foreign key	外键

创建带约束的表的基本语法是：

create table 表名（字段名 字段类型 约束名，［字段名 字段类型 约束名，…］）；

下面逐个介绍约束的使用方法。

1）主键约束 primary key 用于唯一标识表中的数据，如图 5-13 所示。

```
mysql> create table student(
    -> name varchar(50) primary key,
    -> age int(5),
    -> gender tinyint(2));
Query OK, 0 rows affected (0.01 sec)
```

图 5-13 主键约束

当表 student 中的列 name 被定义成主键约束时，该列的数据被要求不能为空，且不能重复，如图 5-14 所示。

微课 5-4
非空约束和默认约束

```
mysql> insert into student values(NULL,20,1);
ERROR 1048 (23000): Column 'name' cannot be null
```

图 5-14 主键列的数据不能为空

NULL 表示将空数据赋值给列 name，由于列 name 被定义成主键约束，所以报错。

当添加一条记录的 name 列为 zhangsan 时，如果再添加另一条记录的 name 字段还为 zhangsan 时，报错，如图 5-15 所示。

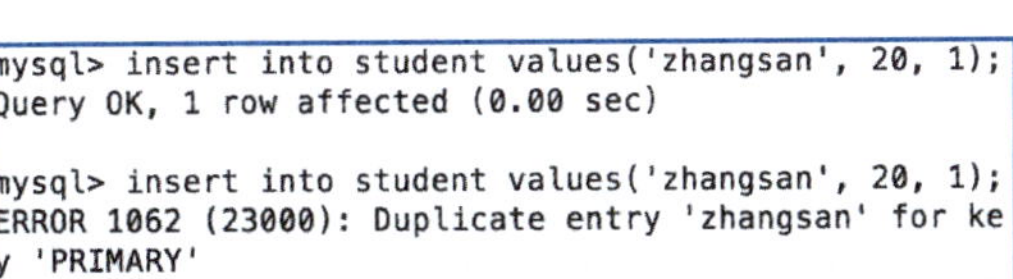

```
mysql> insert into student values('zhangsan', 20, 1);
Query OK, 1 row affected (0.00 sec)

mysql> insert into student values('zhangsan', 20, 1);
ERROR 1062 (23000): Duplicate entry 'zhangsan' for ke
y 'PRIMARY'
```

图 5-15 主键列的数据不能重复

2）非空约束 not null 用于限定表中字段不能没有数据，如图 5-16 所示。

```
mysql> create table student(
    -> name varchar(50) primary key,
    -> age int(5) not null,
    -> gender tinyint(2));
Query OK, 0 rows affected (0.01 sec)
```

图 5-16 非空约束

当表 student 中的列 age 被定义成非空约束时，该列的数据被要求不能为空，与主键约束不同的是，该列的数据可以重复，如图 5-17 所示。

```
mysql> insert into student
    -> values('zhangsan',NULL,1);
ERROR 1048 (23000): Column 'age' cannot be null
```

图 5-17 非空约束列数据不能为空

当表 student 中的非空约束列 age，在添加数据时，被赋值成空，则报错，如图 5-18 所示。

```
mysql> insert into student
    -> values('zhangsan',20,1);
Query OK, 1 row affected (0.00 sec)

mysql> insert into student
    -> values('lisi',20,0);
Query OK, 1 row affected (0.01 sec)
```

图 5-18 非空约束列数据可以重复

非空约束列的数据可以重复，zhangsan 可以是 20 岁，李四也可以是 20 岁。

3）默认约束 default 用于限定当添加数据时，填写空数据，MySQL 将会把默认约束定义的值添加到数据中，如图 5-19 所示。

```
mysql> create table student(
    -> name varchar(50) primary key,
    -> age int(5) not null,
    -> gender tinyint(2) default 1);
Query OK, 0 rows affected (0.01 sec)
```

图 5-19 默认约束

使用 default 指定一个值，当添加数据时，数据为空，则 MySQL 自动使用这个值填充，如图 5-20 所示。

```
mysql> insert into student(name,age)
    -> values('zhangsan',20);
Query OK, 1 row affected (0.00 sec)

mysql> select * from student;
+----------+-----+--------+
| name     | age | gender |
+----------+-----+--------+
| zhangsan |  20 |      1 |
+----------+-----+--------+
1 row in set (0.00 sec)
```

图 5-20 默认约束列使用默认值

添加记录时，只添加了 name 和 age 列，没有添加 gender 列，该列的值被自动赋值成 1。

4）检查约束 check 用于限定添加数据时，数据的范围。但在 MySQL 中不起作用，如图 5-21 所示。

微课 5-5
检查约束和唯一约束

```
mysql> create table student(
    -> name varchar(50) primary key,
    -> age int(5) not null check(age>18 and age<25),
    -> gender tinyint(2) default 1);
Query OK, 0 rows affected (0.01 sec)
```

图 5-21 检查约束

创建表时，check 约束能够正常执行，但在添加数据时，不起作用，如图 5-22 所示。

```
mysql> insert into student
    -> values('zhangsan', 30, 1);
Query OK, 1 row affected (0.00 sec)

mysql> select * from student;
+----------+-----+--------+
| name     | age | gender |
+----------+-----+--------+
| zhangsan |  30 |      1 |
+----------+-----+--------+
1 row in set (0.00 sec)
```

图 5-22 检查约束未起作用

可以看到，列 age 定义表示有检查约束限定为 18~25 岁。但 zhangsan 为 30 岁仍然能够添加进去，检查约束没有起作用。

5）唯一约束 unique 用于限定指定列的数据不能重复，如图 5-23 所示。

```
mysql> create table student(
    -> name varchar(50) primary key,
    -> age int(5) not null,
    -> gender tinyint(2) default 1,
    -> id bigint(20) unique);
Query OK, 0 rows affected (0.01 sec)
```

图 5-23 唯一约束

唯一约束 unique 限定学号列 id 不能重复，如图 5-24 所示。

```
mysql> insert into student
    -> values('zhangsan',20,1,20171000);
Query OK, 1 row affected (0.01 sec)

mysql> insert into student
    -> values('lisi',21,0,20171000);
ERROR 1062 (23000): Duplicate entry '20171000'
 for key 'id'
```

图 5-24 唯一约束限定列 id 不能重复

表 student 中学号列 id 限定为唯一约束，所以添加数据 zhangsan 时，学号是 20171000。再填加 lisi 时，学号列 id 仍然是 20171000，则报错。

只要学号列 id 的数据不重复，就不会报错，如图 5-25 所示。

```
mysql> insert into student
    -> values('lisi',21,0,20171001);
Query OK, 1 row affected (0.01 sec)

mysql> insert into student
    -> values('wangwu',23,1,20171002);
Query OK, 1 row affected (0.01 sec)

mysql> select * from student;
+----------+-----+--------+----------+
| name     | age | gender | id       |
+----------+-----+--------+----------+
| lisi     |  21 |      0 | 20171001 |
| wangwu   |  23 |      1 | 20171002 |
| zhangsan |  20 |      1 | 20171000 |
+----------+-----+--------+----------+
3 rows in set (0.00 sec)
```

图 5-25 唯一约束

6）外键约束 foreign key 用于限定一张表的指定列的所有数据，都是另一张表指定列的数据之一，如图 5-26 所示。

外键约束涉及两张表，在成绩表 score 中定义列 stu_id 为外键约束，约束外键列 stu_id 中的数据不能是学生表 student 中学号列 id 中没有的数据。含有外键的成绩表 score 被称为子表，而学生表 student 被称为主表。

```
mysql> create table student(
    -> id bigint(20) primary key,
    -> name varchar(50),
    -> age int(5),
    -> gender tinyint(2) default 1);
Query OK, 0 rows affected (0.02 sec)

mysql> create table score(
    -> id bigint(20) primary key,
    -> stu_id bigint(20),
    -> mysql int(5),
    -> constraint fk_score_student
    -> foreign key(stu_id)
    -> references student(id)
    -> on delete cascade);
Query OK, 0 rows affected (0.02 sec)
```

图 5-26 外键约束

定义外键约束的语法形式是：

constraint 外键名 foreign key（子表外键列名）references 主表名（主键名） on delete cascasde；

图 5-26 中外键名是 fk_score_student，子表外键列名为 stu_id，主表名为 student，主键名为 id。

外键约束的效果如图 5-27 所示。

微课 5-6
外链约束的概念

微课 5-7
外链约束的创建

```
mysql> insert into student
    -> values(20171000,'zhangsan',20,1);
Query OK, 1 row affected (0.00 sec)

mysql> insert into student
    -> values(20171001,'lisi',21,0);
Query OK, 1 row affected (0.00 sec)

mysql> select * from student;
+----------+----------+------+--------+
| id       | name     | age  | gender |
+----------+----------+------+--------+
| 20171000 | zhangsan |   20 |      1 |
| 20171001 | lisi     |   21 |      0 |
+----------+----------+------+--------+
2 rows in set (0.00 sec)

mysql> insert into score
    -> values(1,20171002,98);
ERROR 1452 (23000): Cannot add or update a chi
ld row: a foreign key constraint fails (`schoo
l`.`score`, CONSTRAINT `fk_score_student` FORE
IGN KEY (`stu_id`) REFERENCES `student` (`id`)
 ON DELETE CASCADE)
```

图 5-27 外键约束错误示例

微课 5-8
关联数据的删除

在主表 student 中，有两条记录，学号列的数据分别是 20171000 和 20171001。在子表 score 中，学号列 stu_id 被添加了一条数据是 20171002，由于 20171002 不是主表 student 中学号列中的数据 20171000 和 20171001 之一，所以报错。试想，如果没有报错，学号 20171002 对应的是哪一位学生呢？所以一旦设定外键约束，子表中的外键列的取值不能是主表的主键列数据以外的值，如图 5-28 所示。

在外键定义的语法格式中 on delete cascade 的作用是，从主表中删除记录时，如果子表中的外键值等于主表被删除记录的主键值，则子表中的记录也会被删除，如图 5-29 所示。

由图 5-29 可见在主表 student 中有两条记录，zhangsan 和 lisi。在子表 score 中有一条记录外键 stu_id 是 20171000（zhangsan）的 mysql 成绩。当在主表中将 zhangsan 删除时，由于 zhangsan 的学号 20171000 与子表 score 中外键 stu_id 的一条数据值 20171000 相同。

```
mysql> insert into score
    -> values(1,20171000,98);
Query OK, 1 row affected (0.00 sec)

mysql> select * from student;
+----------+----------+-----+--------+
| id       | name     | age | gender |
+----------+----------+-----+--------+
| 20171000 | zhangsan |  20 |      1 |
| 20171001 | lisi     |  21 |      0 |
+----------+----------+-----+--------+
2 rows in set (0.00 sec)

mysql> select * from score;
+----+----------+-------+
| id | stu_id   | mysql |
+----+----------+-------+
|  1 | 20171000 |    98 |
+----+----------+-------+
1 row in set (0.00 sec)
```

图 5-28 外键约束示例

```
mysql> select * from student;
+----------+----------+-----+--------+
| id       | name     | age | gender |
+----------+----------+-----+--------+
| 20171000 | zhangsan |  20 |      1 |
| 20171001 | lisi     |  21 |      0 |
+----------+----------+-----+--------+
2 rows in set (0.00 sec)

mysql> select * from score;
+----+----------+-------+
| id | stu_id   | mysql |
+----+----------+-------+
|  1 | 20171000 |    98 |
+----+----------+-------+
1 row in set (0.00 sec)

mysql> delete from student where id=20171000;
Query OK, 1 row affected (0.00 sec)

mysql> select * from student;
+----------+------+-----+--------+
| id       | name | age | gender |
+----------+------+-----+--------+
| 20171001 | lisi |  21 |      0 |
+----------+------+-----+--------+
1 row in set (0.00 sec)

mysql> select * from score;
Empty set (0.00 sec)
```

图 5-29 on delete cascade 的作用

所以在主表中将 zhangsan 删除时，子表中外键 stu_id 值为 20171000 的记录也会被删除。由图 5-29 可见，删除后，主表 student 剩下一条记录，子表 score 中的唯一一条记录同时被删除了。

删除记录的语句“delete from student where id=20171000；”会在第 6 章中详细讲解。

5.1.3 创建在线商城数据表

1）购物车表

购物车表如表 5-2 所示。

表 5-2 购物车表

列名	数据类型（精度）	空 / 非空	约束条件	列描述
id	bigint(20)	N	主键	购物车编号
user_id	bigint(20)	N		用户编号

续表

列名	数据类型（精度）	空/非空	约束条件	列描述
item_id	bigint(20)	N		商品编号
num	int(10)		默认 1	商品数量
status	int(4)		默认 1	购物车状态：1 正常；2 删除
created	timestamp			创建时间
updated	timestamp			修改时间

创建购物车表的程序如图 5-30 所示。

```
mysql> CREATE TABLE cart_item (
    -> id bigint(20) PRIMARY KEY NOT NULL AUTO
_INCREMENT COMMENT 'id',
    -> user_id bigint(20) NOT NULL COMMENT '购
物车id',
    -> item_id bigint(20) NOT NULL COMMENT '商
品id',
    -> num int(10) DEFAULT '1' COMMENT '商品数
量',
    -> status int(4) DEFAULT '1' COMMENT '状态
。1-正常, 2-删除',
    -> created timestamp NULL DEFAULT NULL COM
MENT '创建时间',
    -> updated timestamp NULL DEFAULT NULL COM
MENT '修改时间'
    -> );
Query OK, 0 rows affected (0.01 sec)
```

图 5-30 创建购物车表

其中，comment 的作用是为 SQL 语句添加注释。

2）收藏夹表

收藏夹表如表 5-3 所示。

表 5-3 收藏夹表

列名	数据类型（精度）	空/非空	约束条件	列描述
id	bigint(20)	N	主键	收藏夹编号，自增长
user_id	bigint(20)	N		用户编号
item_id	bigint(20)	N		商品编号
title	varchar(200)			商品标题
price	double			商品单价
pic_path	varchar(200)			商品图片
item_param_data	varchar(200)			商品参数
status	int(4)		默认 1	收藏夹状态：1 正常；2 删除
created	timestamp			创建时间
updated	timestamp			修改时间

创建收藏夹表的程序如图 5-31 所示。

其中，primary key(id) 一句的作用是定义列 id 为主键，这是另一种定义主键的方式。

```
mysql> CREATE TABLE collect_item (
    ->   id bigint(20) NOT NULL AUTO_INCREMENT
 COMMENT 'id',
    ->   user_id bigint(20) NOT NULL COMMENT '
购物车id',
    ->   item_id bigint(20) NOT NULL COMMENT '
商品id',
    ->   title varchar(200) DEFAULT NULL COMME
NT '商品标题',
    ->   price double DEFAULT NULL COMMENT '商
品价格',
    ->   pic_path varchar(200) DEFAULT NULL CO
MMENT '商品图片路径',
    ->   item_param_data varchar(200) DEFAULT
NULL COMMENT '商品参数规格',
    ->   status int(4) DEFAULT '1' COMMENT '状
态。1-正常，2-删除',
    ->   created timestamp NULL DEFAULT NULL C
OMMENT '创建时间',
    ->   updated timestamp NULL DEFAULT NULL C
OMMENT '修改时间',
    ->   PRIMARY KEY (id)
    -> );
```

图 5-31　创建收藏夹表

3）订单表

订单表如表 5-4 所示。

表 5-4　订　单　表

列名	数据类型（精度）	空 / 非空	约束条件	列描述
order_id	varchar(50)	N	主键	订单编号
user_id	bigint(20)	N		用户编号
add_id	bigint(20)	N		地址编号
payment	double			实付金额。单位：元。精确到 2 位
payment_type	int(2)			支付类型，1- 在线支付、2- 货到付款
post_fee	double			邮费，单位元精确 2 位
status	int(4)			状态：1—未付款、2—已付款、3—未发货、4—已发货、5—待收货、6—待评价、7—交易成功、8—交易关闭、9—删除
create_time	timestamp			订单创建时间
update_time	timestamp			订单更新时间
payment_time	timestamp			付款时间
consign_time	timestamp			发货时间
end_time	timestamp			交易完成时间
close_time	timestamp			交易关闭时间
shipping_name	varchar(20)			物流名称
shipping_code	varchar(20)			物流单号
buyer_message	varchar(100)			买家留言
buyer_nick	varchar(50)			买家昵称
buyer_rate	int(2)			买家是否已评价

创建订单表的程序如图 5-32 所示。

```
mysql> CREATE TABLE mall_order (
    ->     order_id varchar(50) COLLATE utf8_bin
 NOT NULL COMMENT '订单id',
    ->     user_id bigint(20) NOT NULL COMMENT '
用户id',
    ->     add_id bigint(20) NOT NULL COMMENT '
地址id',
    ->     payment double DEFAULT NULL COMMENT '
实付金额。精确到2位小数;单位:元。如:200.07, 表
示:200元7分',
    ->     payment_type int(2) DEFAULT NULL COMM
ENT '支付类型, 1、在线支付, 2、货到付款',
    ->     post_fee double DEFAULT NULL COMMENT
'邮费。精确到2位小数;单位:元。如:200.07, 表示:
200元7分',
    ->     status int(4) DEFAULT NULL COMMENT '
状态: 1、未付款, 2、已付款, 3、未发货, 4、已发
货, 5、待收货, 6、待评价, 7、交易成功, 8、交易
关闭, 9、删除',
    ->     create_time timestamp NULL DEFAULT NU
LL COMMENT '订单创建时间',
    ->     update_time timestamp NULL DEFAULT NU
LL COMMENT '订单更新时间',
    ->     payment_time timestamp NULL DEFAULT N
ULL COMMENT '付款时间',
    ->     consign_time timestamp NULL DEFAULT N
ULL COMMENT '发货时间',
    ->     end_time timestamp NULL DEFAULT NULL
COMMENT '交易完成时间',
    ->     close_time timestamp NULL DEFAULT NUL
L COMMENT '交易关闭时间',
    ->     shipping_name varchar(20) COLLATE utf
8_bin DEFAULT NULL COMMENT '物流名称',
    ->     shipping_code varchar(20) COLLATE utf
8_bin DEFAULT NULL COMMENT '物流单号',
    ->     buyer_message varchar(100) COLLATE ut
f8_bin DEFAULT NULL COMMENT '买家留言',
    ->     buyer_nick varchar(50) COLLATE utf8_b
in DEFAULT NULL COMMENT '买家昵称',
    ->     buyer_rate int(2) DEFAULT NULL COMMEN
T '买家是否已经评价',
    ->     PRIMARY KEY (order_id)
    -> );
Query OK, 0 rows affected (0.02 sec)
```

图 5-32 创建订单表

4）订单详情表

订单详情表如表 5-5 所示。

表 5-5 订单详情表

列名	数据类型（精度）	空 / 非空	约束条件	列描述
id	varchar(20)	N	主键	流水编号
item_id	varchar(50)	N		商品编号
order_id	varchar(50)	N		订单编号
num	int(10)			商品购买数量
title	varchar(200)			商品标题
price	double			商品单价
total_fee	double			商品总价
pic_path	varchar(200)			商品图片地址

创建订单详情表的程序如图 5-33 所示。

5）订单地址表

订单地址表如表 5-6 所示，程序如图 5-34 所示。

```
mysql> CREATE TABLE order_item (
    ->    id varchar(20) COLLATE utf8_bin NOT N
ULL,
    ->    item_id varchar(50) COLLATE utf8_bin
NOT NULL COMMENT '商品id',
    ->    order_id varchar(50) COLLATE utf8_bin
 NOT NULL COMMENT '订单id',
    ->    num int(10) DEFAULT NULL COMMENT '商
品购买数量',
    ->    title varchar(200) COLLATE utf8_bin D
EFAULT NULL COMMENT '商品标题',
    ->    price double DEFAULT NULL COMMENT '商
品单价',
    ->    total_fee double DEFAULT NULL COMMENT
 '商品总金额',
    ->    pic_path varchar(200) COLLATE utf8_bi
n DEFAULT NULL COMMENT '商品图片地址',
    ->    PRIMARY KEY (id)
    -> );
Query OK, 0 rows affected (0.01 sec)
```

图 5-33 创建订单详情表

表 5-6 订单地址表

列名	数据类型（精度）	空 / 非空	约束条件	列描述
add_id	bigint(20)	N	主键	地址编号
is_default	tinyint(1)			是否默认地址 1 是 0 否
status	tinyint(4)		默认 1	地址状态 1 正常 2 删除
user_id	bigint(20)	N		用户编号
receiver_name	varchar(20)			收货人全名
receiver_phone	varchar(20)			固定电话
receiver_mobile	varchar(30)			移动电话
receiver_state	varchar(10)			省份
receiver_city	varchar(10)			城市
receiver_district	varchar(20)			区 / 县
receiver_address	varchar(200)			具体街道地址
receiver_zip	varchar(6)			邮政编码
cereated	timestamp			创建时间
updated	timestamp			更新时间

6）用户表

用户信息如表 5-7 所示。

表 5-7 用 户 表

列名	数据类型（精度）	空 / 非空	约束条件	列描述
id	bigint(20)	N	主键	用户编号
username	vachar(50)	N	全表唯一性	用户名
password	vachar(32)	N		密码加密存储
phone	vachar(20)		全表唯一性	注册手机号
email	vachar(50)		全表唯一性	注册邮箱
created	timestamp			创建时间
updated	timestamp			修改时间

```
mysql> CREATE TABLE shipping (
    ->   add_id bigint(20) NOT NULL AUTO_INCRE
MENT COMMENT '地址编号',
    ->   user_id bigint(20) NOT NULL COMMENT '
订单ID',
    ->   receiver_name varchar(20) DEFAULT NUL
L COMMENT '收货人全名',
    ->   receiver_phone varchar(20) DEFAULT NU
LL COMMENT '固定电话',
    ->   receiver_mobile varchar(30) DEFAULT N
ULL COMMENT '移动电话',
    ->   receiver_state varchar(10) DEFAULT NU
LL COMMENT '省份',
    ->   receiver_city varchar(10) DEFAULT NUL
L COMMENT '城市',
    ->   receiver_district varchar(20) DEFAULT
 NULL COMMENT '区/县',
    ->   receiver_address varchar(200) DEFAULT
 NULL COMMENT '收货地址, 如: xx路xx号',
    ->   receiver_zip varchar(6) DEFAULT NULL
COMMENT '邮政编码,如: 310001',
    ->   created timestamp NULL DEFAULT NULL,
    ->   updated timestamp NULL DEFAULT NULL,
    ->   status tinyint(4) DEFAULT '1' COMMENT
 '地址状态, 1-正常, 2-删除',
    ->   is_default tinyint(1) DEFAULT NULL CO
MMENT '是否为默认地址, 1-true,0-false',
    ->   PRIMARY KEY (add_id)
    -> );
Query OK, 0 rows affected (0.03 sec)
```

图5-34 创建订单地址表

创建用户表的程序如图5-35所示。

```
mysql> CREATE TABLE user (
    ->   id bigint(20) NOT NULL AUTO_INCREMENT
,
    ->   username varchar(50) NOT NULL COMMENT
 '用户名',
    ->   password varchar(32) NOT NULL COMMENT
 '密码, 加密存储',
    ->   phone varchar(20) DEFAULT NULL COMMEN
T '注册手机号',
    ->   email varchar(50) DEFAULT NULL COMMEN
T '注册邮箱',
    ->   created timestamp NULL DEFAULT NULL O
N UPDATE CURRENT_TIMESTAMP,
    ->   updated timestamp NULL DEFAULT NULL,
    ->   PRIMARY KEY (id)
    -> );
Query OK, 0 rows affected (0.02 sec)
```

图5-35 创建用户表

7）商品表

商品信息如表5-8所示。

表5-8 商 品 表

列名	数据类型（精度）	空/非空	约束条件	列描述
id	bigint(20)	N	主键	商品编号
cid	bigint(10)	N		所属叶子类目
brand	varchar(50)			品牌
model	varchar(50)			型号
title	varchar(100)			商品标题
sell_point	varchar(500)			商品卖点
price	double			商品价格（单位：分）
num	int(10)			库存数量

续表

列名	数据类型（精度）	空 / 非空	约束条件	列描述
barcode	varchar(30)			商品条形码
image	varchar(500)			商品图片
status	tinyint(4)		默认 2	商品状态，1– 正常，2– 下架，3– 删除，默认 2
created	timestamp			创建时间，更新时当前系统时间
updated	timestamp			更新时间

创建商品表的程序如图 5-36 所示。

```
mysql> CREATE TABLE item (
    ->   id bigint(20) NOT NULL COMMENT '商品i
d, 同时也是商品编号',
    ->   cid bigint(10) NOT NULL COMMENT '所属
类目, 叶子类目',
    ->   brand varchar(50) DEFAULT NULL COMMEN
T '品牌',
    ->   model varchar(50) DEFAULT NULL COMMEN
T '型号',
    ->   title varchar(100) DEFAULT NULL COMME
NT '商品标题',
    ->   sell_point varchar(500) DEFAULT NULL
COMMENT '商品卖点',
    ->   price double DEFAULT NULL COMMENT '商
品价格, 单位为: 分',
    ->   num int(10) DEFAULT NULL COMMENT '库
存数量',
    ->   barcode varchar(30) DEFAULT NULL COMM
ENT '商品条形码',
    ->   image varchar(500) DEFAULT NULL COMME
NT '商品图片',
    ->   status tinyint(4) DEFAULT '2' COMMENT
 '商品状态, 1-正常, 2-下架, 3-删除',
    ->   created timestamp NULL DEFAULT NULL O
N UPDATE CURRENT_TIMESTAMP COMMENT '创建时间',

    ->   updated timestamp NULL DEFAULT NULL C
OMMENT '更新时间',
    ->   PRIMARY KEY (id)
    -> );
Query OK, 0 rows affected (0.02 sec)
```

图 5-36　创建商品表

8）商品规格表

商品规格如表 5-9 所示。

表 5-9　商品规格表

列名	数据类型（精度）	空 / 非空	约束条件	列描述
id	bigint(20)	N	主键	规格参数编号
item_id	bigint(20)	N		商品编号
param_date	text			参数数据 Json 格式
updated	timestamp			更新时间
created	timestamp			创建时间

创建商品规格表的程序如图 5-37 所示。

9）商品类目表

商品类如表 5-10 所示。

表 5-10 商品类目表

列名	数据类型（精度）	空 / 非空	约束条件	列描述
id	bigint(20)	N	主键	类目编号
parent_id	bigint(20)			父类目 ID=0 时，为一级类目
name	varchar(50)			类目名称
status	int(1)		默认 1	状态。1– 正常，2– 删除
sort_order	int(4)			排列序号，同级别优先级
is_parent	tinyint(1)		默认 1	是否为父类目，1–true，0–false
created	timestamp			创建时间
updated	timestamp			更新时间

```
mysql> CREATE TABLE item_param (
    ->     id bigint(20) NOT NULL AUTO_INCREMENT
 COMMENT '流水id',
    ->     item_cat_id bigint(20) NOT NULL COMME
NT '商品分类id',
    ->     param_data text COMMENT '参数数据, 格
式为json格式',
    ->     created timestamp NULL DEFAULT NULL C
OMMENT '创建时间',
    ->     updated timestamp NULL DEFAULT NULL C
OMMENT '修改时间',
    ->     PRIMARY KEY (id)
    -> );
Query OK, 0 rows affected (0.02 sec)
```

图 5-37 创建商品规格表

创建商品类目表的程序如图 5-38 所示。

```
mysql> CREATE TABLE item_cat (
    ->     id bigint(20) NOT NULL AUTO_INCREMENT
 COMMENT '类目ID',
    ->     parent_id bigint(20) DEFAULT NULL COM
MENT '父类目ID=0时, 代表的是一级的类目',
    ->     name varchar(50) DEFAULT NULL COMMENT
 '类目名称',
    ->     status int(1) DEFAULT '1' COMMENT '状
态。可选值:1(正常),2(删除)',
    ->     sort_order int(4) DEFAULT NULL COMMEN
T '排列序号, 表示同级类目的展现次序, 如数值相
等则按名称次序排列。取值范围:大于零的整数',
    ->     is_parent tinyint(1) DEFAULT '1' COMM
ENT '该类目是否为父类目, 1为true, 0为false',
    ->     created timestamp NULL DEFAULT NULL C
OMMENT '创建时间',
    ->     updated timestamp NULL DEFAULT NULL C
OMMENT '创建时间',
    ->     PRIMARY KEY (id)
    -> );
Query OK, 0 rows affected (0.02 sec)
```

图 5-38 创建商品类目表

10）商品描述表

商品描述表如表 5-11 所示。

表 5-11 商品描述表

列名	数据类型（精度）	空 / 非空	约束条件	列描述
item_id	bigint(20)	N	主键	商品编号

续表

列名	数据类型（精度）	空 / 非空	约束条件	列描述
item_desc	text			商品描述，Json 格式
created	timestamp			创建时间
updated	timestamp			更新时间

创建商品描述表的程序如图 5-39 所示。

```
mysql> CREATE TABLE item_desc (
    ->   item_id bigint(20) NOT NULL COMMENT '
商品ID',
    ->   item_desc text COMMENT '商品描述',
    ->   created timestamp NULL DEFAULT NULL C
OMMENT '创建时间',
    ->   updated timestamp NULL DEFAULT NULL C
OMMENT '更新时间',
    ->   PRIMARY KEY (id)
    -> );
ERROR 1072 (42000): Key column 'id' doesn't ex
ist in table
mysql> CREATE TABLE item_desc (
    ->   id bigint(20) NOT NULL COMMENT '商品I
D',
    ->   item_desc text COMMENT '商品描述',
    ->   created timestamp NULL DEFAULT NULL C
OMMENT '创建时间',
    ->   updated timestamp NULL DEFAULT NULL C
OMMENT '更新时间',
    ->   PRIMARY KEY (id)
    -> );
Query OK, 0 rows affected (0.02 sec)
```

图 5-39　创建商品描述表

5.2　修改表

5.2.1　增加或删除字段

1）在表中添加字段的语法

alter table 表名 add 字段名　数据类型　约束

例子如图 5-40 所示。

微课 5-9
表的修改

```
mysql> describe student;
+--------+-------------+------+-----+---------+-------+
| Field  | Type        | Null | Key | Default | Extra |
+--------+-------------+------+-----+---------+-------+
| id     | bigint(20)  | NO   | PRI | NULL    |       |
| name   | varchar(50) | NO   |     | NULL    |       |
| age    | int(5)      | NO   |     | NULL    |       |
| gender | tinyint(2)  | YES  |     | 1       |       |
+--------+-------------+------+-----+---------+-------+
4 rows in set (0.00 sec)

mysql> alter table student add address varchar(500);
Query OK, 0 rows affected (0.03 sec)
Records: 0  Duplicates: 0  Warnings: 0

mysql> describe student;
+---------+--------------+------+-----+---------+-------+
| Field   | Type         | Null | Key | Default | Extra |
+---------+--------------+------+-----+---------+-------+
| id      | bigint(20)   | NO   | PRI | NULL    |       |
| name    | varchar(50)  | NO   |     | NULL    |       |
| age     | int(5)       | NO   |     | NULL    |       |
| gender  | tinyint(2)   | YES  |     | 1       |       |
| address | varchar(500) | YES  |     | NULL    |       |
+---------+--------------+------+-----+---------+-------+
5 rows in set (0.00 sec)
```

图 5-40　添加字段

首先，使用 describe 命令查看表 student 的结构，有 4 个列。

然后，使用 alter table student add address varchar（500）命令为表 student 添加一个家庭住址列 address。

最后，再用 describe 命令查看表 student 的表结构，可以发现多了一个列，有 5 个列。

2）修改表中字段的语法

alter table 表名 change 表中原列名 修改新列名 新列名的数据类型 新列名的约束

例子如图 5-41 所示。

```
mysql> describe student;
+---------+--------------+------+-----+---------+-------+
| Field   | Type         | Null | Key | Default | Extra |
+---------+--------------+------+-----+---------+-------+
| id      | bigint(20)   | NO   | PRI | NULL    |       |
| name    | varchar(50)  | NO   |     | NULL    |       |
| age     | int(5)       | NO   |     | NULL    |       |
| gender  | tinyint(2)   | YES  |     | 1       |       |
| address | varchar(500) | YES  |     | NULL    |       |
+---------+--------------+------+-----+---------+-------+
5 rows in set (0.00 sec)

mysql> alter table student
    -> change name first_name varchar(20) not null;
Query OK, 0 rows affected (0.02 sec)
Records: 0  Duplicates: 0  Warnings: 0

mysql> alter table student
    -> add second_name varchar(50) not null;
Query OK, 0 rows affected (0.01 sec)
Records: 0  Duplicates: 0  Warnings: 0

mysql> describe student;
+-------------+--------------+------+-----+---------+-------+
| Field       | Type         | Null | Key | Default | Extra |
+-------------+--------------+------+-----+---------+-------+
| id          | bigint(20)   | NO   | PRI | NULL    |       |
| first_name  | varchar(20)  | NO   |     | NULL    |       |
| age         | int(5)       | NO   |     | NULL    |       |
| gender      | tinyint(2)   | YES  |     | 1       |       |
| address     | varchar(500) | YES  |     | NULL    |       |
| second_name | varchar(50)  | NO   |     | NULL    |       |
+-------------+--------------+------+-----+---------+-------+
6 rows in set (0.00 sec)
```

图 5-41 修改字段

首先，使用 describe 命令查看表 student 的结构。

然后，使用 alter table student change name first_name varchar(20) not null；命令，将表 student 中的姓名列 name 改名为姓 first_name，同时将数据类型改为 varchar（20）。

接着，使用 alter table student add second_name varchar(50) not null；命令在表 student 中添加名列 second_name。

最后，再使用 describe 命令查看表 student 的结构，可见原来的 name 列被修改成 first_name 列，添加了 second_name 列。

注意：在修改字段时，如果在语法定义中修改新列名后面没有新列名的约束，则原约束也将被删除，如图 5-42 所示。

首先，使用 describe 命令查看表 student 的结构，可以看到年龄列 age 有一个 not null 约束。

然后，使用 alter table student change age age tinyint(5)；命令将年龄列 age 的数据类型修

改为 tinyint（5），但没有加任何约束，如图 5-42 所示。

```
mysql> describe student;
+-------------+--------------+------+-----+---------+-------+
| Field       | Type         | Null | Key | Default | Extra |
+-------------+--------------+------+-----+---------+-------+
| id          | bigint(20)   | NO   | PRI | NULL    |       |
| first_name  | varchar(20)  | NO   |     | NULL    |       |
| age         | int(5)       | NO   |     | NULL    |       |
| gender      | tinyint(2)   | YES  |     | 1       |       |
| second_name | varchar(50)  | NO   |     | NULL    |       |
| address     | varchar(500) | YES  |     | NULL    |       |
+-------------+--------------+------+-----+---------+-------+
6 rows in set (0.00 sec)

mysql> alter table student change age age tinyint(5);
Query OK, 0 rows affected (0.02 sec)
Records: 0  Duplicates: 0  Warnings: 0

mysql> describe student;
+-------------+--------------+------+-----+---------+-------+
| Field       | Type         | Null | Key | Default | Extra |
+-------------+--------------+------+-----+---------+-------+
| id          | bigint(20)   | NO   | PRI | NULL    |       |
| first_name  | varchar(20)  | NO   |     | NULL    |       |
| age         | tinyint(5)   | YES  |     | NULL    |       |
| gender      | tinyint(2)   | YES  |     | 1       |       |
| second_name | varchar(50)  | NO   |     | NULL    |       |
| address     | varchar(500) | YES  |     | NULL    |       |
+-------------+--------------+------+-----+---------+-------+
6 rows in set (0.00 sec)
```

图 5-42 修改字段

最后，再使用 describe 命令查看表 student 的结构，可以看到年龄列 age 的 not null 约束被删除了。

3）删除表中字段的语法

alter table 表名 drop 字段名

例子如图 5-43 所示。

```
mysql> describe student;
+-------------+--------------+------+-----+---------+-------+
| Field       | Type         | Null | Key | Default | Extra |
+-------------+--------------+------+-----+---------+-------+
| id          | bigint(20)   | NO   | PRI | NULL    |       |
| first_name  | varchar(20)  | NO   |     | NULL    |       |
| age         | int(5)       | NO   |     | NULL    |       |
| gender      | tinyint(2)   | YES  |     | 1       |       |
| address     | varchar(500) | YES  |     | NULL    |       |
| second_name | varchar(50)  | NO   |     | NULL    |       |
+-------------+--------------+------+-----+---------+-------+
6 rows in set (0.00 sec)

mysql> alter table student drop address;
Query OK, 0 rows affected (0.02 sec)
Records: 0  Duplicates: 0  Warnings: 0

mysql> describe student;
+-------------+-------------+------+-----+---------+-------+
| Field       | Type        | Null | Key | Default | Extra |
+-------------+-------------+------+-----+---------+-------+
| id          | bigint(20)  | NO   | PRI | NULL    |       |
| first_name  | varchar(20) | NO   |     | NULL    |       |
| age         | int(5)      | NO   |     | NULL    |       |
| gender      | tinyint(2)  | YES  |     | 1       |       |
| second_name | varchar(50) | NO   |     | NULL    |       |
+-------------+-------------+------+-----+---------+-------+
5 rows in set (0.00 sec)
```

图 5-43 删除字段

首先，使用 describe 命令查看表 student 的结构。可以看到家庭住址列为 address。

然后，使用 alter table student drop address；将表 student 中的家庭住址列 address 删除。

最后，再使用 describe 命令查看表 student 的结构。可以看到家庭住址列 address 被删除了。

5.2.2 增加或删除约束

1）添加表中字段约束的语法

alter table 表名 add constraint 约束名 约束

微课 5-10
创建好的表添加约束

使用例子如图 5-44 所示。

```
mysql> drop table student;
Query OK, 0 rows affected (0.01 sec)

mysql> create table student(
    -> id bigint(20),
    -> name varchar(50),
    -> age int(5),
    -> gender tinyint(2));
Query OK, 0 rows affected (0.02 sec)

mysql> alter table student
    -> add constraint pk_student_id primary key(id);
Query OK, 0 rows affected (0.02 sec)
Records: 0  Duplicates: 0  Warnings: 0

mysql> alter table student
    -> add constraint uq_student_name unique(name);
Query OK, 0 rows affected (0.01 sec)
Records: 0  Duplicates: 0  Warnings: 0

mysql> describe student;
+--------+-------------+------+-----+---------+-------+
| Field  | Type        | Null | Key | Default | Extra |
+--------+-------------+------+-----+---------+-------+
| id     | bigint(20)  | NO   | PRI | NULL    |       |
| name   | varchar(50) | YES  | UNI | NULL    |       |
| age    | int(5)      | YES  |     | NULL    |       |
| gender | tinyint(2)  | YES  |     | NULL    |       |
+--------+-------------+------+-----+---------+-------+
4 rows in set (0.00 sec)
```

图 5-44 添加主键、唯一约束

首先，删除原来的表 student。

然后，重新创建表 student，但不要添加任何约束。

接着，使用 alter table student add constraint pk_student_id primary key(id); 命令为学号列 id 添加主键约束。

接着，使用 alter table student add constraint uq_student_name unique(name); 命令为姓名列 name 添加唯一约束，如图 5-45 所示。

最后，使用 describe 命令查看添加结果。

首先，重新创建成绩表 score。

然后，使用命令 alter table score add constraint fk__stu_id__student_id foreign key(stu_id) references student(id); 命令为成绩表 score 的学号列 stu_id 添加外键约束，其中 fk__stu_id__student_id 为外键名。

接着，使用 describe 命令查看添加后的结果。

接着，使用 insert into student values(20171000，'zhangsan'，20，1); 命令为学生表 student 添加一条记录。在最后使用 select * from student; 查看。

最后，使用 insert into score values(1，20171001，98); 命令，为成绩表添加一条记录，但由于 stu_id 具有外键约束，添加的值 20171000 在主表 student 的列 id 中，没有对应值，所以报错。

2）添加表中字段的非空约束的语法

alter table 表名 modify 列名 数据类型 not null

```
mysql> alter table score
    -> add constraint fk__stu_id__student_id
    -> foreign key(stu_id) references student(id);
Query OK, 0 rows affected (0.01 sec)
Records: 0  Duplicates: 0  Warnings: 0

mysql> describe score;
+--------+------------+------+-----+---------+-------+
| Field  | Type       | Null | Key | Default | Extra |
+--------+------------+------+-----+---------+-------+
| id     | bigint(20) | NO   | PRI | NULL    |       |
| stu_id | bigint(20) | YES  | MUL | NULL    |       |
| mysql  | int(5)     | YES  |     | NULL    |       |
+--------+------------+------+-----+---------+-------+
3 rows in set (0.00 sec)

mysql> insert into student
    -> values(20171000,'zhangsan',20,1);
Query OK, 1 row affected (0.00 sec)

mysql> insert into score
    -> values(1,20171001,98);
ERROR 1452 (23000): Cannot add or update a child row: a foreig
n key constraint fails (`school`.`score`, CONSTRAINT `fk__stu_
id__student_id` FOREIGN KEY (`stu_id`) REFERENCES `student` (`
id`))
mysql> select * from student;
+----------+----------+-----+--------+
| id       | name     | age | gender |
+----------+----------+-----+--------+
| 20171000 | zhangsan |  20 |      1 |
+----------+----------+-----+--------+
1 row in set (0.00 sec)
```

图 5-45 添加外键约束

使用例子如图 5-46 所示。

```
mysql> describe score;
+--------+------------+------+-----+---------+-------+
| Field  | Type       | Null | Key | Default | Extra |
+--------+------------+------+-----+---------+-------+
| id     | bigint(20) | NO   | PRI | NULL    |       |
| stu_id | bigint(20) | YES  | MUL | NULL    |       |
| mysql  | int(5)     | YES  |     | NULL    |       |
+--------+------------+------+-----+---------+-------+
3 rows in set (0.00 sec)

mysql> alter table score modify mysql int(5) not null;
Query OK, 0 rows affected (0.02 sec)
Records: 0  Duplicates: 0  Warnings: 0

mysql> describe score;
+--------+------------+------+-----+---------+-------+
| Field  | Type       | Null | Key | Default | Extra |
+--------+------------+------+-----+---------+-------+
| id     | bigint(20) | NO   | PRI | NULL    |       |
| stu_id | bigint(20) | YES  | MUL | NULL    |       |
| mysql  | int(5)     | NO   |     | NULL    |       |
+--------+------------+------+-----+---------+-------+
3 rows in set (0.00 sec)
```

图 5-46 修改约束

首先，使用 describe 命令查看成绩表 score 的结构，可见列 mysql 的非空约束为 yes，即允许为空。

然后，使用 alter table score modify mysql int(5) not null；命令，将成绩表 score 的列 mysql 的约束修改为 no，即不允许为空。

最后，使用 describe 命令查看成绩表 score 的表结构，可见列 score 的非空约束已经修改为 no。

微课 5-11
表中约束的删除

3）添加表中字段的默认约束的语法

alter table 表名 alter 列名 set default 默认值

例子如图 5-47 所示。

首先，使用 describe 命令查看学生表 student 的性别列 gender 的默认约束为 NULL，即没有默认约束。

然后，使用 alter table student alter gender set default 1；命令将性别列 gender 的默认约束值修改为 1。

最后，再使用 describe 命令查看学生表 student 的性别列 gender 的默认约束已经修改为 1。

```
mysql> describe student;
+--------+-------------+------+-----+---------+-------+
| Field  | Type        | Null | Key | Default | Extra |
+--------+-------------+------+-----+---------+-------+
| id     | bigint(20)  | NO   | PRI | NULL    |       |
| name   | varchar(50) | YES  | UNI | NULL    |       |
| age    | int(5)      | YES  |     | NULL    |       |
| gender | tinyint(2)  | YES  |     | NULL    |       |
+--------+-------------+------+-----+---------+-------+
4 rows in set (0.00 sec)

mysql> alter table student alter gender set default 1;
Query OK, 0 rows affected (0.02 sec)
Records: 0  Duplicates: 0  Warnings: 0

mysql> describe student;
+--------+-------------+------+-----+---------+-------+
| Field  | Type        | Null | Key | Default | Extra |
+--------+-------------+------+-----+---------+-------+
| id     | bigint(20)  | NO   | PRI | NULL    |       |
| name   | varchar(50) | YES  | UNI | NULL    |       |
| age    | int(5)      | YES  |     | NULL    |       |
| gender | tinyint(2)  | YES  |     | 1       |       |
+--------+-------------+------+-----+---------+-------+
4 rows in set (0.00 sec)
```

图 5-47 修改默认约束

4）删除表中字段约束的语法

alter table 表名 drop 约束

使用例子如图 5-48 所示。

```
mysql> describe student;
+--------+-------------+------+-----+---------+-------+
| Field  | Type        | Null | Key | Default | Extra |
+--------+-------------+------+-----+---------+-------+
| id     | bigint(20)  | NO   | PRI | NULL    |       |
| name   | varchar(50) | YES  | UNI | NULL    |       |
| age    | int(5)      | YES  |     | NULL    |       |
| gender | tinyint(2)  | YES  |     | 1       |       |
+--------+-------------+------+-----+---------+-------+
4 rows in set (0.00 sec)

mysql> alter table student drop primary key;
Query OK, 0 rows affected (0.02 sec)
Records: 0  Duplicates: 0  Warnings: 0

mysql> alter table student drop index uq_student_name;
Query OK, 0 rows affected (0.01 sec)
Records: 0  Duplicates: 0  Warnings: 0

mysql> describe student;
+--------+-------------+------+-----+---------+-------+
| Field  | Type        | Null | Key | Default | Extra |
+--------+-------------+------+-----+---------+-------+
| id     | bigint(20)  | NO   |     | NULL    |       |
| name   | varchar(50) | YES  |     | NULL    |       |
| age    | int(5)      | YES  |     | NULL    |       |
| gender | tinyint(2)  | YES  |     | 1       |       |
+--------+-------------+------+-----+---------+-------+
4 rows in set (0.00 sec)
```

图 5-48 删除主键、唯一约束

首先，使用命令 describe 命令查看学生表 student 的学号列 id 的约束是 PRI，即主键约束，姓名列 name 的约束为 UNI，即唯一约束。

然后，使用 alter table student drop primary key；命令将学号列 id 的主键约束删除。

接着，使用 alter table student drop index uq_student_name；命令将姓名列 name 的唯一约

束删除。其中 uq_student_name 为唯一约束的约束名。

最后，使用 describe 命令再查看学生表 student 的学号列 id 的主键约束已经被删除，姓名列 name 的唯一约束也被删除。

5）删除表中外键约束的语法

使用例子如图 5-49 所示。

```
mysql> show create table score\G
*************************** 1. row ***************************
       Table: score
Create Table: CREATE TABLE `score` (
  `id` bigint(20) NOT NULL,
  `stu_id` bigint(20) DEFAULT NULL,
  `mysql` int(5) DEFAULT NULL,
  PRIMARY KEY (`id`),
  KEY `fk__score_stu_id__student_id` (`stu_id`),
  CONSTRAINT `fk__score_stu_id__student_id` FOREIGN KEY (`stu_
id`) REFERENCES `student` (`id`)
) ENGINE=InnoDB DEFAULT CHARSET=latin1
1 row in set (0.00 sec)

mysql> alter table score
    -> drop foreign key fk__score_stu_id__student_id;
Query OK, 0 rows affected (0.01 sec)
Records: 0  Duplicates: 0  Warnings: 0

mysql> show create table score\G
*************************** 1. row ***************************
       Table: score
Create Table: CREATE TABLE `score` (
  `id` bigint(20) NOT NULL,
  `stu_id` bigint(20) DEFAULT NULL,
  `mysql` int(5) DEFAULT NULL,
  PRIMARY KEY (`id`),
  KEY `fk__score_stu_id__student_id` (`stu_id`)
) ENGINE=InnoDB DEFAULT CHARSET=latin1
1 row in set (0.00 sec)
```

图 5-49 删除外键约束

首先，使用 show create table score\G 命令查看成绩表 score 的结构，可以看到学号列 stu_id 有外键约束。

然后，使用 alter table score drop foreign key fk__score_stu_id__student_id；命令删除学号列 stu_id 的外键约束。

最后，再使用 show create table score\G 命令查看成绩表 score 的表结构，可以看到学号列 stu_id 的外键约束被删除。

6）删除表中字段的非空约束的语法

alter table 表名 modify 列名 数据类型

使用例子如图 5-50 所示。

首先，使用 show create table score\G 命令查看成绩表 score 的结构，可以看到 mysql 成绩列 mysql 有非空约束。

然后，使用 alter table score modify mysql int(5)；命令删除 mysql 成绩列 mysql 的非空约束。

最后，再使用 show create table score\G 命令查看成绩表 score 的表结构，可以看到 mysql 成绩列 mysql 的非空约束被删除。

7）表中字段的默认约束的语法

alter table 表名 alter 列名 drop default

使用例子如图 5-51 所示。

```
mysql> show create table score\G
*************************** 1. row ***************************
       Table: score
Create Table: CREATE TABLE `score` (
  `id` bigint(20) NOT NULL,
  `stu_id` bigint(20) DEFAULT NULL,
  `mysql` int(5) NOT NULL,
  PRIMARY KEY (`id`),
  KEY `fk__score_stu_id__student_id` (`stu_id`)
) ENGINE=InnoDB DEFAULT CHARSET=latin1
1 row in set (0.00 sec)

mysql> alter table score modify mysql int(5);
Query OK, 0 rows affected (0.02 sec)
Records: 0  Duplicates: 0  Warnings: 0

mysql> show create table score\G
*************************** 1. row ***************************
       Table: score
Create Table: CREATE TABLE `score` (
  `id` bigint(20) NOT NULL,
  `stu_id` bigint(20) DEFAULT NULL,
  `mysql` int(5) DEFAULT NULL,
  PRIMARY KEY (`id`),
  KEY `fk__score_stu_id__student_id` (`stu_id`)
) ENGINE=InnoDB DEFAULT CHARSET=latin1
1 row in set (0.00 sec)
```

图5—50 删除非空约束

```
mysql> describe student;
+--------+-------------+------+-----+---------+-------+
| Field  | Type        | Null | Key | Default | Extra |
+--------+-------------+------+-----+---------+-------+
| id     | bigint(20)  | NO   | PRI | NULL    |       |
| name   | varchar(50) | YES  |     | NULL    |       |
| age    | int(5)      | YES  |     | NULL    |       |
| gender | tinyint(2)  | YES  |     | 1       |       |
+--------+-------------+------+-----+---------+-------+
4 rows in set (0.00 sec)

mysql> alter table student alter gender drop default;
Query OK, 0 rows affected (0.01 sec)
Records: 0  Duplicates: 0  Warnings: 0

mysql> describe student;
+--------+-------------+------+-----+---------+-------+
| Field  | Type        | Null | Key | Default | Extra |
+--------+-------------+------+-----+---------+-------+
| id     | bigint(20)  | NO   | PRI | NULL    |       |
| name   | varchar(50) | YES  |     | NULL    |       |
| age    | int(5)      | YES  |     | NULL    |       |
| gender | tinyint(2)  | YES  |     | NULL    |       |
+--------+-------------+------+-----+---------+-------+
4 rows in set (0.00 sec)
```

图5—51 删除默认约束

首先，使用describe命令查看学生表student的结构，可以看到性别列gender有默认约束，默认值为1。

然后，使用alter table student alter gender drop default；命令删除性别列gender默认约束。

最后，再使用show create table score\G命令查看成绩表score的结构，可以看到mysql成绩列mysql的非空约束被删除。

5.3 删除表

删除表的语法。

drop table 表名

使用方法如图5-52所示。

```
mysql> show tables;
+-------------------+
| Tables_in_school |
+-------------------+
| score             |
| student           |
+-------------------+
2 rows in set (0.00 sec)

mysql> drop table score;
Query OK, 0 rows affected (0.00 sec)

mysql> show tables;
+-------------------+
| Tables_in_school |
+-------------------+
| student           |
+-------------------+
1 row in set (0.00 sec)
```

图 5-52 删除表

5.4 本章小结

本章主要介绍了数据库中表的基本操作。读者应该了解数据库中表的创建方法、修改方法和删除方法，知道如何创建表，为表中的字段添加约束；知道如何添加或删除表中的字段，如何添加或删除表中字段的约束；知道如何删除表。

本章的知识结构如图 5-53 所示：

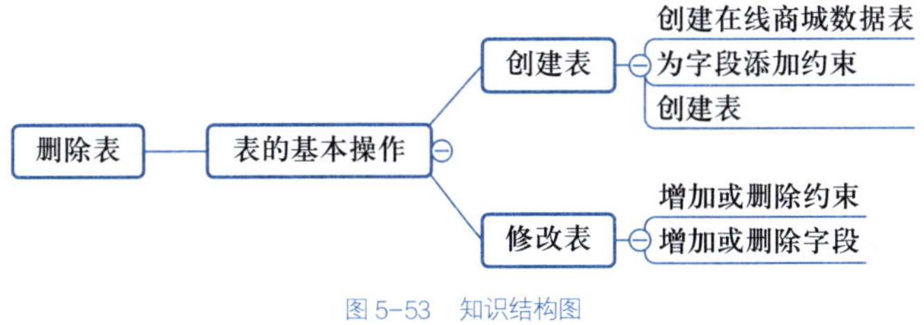

图 5-53 知识结构图

第 6 章　数据的基本操作

本章重点

对于数据库中表数据的基本操作，主要是指数据的增、删、改、查四种。本章将依托第一章中所讲的在线商城项目，讲解表数据的增、删、改、查四个操作。

本章的重点是数据的查询，包括基本查询、模糊查询、联接查询和子查询四个部分。

本章资源

1. PPT：数据的基本操作
2. 微课 6-1 增加数据之醛添加和部分添加
3. 微课 6-2 增加数据之自动增量和多条数据增加
4. 微课 6-3 修改数据
5. 微课 6-4 删除数据
6. 微课 6-5 查询数据之 select 语句
7. 微课 6-6 查询数据之 select_from 语句
8. 微课 6-7 查询数据之 limit 子句
9. 微课 6-8 查询数据之 orderby 排序
10. 微课 6-9 查询数据之多种排序
11. 微课 6-10 查询数据之条件查询
12. 微课 6-11 查询数据之分组查询
13. 微课 6-12 查询数据之分组排序
14. 微课 6-13 查询数据之 having 排序
15. 微课 6-14 查询数据之通配符
16. 微课 6-15 查询数据之联接查询概念
17. 微课 6-16 查询数据之表的拆分（一）
18. 微课 6-17 查询数据之表的拆分（二）
19. 微课 6-18 查询数据之多表联查
20. 微课 6-19 查询数据之左外联接
21. 微课 6-20 查询数据之右外联接
22. 微课 6-21 查询数据之内联接
23. 微课 6-22 查询数据之嵌套子查询
24. 微课 6-23 查询数据子相关子查询

6.1 增加数据

PPT
数据的基本操作

6.1.1 基本语法

insert into 表名 [(字段名，[字段名，字段名，…])] values(值，[值，值，…]);

其中，字段名可以没有，当字段名没有的时候，values 后面必须给出表名所在的表中所有字段的数据。

添加数据时需要注意：

1）增加数据时，VALUES 后面的值的个数、顺序、类型，要与表名后面的列的个数、顺序、类型一一对应，保证前后的一致性。

2）如果不指定列名，则 VALUES 后面的值要刚好够整个表的全部字段，且顺序、类型要与表结构保持一致。

3）如果主键 ID 是自动增量 AUTO_INCREMENT 时，其值填写 NULL 即可。

4）插入多条记录时，重复 VALUES() 后面的括号部分，中间用逗号隔开，最后以分号结束即可。

微课 6-1
增加数据之全添加和部分添加

6.1.2 为在线商城添加数据

1）指定需要添加数据的字段名，如图 6-1 所示。

```
insert into cart_item(id, user_id, item_id)
values (125, 14, 10000028);

select * from cart_item;
```

图 6-1 指定字段插入数据

其中：cart_item 为在线商城的购物车表的表名，后面的括号中 id、user_id、item_id 为表中指定字段的字段名。values 后面的括号中是指定字段的数据值，其运行结果如图 6-2 所示。

id	user_id	item_id	num	status	created	updated
114	73	10000031	1	2	2017-03-27 16:18:21	2017-03-27 16:18:21
115	73	10000028	2	1	2017-03-27 16:19:24	2017-03-27 16:19:43
116	74	10000028	1	2	2017-03-27 16:37:44	2017-03-27 16:38:58
117	74	10000002	1	1	2017-03-27 16:39:43	2017-03-27 16:39:43
118	14	10000028	1	2	2017-03-27 17:48:21	2017-03-27 17:48:28
119	14	10000028	1	2	2017-03-27 18:57:56	2017-03-27 19:14:13
120	14	10000029	2	1	2017-03-27 19:31:56	2017-03-28 13:34:25
121	14	10000028	3	2	2017-03-27 19:34:44	2017-03-27 19:36:43
122	14	100000021	2	2	2017-03-27 19:38:39	2017-03-28 13:34:05
123	14	100000422	1	1	2017-03-28 14:46:26	2017-03-28 14:46:26
124	14	10000028	1	2	2017-03-28 18:56:44	2017-03-28 18:56:55
125	14	10000028	1	1	NULL	NULL

图 6-2 指定字段插入数据

可见，在结果中的最后一行，添加了一条新数据。

2）不指定需要添加数据的字段名，如图 6-3 所示。

```
insert into cart_item
values (126, 14, 10000028, 1, 1,
        '20170602152438',
        '20170602152438');

select * from cart_item;
```

图 6-3 不指定字段插入数据

其中：cart_item 为在线商城的购物车表的表名，后面没有跟表中的字段名，表示包含表中的所有字段，其运行结果如图 6-4 所示。

id	user_id	item_id	num	status	created	updated
116	74	10000028	1	2	2017-03-27 16:37:44	2017-03-27 16:38:58
117	74	10000002	1	1	2017-03-27 16:39:43	2017-03-27 16:39:43
118	14	10000028	1	2	2017-03-27 17:48:21	2017-03-27 17:48:28
119	14	10000028	1	2	2017-03-27 18:57:56	2017-03-27 19:14:13
120	14	10000029	2	1	2017-03-27 19:31:56	2017-03-28 13:34:25
121	14	10000028	3	2	2017-03-27 19:34:44	2017-03-27 19:36:43
122	14	100000021	2	2	2017-03-27 19:38:39	2017-03-28 13:34:05
123	14	100000422	1	1	2017-03-28 14:46:26	2017-03-28 14:46:26
124	14	10000028	1	2	2017-03-28 18:56:44	2017-03-28 18:56:55
125	14	10000028	1	1	NULL	NULL
126	14	10000028	1	1	2017-06-02 15:24:38	2017-06-02 15:24:38
NULL	NULL	NULL	NULL	NULL	NULL	NULL

图 6-4 不指定字段插入数据

可见，在结果中的最后一行，添加了一条新数据。

3）主键 ID 若添加了 auto_increment 自动增量，则加入数据时使用 NULL，MySQL 将使用最后一条记录的 ID 值加 1，作为数据加入，如图 6-5 所示。

```
insert into cart_item
values (NULL, 14, 10000028, 1, 1,
        '20170602153320',
        '20170602153320');

select * from cart_item;
```

图 6-5 auto_increment 自动增量

微课 6-2
增加数据之自动增量和多条数据增加

其中，values 后面括号中第一个数据为 NULL，此时表 cart_item 的第一个字段被添加的数据将是最后一条记录字段值加 1，如图 6-6 所示。

id	user_id	item_id	num	status	created	updated
117	74	10000002	1	1	2017-03-27 16:39:43	2017-03-27 16:39:43
118	14	10000028	1	2	2017-03-27 17:48:21	2017-03-27 17:48:28
119	14	10000028	1	2	2017-03-27 18:57:56	2017-03-27 19:14:13
120	14	10000029	2	1	2017-03-27 19:31:56	2017-03-28 13:34:25
121	14	10000028	3	2	2017-03-27 19:34:44	2017-03-27 19:36:43
122	14	100000021	2	2	2017-03-27 19:38:39	2017-03-28 13:34:05
123	14	100000422	1	1	2017-03-28 14:46:26	2017-03-28 14:46:26
124	14	10000028	1	2	2017-03-28 18:56:44	2017-03-28 18:56:55
125	14	10000028	1	1	NULL	NULL
126	14	10000028	1	1	2017-06-02 15:24:38	2017-06-02 15:24:38
127	14	10000028	1	1	2017-06-02 15:33:20	2017-06-02 15:33:20
NULL	NULL	NULL	NULL	NULL	NULL	NULL

图 6-6 auto_increment 自动增量

可见，在结果中的最后一行，添加的新数据中 ID 值为 127，原来最后一条数据 ID 值加 1。

4）添加数据时，可以一次添加多条数据，如图 6-7 所示。

```
insert into cart_item
values (NULL, 14, 10000028, 1, 1,
        '20170602153621',
        '20170602153621'),
       (NULL, 14, 10000028, 1, 1,
        '20170602153622',
        '20170602153622'),
       (NULL, 14, 10000028, 1, 1,
        '20170602153623',
        '20170602153623');

select * from cart_item;
```

图 6-7 一次添加多条数据

其中，values 后面有三个括号，用逗号分开。每一个括号中包含新添加的一条记录，添加结果如图 6-8 所示。

id	user_id	item_id	num	status	created	updated
120	14	10000029	2	1	2017-03-27 19:31:56	2017-03-28 13:34:25
121	14	10000028	3	2	2017-03-27 19:34:44	2017-03-27 19:36:43
122	14	100000021	2	2	2017-03-27 19:38:39	2017-03-28 13:34:05
123	14	100000422	1	1	2017-03-28 14:46:26	2017-03-28 14:46:26
124	14	10000028	1	2	2017-03-28 18:56:44	2017-03-28 18:56:55
125	14	10000028	1	1	NULL	NULL
126	14	10000028	1	1	2017-06-02 15:24:38	2017-06-02 15:24:38
127	14	10000028	1	1	2017-06-02 15:33:20	2017-06-02 15:33:20
128	14	10000028	1	1	2017-06-02 15:36:21	2017-06-02 15:36:21
129	14	10000028	1	1	2017-06-02 15:36:22	2017-06-02 15:36:22
130	14	10000028	1	1	2017-06-02 15:36:23	2017-06-02 15:36:23
NULL	NULL	NULL	NULL	NULL	NULL	NULL

图 6-8　一次添加多条数据

可见，在结果中一次添加了三条数据。

6.2　修改数据

6.2.1　基本语法

微课 6-3
修改数据

update 表名 set 字段名 [where 条件];

其中：字段名为要修改的字段，条件是指定仅修改的记录。

6.2.2　为在线商城修改数据

1）修改所有数据

首先，查看商品表中的所有商品的价格，使用如图 6-9 所示命令。

```
select * from item;
```

图 6-9　查看商品表中的所有商品的价格命令

然后，查看运行结果，如图 6-10 所示。

id	cid	brand	model	title	sell_point	price	num	barcode	image
536563	163	联想	小新13	联想(Lenovo)小新Air13 Pro 13….	清仓！仅北京，武汉仓有货！	6688	99999		http://139.129.24
635906	163	联想	310经典版	联想（Lenovo）小新310经典版	清仓！仅北京，武汉仓有货！	4199	99999	NULL	http://139.129.24
635907	163	联想	310旗舰版	联想（Lenovo）小新310经典版	清仓！仅北京，武汉仓有货！	4191	9999	NULL	http://139.129.24
635908	163	联想	310经典版	联想（Lenovo）小新310经典版	清仓！仅北京，武汉仓有货！	5592	9999	NULL	http://139.129.24
635909	163	联想	310低配版	联想（Lenovo）小新310经典版	清仓！仅北京，武汉仓有货！	2299	9999	NULL	http://139.129.24
635910	163	联想	310打折版	联想（Lenovo）小新310经典版	清仓！仅北京，武汉仓有货！	4	9999	NULL	http://139.129.24
635911	163	联想	310学习版	联想（Lenovo）小新310经典版	清仓！仅北京，武汉仓有货！	1999	9999	NULL	http://139.129.24
635912	163	联想	310DOTA2版	联想（Lenovo）小新310经典版	清仓！仅北京，武汉仓有货！	9999	9999	NULL	http://139.129.24
635913	163	联想	310英雄联盟版	联想（Lenovo）小新310经典版	清仓！仅北京，武汉仓有货！	11111	9999	NULL	http://139.129.24
635914	163	联想	310魔兽世界版	联想（Lenovo）小新310经典版	清仓！仅北京，武汉仓有货！	12345	9999	NULL	http://139.129.24
679532	238	deli	25K商务记事本	得力（deli）22215 皮面本PU…	仅上海，广州，沈阳仓有货…	19	99999	NULL	http://139.129.24
679533	925	乐尚	男女商务休…	法国LEXON乐上15英寸双肩电…	少量库存，抢完即止！	180	99999	NULL	http://139.129.24
691300	238	齐心	A5优品商务…	齐心（COMIX）C5902 A5优品…	下单即送10400毫安移动电…	22	99999	NULL	http://139.129.24
738388	163	联想	310经典版	联想（Lenovo）小新310经典版	经典回顾！超值价格值得拥…	4199	99999	NULL	http://139.129.24

图 6-10　所有商品的信息

接着，使用如图 6-11 所示命令，将所有商品打八折。

```
update item
set price = price * 0.8;
```

图 6-11　将所有商品打八折命令

最后，再查看运行结果，如图 6-12 所示。

id	cid	brand	model	title	sell_point	price	num	barcode	image
536563	163	联想	小新13	联想(Lenovo)小新Air 13 Pro 13.…	清仓！仅北京，武汉仓有货！	5350.400000000001	99999		http://139.129.24
635906	163	联想	310经典版	联想（Lenovo）小新310经典版	清仓！仅北京，武汉仓有货！	3359.2000000000003	99999	NULL	http://139.129.24
635907	163	联想	310旗舰版	联想（Lenovo）小新310经典版	清仓！仅北京，武汉仓有货！	3352.8	9999	NULL	http://139.129.24
635908	163	联想	310经典版	联想（Lenovo）小新310经典版	清仓！仅北京，武汉仓有货！	4473.6	9999	NULL	http://139.129.24
635909	163	联想	310低配版	联想（Lenovo）小新310经典版	清仓！仅北京，武汉仓有货！	1839.2	9999	NULL	http://139.129.24
635910	163	联想	310打折版	联想（Lenovo）小新310经典版	清仓！仅北京，武汉仓有货！	3.2	9999	NULL	http://139.129.24
635911	163	联想	310学习版	联想（Lenovo）小新310经典版	清仓！仅北京，武汉仓有货！	1599.2	9999	NULL	http://139.129.24
635912	163	联想	310DOTA2版	联想（Lenovo）小新310经典版	清仓！仅北京，武汉仓有货！	7999.200000000001	9999	NULL	http://139.129.24
635913	163	联想	310英雄联盟版	联想（Lenovo）小新310经典版	清仓！仅北京，武汉仓有货！	8888.800000000001	9999	NULL	http://139.129.24
635914	163	联想	310魔兽世界版	联想（Lenovo）小新310经典版	清仓！仅北京，武汉仓有货！	9876	9999	NULL	http://139.129.24
679532	238	deli	25K商务记事本	得力（deli）22215 皮面本PU…	仅上海，广州，沈阳仓有货…	15.200000000000001	99999	NULL	http://139.129.24
679533	925	乐尚	男女商务休…	法国LEXON乐上15英寸双肩电…	少量库存，抢完即止！	144	99999	NULL	http://139.129.24
691300	238	齐心	A5优品商务…	齐心（COMIX）C5902 A5优品…	下单即送10400毫安移动电…	17.6	99999	NULL	http://139.129.24
738388	163	联想	310经典版	联想（Lenovo）小新310经典版	经典回顾！超值价格值得拥…	3359.2000000000003	99999	NULL	http://139.129.24
741524	163	戴尔	Pro P250FTSS	戴尔(DELL)魔方15MF Pro P250	下单赠12000毫安移动电源	3999.2000000000003	99999	NULL	http://139.129.24

图 6-12 打折后所有商品的信息

由图 6-10 与图 6-12 商品价格可见，所有商品均已经打了八折。

2）同时修改 id 为 536563 商品的价格和品牌

首先，查看商品表中 id 为 536563 的商品，如图 6-13 所示。

id	cid	brand	model	title	sell_point	price	num	barcode	image
536563	163	方正	小新13	联想(Lenovo)小新Air 13 Pro 13.3英寸14.8mm超轻薄笔记本电脑	清仓！仅北京，武汉仓有货！	3600	99999		http://139.129.24
NULL	NULL	NULL	NULL	NULL	NULL	NULL	NULL	NULL	NULL

图 6-13 id 为 536563 的商品信息

然后，使用如图 6-14 命令，将商品价格改为 5000，品牌改为联想。

```
update item
set price = 5000, brand = '联想'
where id = 536563;
```

图 6-14 修改商品的价格和品牌

其中，where 的指定条件为 id=536563。

最后，再查看运行结果，如图 6-15 所示。

id	cid	brand	model	title	sell_point	price	num	barcode	image
536563	163	联想	小新13	联想(Lenovo)小新Air 13 Pro 13.3英寸14.8mm超轻薄笔记本电脑	清仓！仅北京，武汉仓有货！	5000	99999		http://139.129.24
NULL	NULL	NULL	NULL	NULL	NULL	NULL	NULL	NULL	NULL

图 6-15 修改后的商品价格和品牌

6.3 删除数据

微课 6-4
删除数据

6.3.1 基本语法

delete from 表名 [where 条件];

6.3.2 为在线商城删除数据

1）删除单条记录

首先，使用如图 6-16 所示的命令查看商品表 item 中的商品信息。

```
select * from item;
```

图 6-16 查看商品表 item 中的商品信息命令

接着，查看商品表 item 中的商品信息，如图 6-17 所示。

id	cid	brand	model	title	sell_point	price	num	barcode	image
536563	163	联想	小新13	联想(Lenovo)小新Air13 Pro 13.3英寸14.8mm...	清仓！仅北京，武汉仓有货！	5000	99999		http://139.129.24
635906	163	联想	310经典版	联想（Lenovo）小新310经典版	清仓！仅北京，武汉仓有货！	4199	99999	NULL	http://139.129.24
635907	163	联想	310旗舰版	联想（Lenovo）小新310经典版	清仓！仅北京，武汉仓有货！	4191	9999	NULL	http://139.129.24
635908	163	联想	310经典版	联想（Lenovo）小新310经典版	清仓！仅北京，武汉仓有货！	5592	9999	NULL	http://139.129.24
635909	163	联想	310低配版	联想（Lenovo）小新310经典版	清仓！仅北京，武汉仓有货！	2299	9999	NULL	http://139.129.24
635910	163	联想	310打折版	联想（Lenovo）小新310经典版	清仓！仅北京，武汉仓有货！	4	9999	NULL	http://139.129.24
635911	163	联想	310学习版	联想（Lenovo）小新310经典版	清仓！仅北京，武汉仓有货！	1999	9999	NULL	http://139.129.24
635912	163	联想	310DOTA2版	联想（Lenovo）小新310经典版	清仓！仅北京，武汉仓有货！	9999	9999	NULL	http://139.129.24
635913	163	联想	310英雄联盟版	联想（Lenovo）小新310经典版	清仓！仅北京，武汉仓有货！	11111	9999	NULL	http://139.129.24
635914	163	联想	310魔兽世界版	联想（Lenovo）小新310经典版	清仓！仅北京，武汉仓有货！	12345	9999	NULL	http://139.129.24
679532	238	deli	25K商务记事本	得力（deli）22215 皮面本PU材质25K商务记...	仅上海，广州，沈阳仓有货...	19	99999	NULL	http://139.129.24
679533	925	乐尚	男女商务休闲...	法国LEXON乐上15英寸双肩电脑包男女商务...	少量库存，抢完即止！	180	99999	NULL	http://139.129.24

图 6-17 商品表 item 中的商品信息

然后，使用如图 6-18 所示命令将 id 为 536563 的商品删除，如图 6-18 所示。

```
delete from item where id=536563;
```

图 6-18 将 id 为 536563 的商品删除

最后，查看删除结果，如图 6-19 所示。

id	cid	brand	model	title	sell_point	price	num	barcode	image
635906	163	联想	310经典版	联想（Lenovo）小新310经典版	清仓！仅北京，武汉仓有...	4199	99999	NULL	http://139.129.24
635907	163	联想	310旗舰版	联想（Lenovo）小新310经典版	清仓！仅北京，武汉仓有...	4191	9999	NULL	http://139.129.24
635908	163	联想	310经典版	联想（Lenovo）小新310经典版	清仓！仅北京，武汉仓有...	5592	9999	NULL	http://139.129.24
635909	163	联想	310低配版	联想（Lenovo）小新310经典版	清仓！仅北京，武汉仓有...	2299	9999	NULL	http://139.129.24
635910	163	联想	310打折版	联想（Lenovo）小新310经典版	清仓！仅北京，武汉仓有...	4	9999	NULL	http://139.129.24
635911	163	联想	310学习版	联想（Lenovo）小新310经典版	清仓！仅北京，武汉仓有...	1999	9999	NULL	http://139.129.24
635912	163	联想	310DOTA2版	联想（Lenovo）小新310经典版	清仓！仅北京，武汉仓有...	9999	9999	NULL	http://139.129.24
635913	163	联想	310英雄联盟版	联想（Lenovo）小新310经典版	清仓！仅北京，武汉仓有...	11111	9999	NULL	http://139.129.24
635914	163	联想	310魔兽世界版	联想（Lenovo）小新310经典版	清仓！仅北京，武汉仓有...	12345	9999	NULL	http://139.129.24
679532	238	deli	25K商务记事本	得力（deli）22215 皮面本PU...	仅上海，广州，沈阳仓有...	19	99999	NULL	http://139.129.24
679533	925	乐尚	男女商务休闲...	法国LEXON乐上15英寸双肩电...	少量库存，抢完即止！	180	99999	NULL	http://139.129.24
691300	238	齐心	A5优品商务笔...	齐心（COMIX）C5902 A5优品...	下单即送10400毫安移动...	22	99999	NULL	http://139.129.24

图 6-19 id 为 536563 的商品已被删除

2）删除多条数据

首先，使用如图 6-20 所示的命令查看商品表 item 中的商品信息。

```
select * from item;
```

图 6-20 查看商品表 item 中的商品信息命令

然后，查看商品表 item 中的商品信息，如图 6-21 所示。

635906	163	联想	310经典版	联想（Lenovo）小新310经典版	清仓！仅北京，武汉仓有...	4199	99999	NULL	http://139.129.24
635907	163	联想	310旗舰版	联想（Lenovo）小新310经典版	清仓！仅北京，武汉仓有...	4191	9999	NULL	http://139.129.24
635908	163	联想	310经典版	联想（Lenovo）小新310经典版	清仓！仅北京，武汉仓有...	5592	9999	NULL	http://139.129.24
635909	163	联想	310低配版	联想（Lenovo）小新310经典版	清仓！仅北京，武汉仓有...	2299	9999	NULL	http://139.129.24
635910	163	联想	310打折版	联想（Lenovo）小新310经典版	清仓！仅北京，武汉仓有...	4	9999	NULL	http://139.129.24
635911	163	联想	310学习版	联想（Lenovo）小新310经典版	清仓！仅北京，武汉仓有...	1999	9999	NULL	http://139.129.24
635912	163	联想	310DOTA2版	联想（Lenovo）小新310经典版	清仓！仅北京，武汉仓有...	9999	9999	NULL	http://139.129.24
635913	163	联想	310英雄联盟版	联想（Lenovo）小新310经典版	清仓！仅北京，武汉仓有...	11111	9999	NULL	http://139.129.24
635914	163	联想	310魔兽世界版	联想（Lenovo）小新310经典版	清仓！仅北京，武汉仓有...	12345	9999	NULL	http://139.129.24
679532	238	deli	25K商务记事本	得力（deli）22215 皮面本PU...	仅上海，广州，沈阳仓有...	19	99999	NULL	http://139.129.24
679533	925	乐尚	男女商务休闲...	法国LEXON乐上15英寸双肩电...	少量库存，抢完即止！	180	99999	NULL	http://139.129.24
691300	238	齐心	A5优品商务笔...	齐心（COMIX）C5902 A5优品...	下单即送10400毫安移动...	22	99999	NULL	http://139.129.24

图 6-21 商品表 item 中的商品信息

接着，使用如图 6-22 所示命令删除库存数量 num 为 9999 的所有商品。

```
delete from item where num=9999;
```

图 6-22 删除库存数量 num 为 9999 的所有商品

最后，查看删除结果，如图 6-23 所示：

635906	163	联想	310经典版	联想（Lenovo）小新310经典版	清仓！仅北京，武汉仓有…	4199	99999	NULL	http://139.129.24
679532	238	deli	25K商务记事本	得力（deli）22215 皮面本PU…	仅上海，广州，沈阳仓有…	19	99999	NULL	http://139.129.24
679533	925	乐尚	男女商务休闲旅行书包	法国LEXON乐上15英寸双肩电…	少量库存，抢完即止！	180	99999	NULL	http://139.129.24
691300	238	齐心	A5优品商务笔记本	齐心（COMIX）C5902 A5优品…	下单即送10400毫安移动…	22	99999	NULL	http://139.129.24
738388	163	联想	310经典版	联想（Lenovo）小新310经典版	经典回顾！超值价格值得…	4199	99999	NULL	http://139.129.24
741524	163	戴尔	Pro-R2505TSS	戴尔(DELL)魔方15MF Pro-R250…	下单赠12000毫安移动电源	4999	99999	NULL	http://139.129.24
816448	163	联想	ThinkPad New S2	联想ThinkPad New S2（20GUA…	经典回顾！超值特惠！	6888	99999	NULL	http://139.129.24
816753	163	戴尔	XPS13-9360	戴尔(DELL)XPS13-9360-R1609 …	仅上海，广州，沈阳仓有…	4600	99999	NULL	http://139.129.24
830972	238	广博	牛皮纸记事本	广博(GuangBo)10本装40张A5…	经典回顾！超值特惠！	49	99999	NULL	http://139.129.24
832739	236	三木	票据网格拉链袋	三木(SUNWOOD) C4523 票据…	经典回顾！超值特惠！	28	99999	NULL	http://139.129.24
844022	241	施耐德	圆珠笔	施耐德（Schneider）K15 经典…	经典回顾！超值特惠！	29.…	99999	NULL	http://139.129.24
847276	241	得力	计算器	得力（deli）1548A商务办公桌	经典回顾！超值特惠！	58	99999	NULL	http://139.129.24

图 6-23 库存数量 num 为 9999 的所有商品已被删除

3）删除所有商品

首先，使用如图 6-24 所示的命令查看商品表 item 中的商品信息。

```
select * from item;
```

图 6-24 查看商品表 item 中的商品信息命令

然后，查看商品表 item 中的商品信息，如图 6-25 所示。

id	cid	brand	model	title	sell_point	price	num	barcode	image
635906	163	联想	310经典版	联想（Lenovo）小新310经典版	清仓！仅北京，武汉仓有…	4199	99999	NULL	http://139.129.24
679532	238	deli	25K商务记事本	得力（deli）22215 皮面本PU…	仅上海，广州，沈阳仓有…	19	99999	NULL	http://139.129.24
679533	925	乐尚	男女商务休闲旅行书包	法国LEXON乐上15英寸双肩电…	少量库存，抢完即止！	180	99999	NULL	http://139.129.24
691300	238	齐心	A5优品商务笔记本	齐心（COMIX）C5902 A5优品…	下单即送10400毫安移动…	22	99999	NULL	http://139.129.24
738388	163	联想	310经典版	联想（Lenovo）小新310经典版	经典回顾！超值价格值得…	4199	99999	NULL	http://139.129.24
741524	163	戴尔	Pro-R2505TSS	戴尔(DELL)魔方15MF Pro-R250…	下单赠12000毫安移动电源	4999	99999	NULL	http://139.129.24
816448	163	联想	ThinkPad New S2	联想ThinkPad New S2（20GUA…	经典回顾！超值特惠！	6888	99999	NULL	http://139.129.24
816753	163	戴尔	XPS13-9360	戴尔(DELL)XPS13-9360-R1609 …	仅上海，广州，沈阳仓有…	4600	99999	NULL	http://139.129.24
830972	238	广博	牛皮纸记事本	广博(GuangBo)10本装40张A5…	经典回顾！超值特惠！	49	99999	NULL	http://139.129.24
832739	236	三木	票据网格拉链袋	三木(SUNWOOD) C4523 票据…	经典回顾！超值特惠！	28	99999	NULL	http://139.129.24
844022	241	施耐德	圆珠笔	施耐德（Schneider）K15 经典…	经典回顾！超值特惠！	29.…	99999	NULL	http://139.129.24
847276	241	得力	计算器	得力（deli）1548A商务办公桌	经典回顾！超值特惠！	58	99999	NULL	http://139.129.24

图 6-25 商品表 item 中的商品信息

接着，使用如图 6-26 所示的命令，删除所有的商品。

```
delete from item;
```

图 6-26 删除所有的商品

最后，查看商品表 item 中的商品信息时已经没有商品，如图 6-27 所示。

id	cid	brand	model	title	sell_point	price	num	barcode	image	status	crea

图 6-27 所有商品已被删除

6.4 查询数据

6.4.1 select 语句

select 语句的作用是生成一个临时表，该临时表被称为结果集，如图 6-28 所示。

```
select 100,'field';
```

图 6-28 select 语句

生成的结果集如图 6-29 所示。

除此之外，还可以跟函数的返回值，如图 6-30a 所示。

生成的结果集如图 6-30b 所示。

微课 6-5
查询数据之 select 语句

注意：select 语句后面只能跟数字常量或字符串常量。

100	field
100	field

图 6-29 select 语句结果

```
select pi(),
       concat('Hello ','world!');
```

(a)

pi()	concat('Hello ','world!')
3.141593	Hello world!

(b)

图 6-30 select 语句

由结果集可见生成的字段名就是 select 语句后面的内容，如 select 100，'filed'；的字段名就是 100，field。也可以使用 as 指定结果集的字段名，如图 6-31 所示。

运行结果如图 6-32 所示。

```
select 100 as 数值,
       'field' as 字符串;
```

图 6-31 使用 as 指定字段名

数值	字符串
100	field

图 6-32 使用 as 的结果集

注意：as 可以被省略，命令如图 6-33 所示。

运行结果如图 6-34 所示。

```
select pi() π值,
       concat('Hello ','world!') '字符串拼接';
```

图 6-33 省略 as

π值	字符串拼接
3.141593	Hello world!

图 6-34 省略 as 的结果集

6.4.2 select from 语句

使用 select 语句时，后面只能跟常量，不能写成如图 6-35 的样式。

运行结果报错如图 6-36 所示。

```
select field;
```

图 6-35 select 语句后面只能跟常量

	#	Time	Action	Message
⊗	10	09:46:05	select field	Error Code: 1054. Unknown column 'field' in 'field list'

图 6-36 报错信息

由报错信息可知，当语句后面跟的不是常量时，MySQL 认为是表的字段名。但 select 语句没有指定表名，所以报错。

可以使用 select from 语句，在 from 后面指定表名。这样就可以在 select 后面跟 from 后面的表的列名，如图 6-37 所示。

运行结果是用户表 user 中的电子邮件列 email 的数据，如图 6-38 所示。

微课 6-6
查询数据之 select_from 语句

```
select email
from user;
```

图 6-37 select from 语句

email
111111@qq.com
1111@qq.com
11212121@qq.com
114324341@qq.com
1143243423@qq.com
1143243434@qq.com
11432434@qq.com
114424434@qq.com
121212112@qq.com
1212121@qq.com

图 6-38 select from 语句的结果集

```
select username, email
from user;
```

图 6-39 查询所有用户的用户名和 email

使用 select from 命令，查询所有用户的用户名和 email，如图 6-39 所示。

查询结果如图 6-40 所示。

select from 语句也可以使用 as 为 select 指定的字段名定义别名，如图 6-41 所示。

username	email
lisi	678910@qq.com
佳佳abcd	123@qq.com
yangyang	11432434@qq.com
helloword	111111@qq.com
hello1111	11212121@qq.com
lisi123	1212121@qq.com
jeeeeeee	121212112@qq.com
呱唧呱唧123	23224@qq.com
liuran	1451484445@qq.com
lingzhi	lingzhijob@163.com
duxuqing	1623981765@qq.com

图 6-40 查询所有用户的用户名和 email 结果

```
select username as 用户名,
       email 电子邮箱
from user;
```

图 6-41 使用 as 起别名

运行结果如图 6-42 所示。

由图 6-42 可见，列名 username 被改成了用户名，列名 email 被改成了电子邮箱。

使用 select from 语句查询时，还可以使用通配符 *，通配符 * 代表 from 指定的表中的所有字段，如图 6-43 所示。

用户名	电子邮箱
lisi	678910@qq.com
佳佳abcd	123@qq.com
yangyang	11432434@qq.com
helloword	111111@qq.com
hello1111	11212121@qq.com
lisi123	1212121@qq.com
jeeeeeee	121212112@qq.com
呱唧呱唧123	23224@qq.com
liuran	1451484445@qq.com
lingzhi	lingzhijob@163.com

图 6-42 使用 as 起别名的结果集

```
select *
from user;
```

图 6-43 通配符 *

运行结果如图 6-44 所示。

id	username	password	phone	email	created	updated
14	lisi	e10adc3949ba59abbe56e057f...	12344444444	678910@qq.com	2015-06-19 10:02:11	2015-06-19 10:02:11
15	佳佳abcd	e10adc3949ba59abbe56e057f...	13934141234	123@qq.com	2017-01-17 02:58:50	2017-01-17 02:58:50
16	yangyang	e10adc3949ba59abbe56e057f...	13324235423	11432434@qq.com	2017-01-17 04:23:39	2017-01-17 04:23:39
22	helloword	e10adc3949ba59abbe56e057f...	12121212121	111111@qq.com	2017-01-17 05:23:27	2017-01-17 05:23:27
23	hello1111	e10adc3949ba59abbe56e057f...	12122121111	11212121@qq.com	2017-01-17 05:28:12	2017-01-17 05:28:12
24	lisi123	e10adc3949ba59abbe56e057f...	12312123	1212121@qq.com	2017-01-17 05:37:20	2017-01-17 05:37:20
25	jeeeeeee	e10adc3949ba59abbe56e057f...	11111111222	121212112@qq.com	2017-01-17 06:35:07	2017-01-17 06:35:07
26	呱唧呱唧123	3442e79501850ee11e8fac13df...	18500000011	23224@qq.com	2017-01-18 03:17:20	2017-01-18 03:17:20
27	liuran	0cce6722be48044cc3dac6196...	13718082364	1451484445@qq.com	2017-01-18 03:25:01	2017-01-18 03:25:01
28	lingzhi	e10adc3949ba59abbe56e057f...	18610090988	lingzhijob@163.com	2017-01-18 05:44:40	2017-01-18 05:44:40

图 6-44 使用通配符 * 的结果集

由图 6-44 可见，用户表 user 的所有字段的数据都被显示出来了。

6.4.3 limit 子句

limit 子句的作用是限定 select 生成的结果集的显示行数，其使用方法如图 6-45 所示。

微课 6-7
查询数据之 limit 子句

```
select id,title
from item
limit 5;
```

图 6-45 limit 子句

limit 子句后面的数字是 5，表示表中的前 5 条记录。所以该命令查询商品表的标题列的所有数据中的前五行数据。

首先，查看没有添加 limit 5 前的查询结果，如图 6-46 所示。

id	title
536563	联想(Lenovo)小新Air13 Pro 13.3英寸14.8mm超...
635906	联想（Lenovo）小新310经典版
635907	联想（Lenovo）小新310经典版
635908	联想（Lenovo）小新310经典版
635909	联想（Lenovo）小新310经典版
635910	联想（Lenovo）小新310经典版
635911	联想（Lenovo）小新310经典版
635912	联想（Lenovo）小新310经典版

图 6-46　没有添加 limit 5 前的查询结果

然后，查看添加 limit 5 前的查询结果，如图 6-47 所示。

id	title
536563	联想(Lenovo)小新Air13 Pro 13.3英寸14.8mm超...
635906	联想（Lenovo）小新310经典版
635907	联想（Lenovo）小新310经典版
635908	联想（Lenovo）小新310经典版
635909	联想（Lenovo）小新310经典版
NULL	NULL

图 6-47　添加 limit 5 前的查询结果

将图 6-46 和图 6-47 对比可见，添加 limit 5 后的查询结果仅显示了五行数据。

limit 子句除了可以查询前 n 行的数据外，还可以查询表中从第 m 行开始计算的 n 行数据，如要查询购物车表中从第 6 条记录开始的 5 条记录，查询前购物车表 cart_item 的数据如图 6-48 所示。

id	user_id	item_id	num	status	created	updated
33	14	10000028	1	2	2017-01-17 08:02:38	2017-01-18 01:32:32
35	14	10000030	1	2	2017-01-17 12:08:05	2017-01-18 01:32:32
36	14	10000029	1	2	2017-01-17 12:11:22	2017-01-18 01:31:19
39	14	10000031	1	2	2017-01-18 00:56:17	2017-01-18 01:31:19
42	14	10000028	1	2	2017-01-18 01:35:13	2017-01-18 03:02:57
43	14	10000043	1	2	2017-01-18 03:02:04	2017-01-18 03:02:39
44	14	10000028	1	2	2017-01-18 03:17:05	2017-01-18 03:18:11
45	26	100000422	1	2	2017-01-18 03:17:56	2017-01-18 03:22:07
46	14	10000007	71	2	2017-01-18 03:17:59	2017-01-18 03:21:51
47	26	10000044	4	1	2017-01-18 03:18:11	2017-01-18 03:22:26
48	14	10000043	1	2	2017-01-18 03:19:39	2017-01-18 03:22:27

图 6-48　购物车表 cart_item 的数据

使用如图 6-49 所示的命令，查询购物车表 cart_item 从第 6 行开始的连续 5 条数据。

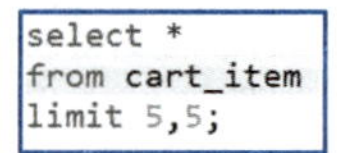

```
select *
from cart_item
limit 5,5;
```

图 6-49　查询 6 到 10 行数据

上述命令中，limit 后面的第一个数字表示从第几行开始，第二个数字表示连续查询几行。

但查询从第 6 行开始的连续 5 条数据，为什么是 limit 5,5，而不是 limit 6.5。因为在数据表中，第一条记录的内部编号为 0。所以第 6 条数据，从 0 开始计算，内部编号是 5，这样命令才是 limit 5，5。

查询结果如图 6-50 所示。

id	user_id	item_id	num	status	created	updated
43	14	10000043	1	2	2017-01-18 03:02:04	2017-01-18 03:02:39
44	14	10000028	1	2	2017-01-18 03:17:05	2017-01-18 03:18:11
45	26	100000422	1	2	2017-01-18 03:17:56	2017-01-18 03:22:07
46	14	10000007	71	2	2017-01-18 03:17:59	2017-01-18 03:21:51
47	26	10000044	4	1	2017-01-18 03:18:11	2017-01-18 03:22:26
NULL	NULL	NULL	NULL	NULL	NULL	NULL

图 6-50　查询 6 到 10 行数据结果集

对比图 6-49 和图 6-50 可见，添加 limit 5，5 子句后，只显示了第 6 条到第 10 条的 5 条记录数据。

如果需要查询任意表中的第 m 页的记录数据（假设每页显示 n 行记录数据），则由表 6-1 可见其对应关系。

表 6-1 求第 m 页记录数据的计算公式

页数	记录数据内部编号	
	起始内部编号	连续行数
1	0	n
2	n	n
3	2*n	n
⋮	⋮	⋮
m	(m – 1) * n	n

从表 6-1 可知，第 m 页的记录数据（假设每页显示 n 行记录数据）的 limit 子句命令是 limit （m – 1） * n。

查询购物车表 cart_item 第五页的记录数据（假设每页显示八行），命令如图 6-51 所示。

```
select *
from cart_item
limit 32,8;
```

图 6-51 查询第五页的记录数据

图中 limit 32，8；中的数字 32 是根据公式（m – 1）*n 计算出来的，m 为页数 5，n 为每页显示的行数 8，将数字 5 和 8 代入公式，即可得到 32。

查询结果如图 6-52 所示。

id	user_id	item_id	num	status	created	updated
70	28	10000031	3	1	2017-01-18 09:40:49	2017-01-18 09:41:35
71	14	100000422	2	2	2017-01-22 02:54:59	2017-01-22 03:20:40
72	14	10000028	1	2	2017-01-22 02:57:56	2017-01-22 03:20:07
73	14	10000044	1	2	2017-02-06 02:22:26	2017-02-20 05:59:39
74	14	10000028	2	2	2017-02-16 15:10:52	2017-02-22 13:23:19
75	38	100000021	1	2	2017-02-17 01:04:18	2017-02-17 01:04:18
76	38	100000021	1	1	2017-02-17 01:05:51	2017-02-17 01:05:51
77	14	10000029	1	2	2017-02-20 05:59:26	2017-02-22 13:23:19
NULL	NULL	NULL	NULL	NULL	NULL	NULL

图 6-52 查询结果

6.4.4 order by 子句

order by 子句的作用是将 from 子句后面指定表中的记录数据按照 order by 后面指定的列名进行排序，其使用方法如图 6-53 所示。

```
select order_id,
       user_id,
       payment
from order
order by payment;
```

图 6-53 order by 子句

微课 6-8
查询数据之
orderby 排序

图 6-53 中命令的作用是将订单表 order 中的记录数据按照实付金额列 payment 排序。排序前订单表中的记录数据如图 6-54 所示。

排序后订单表中的记录数据如图 6-55 所示。

order_id	user_id	payment
20161001490667...	14	4939
20161001490668...	14	4939
20161001490668...	14	89
20161001490669...	14	32999
20161001490670...	14	4399
20161001490670...	14	4399
20161001490671...	14	89
20161001490673...	14	89
20161001490681...	14	6439
NULL	NULL	NULL

图 6-54　排序前订单表中的记录数据

order_id	user_id	payment
20161001490668...	14	89
20161001490671...	14	89
20161001490673...	14	89
20161001490670...	14	4399
20161001490670...	14	4399
20161001490667...	14	4939
20161001490668...	14	4939
20161001490681...	14	6439
20161001490669...	14	32999
NULL	NULL	NULL

图 6-55　排序后订单表中的记录数据

由图 6-54 和图 6-55 可见，排序后实付金额列 payment 是按从小到大的顺序排序的。

如果想要将实付金额列 payment 按照从大到小的顺序排列，可以添加 desc 命令，如图 6-56 所示。

降序排序后订单表中的记录数据如图 6-57 所示。

order by 子句可以和 limit 子句合在一起使用，完成更为复杂的任务，如图 6-58 所示。

```
select order_id,
       user_id,
       payment
from order
order by payment desc;
```

图 6-56　order by desc 子句

order_id	user_id	payment
20161001490669...	14	32999
20161001490681...	14	6439
20161001490667...	14	4939
20161001490668...	14	4939
20161001490670...	14	4399
20161001490670...	14	4399
20161001490668...	14	89
20161001490671...	14	89
20161001490673...	14	89
NULL	NULL	NULL

图 6-57　降序排序后订单表中的记录数据

```
SELECT id,brand,
       model,price
FROM item
order by price
limit 5;
```

图 6-58　order by 子句和 limit 子句联合使用

图 6-58 中命令的作用是查询商品表中商品价格最便宜的前 5 个商品的品牌、型号、价格。

查询之前商品表中商品的品牌、型号、价格信息如图 6-59 所示。

使用图 6-58 所示命令查询后商品表中商品的品牌、型号、价格信息如图 6-60 所示。

id	brand	model	price
536563	联想	小新13	6688
635906	联想	310经典版	4199
635907	联想	310旗舰版	4191
635908	联想	310经典版	5592
635909	联想	310低配版	2299
635910	联想	310打折版	4
635911	联想	310学习版	1999
635912	联想	310DOTA2版	9999
635913	联想	310英雄联盟版	11111
NULL	NULL	NULL	NULL

图 6-59　查询之前商品表信息

id	brand	model	price
635910	联想	310打折版	4
635911	联想	310学习版	1999
635909	联想	310低配版	2299
635907	联想	310旗舰版	4191
635906	联想	310经典版	4199
NULL	NULL	NULL	NULL

图 6-60　查询之后商品表信息

将图 6-59 和图 6-60 所示商品价格进行对比，可见查询的是最便宜的 5 个商品的信息。

微课 6-9
查询数据之多种排序

order by 排序时，可以同时指定多个列作为排序列，如图 6-61 所示。

```
SELECT id,brand,
       model,price
FROM item
order by price,model
limit 5;
```

图 6-61　同时指定多个列作为排序列

图 6-61 所示命令的作用是查询商品表中商品价格最便宜的 5 个商品的品牌、型号、价格。如果价格列 price 相同的，则将相同的记录数据再按型号列 model 排序。

排序前，商品表 item 中商品的品牌、型号、价格信息如图 6-62 所示。

使用图 6-61 所示命令查询后商品表中商品的品牌、型号、价格信息如图 6-63 所示。

id	brand	model	price
536563	联想	小新13	6688
635906	联想	310经典版	4191
635907	联想	310旗舰版	4191
635908	联想	310经典版	5592
635909	联想	310低配版	1999
635910	联想	310打折版	4
635911	联想	310学习版	1999
635912	联想	310DOTA2版	4191
635913	联想	310英雄联盟版	11111
NULL	NULL	NULL	NULL

图 6-62 查询之前商品表信息

id	brand	model	price
635910	联想	310打折版	4
635909	联想	310低配版	1999
635911	联想	310学习版	1999
635912	联想	310DOTA2版	4191
635907	联想	310旗舰版	4191
NULL	NULL	NULL	NULL

图 6-63 查询之后商品表信息

将图 6-62 与图 6-63 所示商品价格进行对比，可见查询的是最便宜的 5 个商品的信息。商品价格相同时，型号列 model 的记录数据是按汉语拼音的顺序排列，而英文字母排在汉字的前面。

在 order by 子句后面的多个排序列，可以一个是升序，另一个是降序，如图 6-64 所示。

图 6-64 所示命令的作用是查询商品表中商品价格最贵的 5 个商品的品牌、型号、价格。如果价格列 price 相同的，则将相同的记录数据再按型号列 model 的升序排序，运行结果如图 6-65 所示。

将图 6-62 与图 6-65 所示商品价格进行对比，可见查询的是最贵的 5 个商品的信息。……的记录数据是按汉语拼音的升序排序，而英文字母排在汉……

id	brand	model	price
…13	联想	310英雄联盟版	11111
…63	联想	小新13	6688
…08	联想	310经典版	5592
…12	联想	310DOTA2版	4191
…07	联想	310旗舰版	4191
NULL	NULL	NULL	NULL

图 6-65 order by 多个列同时排序结果

……定表中的记录数据按照 where 后面指定的条件……。

```
…d,brand,
…odel,price
…m
…rice<50;
```

……where 子句

……item 中价格小于 50 的所有商品的品牌、型号、……商品信息如图 6-67 所示。

图 6-66 所示查询命令执行之后，生成的结果集中商品信息如图 6-68 所示。

id	brand	model	price
10000000	广博	牛皮纸记事本	23
10000004	得力	计算器	58
10000005	施耐德	圆珠笔	29
10000006	三木	票据网格拉链袋	28
10000007	戴尔	燃 7000经典版	32999
10000013	齐心	A5优品商务笔记本	41
10000020	联想	IdeaPad310低配版	5119
10000043	乐尚	书包 bag	89
10000044	乐尚	书包 bag	89
100000021	广博	皮面日程本	22
NULL	NULL	NULL	NULL

图 6-67　查询之前商品表中的商品信息

id	brand	model	price
10000000	广博	牛皮纸记事本	23
10000005	施耐德	圆珠笔	29
10000006	三木	票据网格拉链袋	28
10000013	齐心	A5优品商务笔记本	41
100000021	广博	皮面日程本	22
NULL	NULL	NULL	NULL

图 6-68　查询之后商品表中的商品信息

将图 6-67 和图 6-68 所示商品价格对比之后可以看到，where 子句将大于 50 的商品信息过滤掉了。

where 子句后面可以是任意关系运算符或逻辑与算符，查询命令如图 6-69 所示。

图 6-69 中命令的作用是将订单表中实付金额列 payment 的记录数据在 1000 到 10000 之间的所有订单用户编号、实付金额显示出来。此查询命令执行之前，订单表中的数据信息如图 6-70 所示。

```
SELECT order_id,user_id,payment
FROM order
where payment between 1000 and 10000;
```

图 6-69　where 子句

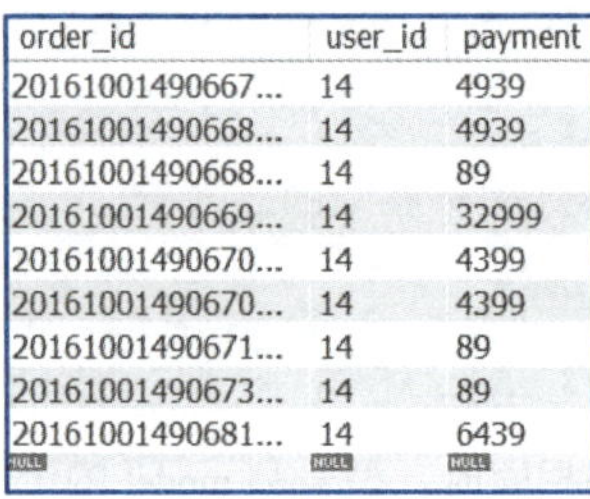

order_id	user_id	payment
20161001490667...	14	4939
20161001490668...	14	4939
20161001490668...	14	89
20161001490669...	14	32999
20161001490670...	14	4399
20161001490670...	14	4399
20161001490671...	14	89
20161001490673...	14	89
20161001490681...	14	6439
NULL	NULL	NULL

图 6-70　查询命令执行之前订单表中的数据信息

图 6-69 所示查询命令执行之后，生成的结果集中记录数据如图 6-71 所示。

将图 6-70 和图 6-71 所示实付金额进行对比，可见查询命令执行之后，结果集中只剩下实付金额列 payment 记录数据在 1000 到 10000 之间的记录数据。

微课 6-10
查询数据之条件查询

当用 where 子句筛选指定列中记录数据为空的记录时，不能使用逻辑运算符等（=），而应使用 is null 或 is not null，如图 6-72 所示。

order_id	user_id	payment
20161001490667...	14	4939
20161001490668...	14	4939
20161001490670...	14	4399
20161001490670...	14	4399
20161001490681...	14	6439
NULL	NULL	NULL

图 6-71　查询命令执行之后结果集中的数据信息

```
SELECT id,brand,
       model,price
FROM item
where brand is not null;
```

图 6-72　用 where 子句筛选记录数据不为空的记录

图 6-72 中查询命令的作用是显示商品表 item 中所有品牌列 brand 不为空的商品信息。此查询命令执行之前，商品表中的商品的品牌、型号、价格信息如图 6-73 所示。

图 6-72 所示查询命令执行之后，商品表中的商品的品牌、型号、价格信息如图 6-74 所示。

id	brand	model	price
10000000	广博	牛皮纸记事本	23
10000002		皮面日程本	46
10000004	得力	计算器	58
10000005	施耐德	圆珠笔	29
10000006	三木	票据网格拉链袋	28
10000007	戴尔	燃 7000经典版	32999
10000013	齐心	A5优品商务笔记本	41
10000014		XPS13-9360	4600
10000020	联想	IdeaPad310低配版	5119
10000021	联想	IdeaPad310低配版	5129
NULL	NULL	NULL	NULL

图 6-73 查询命令执行之前商品信息

id	brand	model	price
10000000	广博	牛皮纸记事本	23
10000004	得力	计算器	58
10000005	施耐德	圆珠笔	29
10000006	三木	票据网格拉链袋	28
10000007	戴尔	燃 7000经典版	32999
10000013	齐心	A5优品商务笔记本	41
10000020	联想	IdeaPad310低配版	5119
10000021	联想	IdeaPad310低配版	5129
NULL	NULL	NULL	NULL

图 6-74 查询命令执行之后商品信息

将图 6-73 和图 6-74 所示商品品牌信息对比之后，可见品牌列 brand 中记录数据为空的记录被过滤掉了。

使用 where 子句，查询品牌是联想，价格大于 5000 的商品信息，查询命令如图 6-75 所示。

查询命令执行结果如图 6-76 所示。

```
SELECT id,brand,
       model,price
FROM item
where brand='联想' and
      price>5000;
```

图 6-75 where 查询命令

id	brand	model	price
10000020	联想	IdeaPad310低配版	5119
10000021	联想	IdeaPad310低配版	5129
NULL	NULL	NULL	NULL

图 6-76 查询命令执行结果

将图 6-73 与图 6-76 所示的商品品牌和价格信息对比之后，可见将商品表中，品牌是联想，价格大于 5000 的商品信息筛选了出来。

6.4.6 group by 子句

group by 子句的作用是将 from 子句后面指定表中的记录数据按照 group by 后面指定的列进行分组统计，其使用方法如图 6-77 所示。

微课 6-11
查询数据之分组查询

图 6-77 中查询命令的作用是，将商品表中所有商品按照品牌列 brand 分组，然后显示商品表中的商品品牌、该品牌的商品数量。

图 6-77 中查询命令执行之前，商品表中的记录数据如图 6-78 所示。

```
select brand,
       count(*) 商品数量
from item
group by brand;
```

图 6-77 group by 子句

id	brand	model	price
10000000	广博	牛皮纸记事本	23
10000001	广博	牛皮纸记事本	23
10000004	得力	计算器	58
10000005	施耐德	圆珠笔	29
10000006	三木	票据网格拉链袋	28
10000007	戴尔	燃 7000经典版	32999
10000013	齐心	A5优品商务笔记本	41
10000014	戴尔	XPS13-9360	4600
10000020	联想	IdeaPad310低配版	5119
10000021	联想	IdeaPad310低配版	5129
NULL	NULL	NULL	NULL

图 6-78 查询命令执行之前商品表中的记录数据

图 6-77 所示的查询命令执行之后，结果集中的记录数据如图 6-79 所示。

将图 6-78 与图 6-79 所示商品品牌对比之后，可见已经将图 6-78 中所示的商品按品牌列 brand 分成 7 组，并且统计出了每种商品的数量。

group by 子句的后面可以跟多个列，如图 6-80 所示。

brand	商品数量
三木	1
广博	2
得力	1
戴尔	2
施耐德	1
联想	2
齐心	1

图 6-79 查询命令执行之后结果集中的记录数据

```
select brand, cid,
       sum(num) 库存总数
from ajia_item
group by brand, cid;
```

图 6-80 group by 子句带多个列

图 6-80 中的查询命令的作用是先按品牌列 brand 分组，再将每一个 brand 组中记录数据，按照类目列 cid 分类。

查询命令执行之前，商品表中商品的品牌、类目、型号、价格信息如图 6-81 所示。

查询命令执行之后，商品表中商品的品牌、类目及库存总数统计信息如图 6-82 所示。

id	brand	cid	model	price
10000000	广博	238	牛皮纸记事本	23
10000001	广博	309	牛皮纸记事本	23
10000002	广博	238	皮面日程本	46
10000003	广博	238	记事本日记本笔记本	13
10000007	戴尔	163	燃 7000经典版	32999
10000008	戴尔	267	燃 7000经典版	4549
10000009	戴尔	267	燃 7000学习版	39929
10000010	戴尔	163	燃 7000学习版	5559
10000011	戴尔	163	燃 7000高配版	3994
10000012	戴尔	163	燃 7000高配版	6559
100000421	联想	163	ThinkPad New s1	6399
100000422	联想	218	ThinkPad New s1	4399
100000423	联想	163	ThinkPad New s1	6399
100000424	联想	218	ThinkPad New s1	4399
100000425	联想	168	ThinkPad New s1	6399
NULL	NULL	NULL	NULL	NULL

图 6-81 查询命令执行之前商品表中的商品信息

brand	cid	库存总数
广博	238	299997
广博	309	99999
戴尔	163	399996
戴尔	267	199998
联想	163	199998
联想	168	99999
联想	218	199998

图 6-82 查询命令执行之后商品表中的商品信息

将图 6-81 和图 6-82 所示的商品品牌和商品类别对比之后，可以见到是先按品牌列 brand 分组，然后再在每个组中按照类目列 cid 分组，并且统计每个小组中的库存总数。

group by 与 order by 可以配合使用，实现分组后的排序操作，如图 6-83 所示。

图 6-83 中所示命令的作用是统计商品表中各个品牌的商品数量，并且按照数量从少到多排序。

命令执行之前，商品表如图 6-84 所示。

```
select id,brand,
       count(*)
from item
group by brand
order by count(*);
```

图 6-83 group by 与 order by 配合使用

id	brand
536563	联想
635906	联想
635907	联想
679532	deli
679533	乐尚
691300	齐心
738388	联想
741524	戴尔
816448	联想
816753	戴尔
830972	广博
832739	三木
844022	施耐德
847276	得力
975641	戴尔
10000000	广博
10000004	得力
10000005	施耐德
NULL	NULL

图 6-84 命令执行之前的商品表

命令执行之后，排序的各个品牌的商品数量如图 6-85 所示。

将图 6-84 和图 6-85 所示的商品品牌和数量对比之后，可见首先将商品表按品牌列 brand 分组并统计每种商品的数量，然后按照商品数量的升序排列。

group by 还可以与 order by、limit 配合使用，实现分组后的排序，并限制显示的行数，如图 6-86 所示。

id	brand	count(*)
679532	deli	1
691300	齐心	1
832739	三木	1
679533	乐尚	1
844022	施耐德	2
830972	广博	2
847276	得力	2
741524	戴尔	3
536563	联想	5

图 6-85　group by 与 order by 配合使用的结果

```
select brand,
       max(price) as 最贵价格
from item
group by brand
order by max(price) desc
limit 6;
```

图 6-86　group by 与 order by、limit 配合使用

微课 6-12
查询数据之分组排序

命令执行之前，商品表如图 6-87 所示。

命令执行之后，排序的各个品牌的商品数量如图 6-88 所示。

id	brand	price
536563	联想	6688
635906	联想	4199
635907	联想	4191
679532	deli	19
679533	乐尚	180
691300	齐心	22
738388	联想	4199
741524	戴尔	4999
816448	联想	6888
816753	戴尔	4600
830972	广博	49
832739	三木	28
844022	施耐德	29
847276	得力	58
975641	戴尔	4299
10000000	广博	23
10000004	得力	58
10000005	施耐德	29
NULL	NULL	NULL

图 6-87　命令执行之前的商品表

brand	最贵价格
联想	6888
戴尔	4999
乐尚	180
得力	58
广博	49
施耐德	29

图 6-88　group by 与 order by、limit 配合使用结果

将图 6-87 和图 6-88 所示的商品品牌和商品价格对比之后，可见首先将商品表按品牌列 brand 分组并统计每种商品的最贵价格，然后按照商品的最贵价格降序排列，最后只显示前六行数据。

6.4.7　having 子句

having 子句的作用是对 group by 子句分组统计的结果进行筛选过滤，其使用方法如图 6-89 所示。

```
select id,brand,
       model,price,
       count(*) as 数量
from item
group by brand
having brand<>'联想'
```

图 6-89　having 子句

图 6-89 所示查询命令的作用是，首先将商品表中的数据按品牌进行分组，并对每一

类商品进行数量统计。然后，使用 having 子句筛选出品牌不是联想的所有商品品牌。

查询命令执行之前，商品表的数据如图 6-90 所示。

命令执行之后，排序除了品牌是联想的各个品牌的商品数量如图 6-91 所示。

id	brand	model	price
536563	联想	小新13	6688
635906	联想	310经典版	4199
635907	联想	310旗舰版	4191
679532	deli	25K商务记事本	19
679533	乐尚	男女商务休...	180
691300	齐心	A5优品商务...	22
738388	联想	310经典版	4199
741524	戴尔	Pro-R2505TSS	4999
816448	联想	ThinkPad Ne...	6888
816753	戴尔	XPS13-9360	4600
830972	广博	牛皮纸记事本	49
832739	三木	票据网格拉...	28
844022	施耐德	圆珠笔	29
847276	得力	计算器	58
975641	戴尔	R1605S	4299
10000000	广博	牛皮纸记事本	23
10000004	得力	计算器	58
10000005	施耐德	圆珠笔	29
NULL	NULL	NULL	NULL

图 6-90 查询命令执行之前的商品表

id	brand	model	price
679532	deli	25K商务记事本	19
832739	三木	票据网格拉...	28
679533	乐尚	男女商务休...	180
830972	广博	牛皮纸记事本	49
847276	得力	计算器	58
741524	戴尔	Pro-R2505TSS	4999
844022	施耐德	圆珠笔	29
691300	齐心	A5优品商务...	22
NULL	NULL	NULL	NULL

图 6-91 having 子句查询结果

微课 6-13
查询数据之 having 排序

having 也可以与 order by、limit 配合使用，实现分组后的排序，并限制显示的行数，如图 6-92 所示。

查询命令执行之前，商品表的数据如图 6-93 所示。

命令执行之后，排序的除了品牌是联想的各个品牌的商品最贵价格如图 6-94 所示。

```
select id,brand,
       max(price) as 最贵价格
from item
group by brand
having brand<>'联想'
order by max(price) desc
limit 6;
```

图 6-92 having 与 order by、limit 配合使用

536563	联想	6688
635906	联想	4199
635907	联想	4191
679532	deli	19
679533	乐尚	180
691300	齐心	22
738388	联想	4199
741524	戴尔	4999
816448	联想	6888
816753	戴尔	4600
830972	广博	49
832739	三木	28
844022	施耐德	29
847276	得力	58
975641	戴尔	4299
10000...	广博	23
10000...	得力	58
10000...	施耐德	29
NULL	NULL	NULL

图 6-93 查询命令执行之前的商品表

id	brand	最贵价格
741524	戴尔	4999
679533	乐尚	180
847276	得力	58
830972	广博	49
844022	施耐德	29
832739	三木	28

图 6-94 查询命令执行之后的结果集

将图 6-93 和图 6-94 所示的商品品牌和最贵价格对比之后，可见，首先将商品表按品牌列 brand 分组并统计每种商品的最贵价格，但筛除品牌是联想的商品数据，然后按照商品的最贵价格降序排列，最后只显示前六行数据。

6.4.8 查询语句通用语法及子句顺序

查询语句的各子句间，存在着顺序关系，如果顺序不对，MySQL 将会报错。子句顺序

如图 6-95 所示。

```
SELECT      列名，[列名，列名，...]，
FROM        表名
WHERE       行级过滤
GOURP BY    分组说明
HAVING      组级过滤
ORDER BY    排序标准
LIMIT       限定的行数 ；
```

图 6-95 查询语句子句顺序

6.5 模糊查询

模糊查询是指在查询的过程中，查询条件是部分条件，如要查询商品表中卖点列 sell_point 中含有“爆款”字样的所有商品。卖点列中的数据可能有许多文字，如“今日爆款”等，但只要有“爆款”字样就将商品显示出来。

微课 6-14 查询数据之通配符

6.5.1 “%”通配符

“%”通配符的作用是替代任意多个任意字符，使用方法如图 6-96 所示。

```
select id, brand,
        title
from item
where title
like '%记事本%'
```

图 6-96 “%”通配符

图 6-96 所示查询命令的作用是查询商品表中标题列 title 里含有“记事本”字样的所有商品。% 表示任意多个任意字符，“% 记事本 %”相当于“……记事本……”。

查询命令执行之前，商品表中的数据如图 6-97 所示。

id	brand	title
536563	联想	联想(Lenovo)小新Air13 Pro 13.3英寸14.8mm超轻薄笔记本电脑
635906	联想	联想（Lenovo）小新310经典版
635907	联想	联想（Lenovo）小新310经典版
679532	deli	得力（deli）22215 皮面本PU材质25K商务记事本可插笔 斜绑带笔记本
679533	乐尚	法国LEXON乐上15英寸双肩电脑包男女商务休闲旅行书包LNE6025G06T
691300	齐心	齐心（COMIX）C5902 A5优品商务笔记本子记事本日记本122张
738388	联想	联想（Lenovo）小新310经典版
741524	戴尔	戴尔(DELL)魔方15MF Pro-R2505TSS灵越
816448	联想	联想ThinkPad New S2（20GUA005CD）
816753	戴尔	戴尔(DELL)XPS13-9360-R1609 13.3
830972	广博	广博(GuangBo)10本装40张A5牛皮纸记事本子日记本办公软抄本GBR0731
832739	三木	三木(SUNWOOD) C4523 票据网格拉链袋/文件袋 12个装 颜色随机
844022	施...	施耐德（Schneider） K15 经典款圆珠笔 (5支混色装)
847276	得力	得力（deli）1548A商务办公桌面计算器 太阳能双电源
975641	戴尔	DELL燃7000 R1605S
10000000	广博	广博(GuangBo)10本装40张A5牛皮纸记事本子日记本办公软抄本GBR0731
10000004	得力	得力（deli）1548A商务办公桌面计算器 太阳能双电源
10000005	施...	施耐德（Schneider） K15 经典款圆珠笔 (5支混色装)
NULL	NULL	NULL

图 6-97 查询命令执行之前的商品表

查询之后，查询出的商品结果集如图 6-98 所示。

将图 6-97 和图 6-98 所示的标题列对比之后，可见商品表中标题列 title 中含有“记事本”字样的所有商品均被筛选出来，如图 6-98 所示。

id	brand	title
679532	deli	得力（deli）22215 皮面本PU材质25K商务记事本可插笔 斜绑带笔记本
691300	齐心	齐心（COMIX）C5902 A5优品商务笔记本子记事本日记本122张
830972	广博	广博(GuangBo)10本装40张A5牛皮纸记事本子日记本办公软抄本GBR0731
10000000	广博	广博(GuangBo)10本装40张A5牛皮纸记事本子日记本办公软抄本GBR0731
NULL	NULL	NULL

图 6-98 查询命令执行之后的结果集

6.5.2 "_"通配符

"_"通配符的作用与"%"通配符不同，仅替代一个任意字符，使用方法如图6-99所示。

图 6-99 中查询命令的作用是查询商品表中品牌列 brand 数据为 "X 力" 的所有商品。"_" 表示一个任意字符。

查询命令执行之前，商品表中的数据如图 6-100 所示。

查询之后，查询出的商品结果集如图 6-101 所示。

```
select id, brand
from item
where brand
like '_力';
```

图 6-99 "_" 通配符

id	brand
536563	联想
635906	联想
635907	联想
679532	deli
679533	乐尚
691300	齐心
738388	联想
741524	戴尔
816448	联想
816753	戴尔
830972	广博
832739	三木
844022	施耐德
847276	得力
975641	戴尔
10000000	广博
10000004	得力
10000005	施耐德
NULL	NULL

图 6-100 查询命令执行之前的商品表

id	brand
847276	得力
10000004	得力
NULL	NULL

图 6-101 查询命令执行之后的结果集

将图 6-100 和图 6-101 所示的标题列对比之后，可见商品表中品牌列 brand 中 "X 力" 的商品被筛选出来了。

6.6 联接查询

联接查询是指在使用 select 查询命令查询表中数据时，可以将两张或两张以上的表链接成一张表进行查询。联接查询在 MySQL 中起着非常重要的作用。

6.6.1 什么是关系表

微课 6-15
查询数据之联接查询概念

关系表是指通过表中的外键，将其他表联系起来的表。这种表在关系型数据库中得到了广泛的应用。

例如：在设计关系型数据库时，有时需要将一张表拆分成若干张表，以减少数据库的冗余，表 6-2 所示为一个小卖部的销售记录表。

表 6-2 销售记录表

客户名	购买的商品名称	购买的商品数量
张三	电脑	1
李四	钢笔	1
王五	田格本	5
张三	矿泉水	2
王五	电脑	3
赵六	田格本	10
李四	电脑	1

对于这张表，存在以下问题：

1）重复的现象，如张三、李四、王五各出现了2次，电脑出现了3次，田格本出现了2次。

2）只有购买了商品的客户才能在表上出现，同样只有客户购买了的商品才能在表中出现。所以，不能管理未购买商品的客户，也不能管理库存的商品。

对于一个小卖部，做简单的管理还可以。但如果是一个大型超市使用这种方法，显然是不行的。那么如何既能管理未购买商品的客户，也能管理库存的商品呢，需要将表 6-2 拆成三张表。

第一张表是客户表，将表 6-2 中的客户独立出来，如表 6-3 所示。

微课 6-16
查询数据之表的拆分（一）

表 6-3 客 户 表

客户编号	客户名
1	张三
2	李四
3	王五
4	赵六

这样，如果新来了一个客户，即使没购买商品，也可以被添加到客户表中。同时，如果客户的信息增加了，如电话号码，只需要在表中添加一列即可。

第二张表是商品表，将表 6-2 中购买的商品名称独立出来，如表 6-4 所示。

表 6-4 商 品 表

商品编号	商品名称	库存数量
1	电脑	100
2	钢笔	10
3	田格本	2000
4	矿泉水	200

独立出来之后，如果新进货了一种商品，虽然还没有被销售，也可以被添加到商品表

中。和客户表一样，当需要添加商品的其他信息时，只需要添加相应的列即可。

微课 6-17
查询数据之表的拆分（二）

第三张表是原来的销售表，但此时，将使用客户编号和商品编号替代了客户名和购买的商品名称，如表 6-5 所示。

表 6-5 销 售 表

客户编号	购买的商品编号	购买的商品数量
1	1	1
2	2	1
3	3	5
1	4	2
3	1	3
4	4	10
2	1	1

这样，由 5.2.2 介绍的约束概念可知，客户编号需要定义成一个外键，主表是客户表。同理，购买的商品编号也需要定义成一个外键，主表是商品表。

销售表实际上是一个客户表和商品表的联系表。它使客户表和商品表具有了关系，所以销售表是一个关系表。

微课 6-18
查询数据之多表联查

6.6.2 为什么要使用联接

由于关系表在关系型数据库设计时被大量的使用。这样就带来了一个问题，那就是在使用 select 查询语句查询时，from 子句后面只能跟一张表。如何做到多张表的联查，就需要使用到联接。

联接是将在关系型数据库设计时，拆分出来的多张表再重新合并成一张表。

联接分为多表联查、内联接、左外联接、右外联接几种。下面逐一做介绍。

6.6.3 多表联查

多表联查实际上就是在 from 子句的后面同时跟两个或两个以上的表名，以实现同时查询多张表，如图 6-102 所示。

```
select title,c.num,
       c.created
from cart_item c,
     item i
where c.user_id = 14
and c.item_id=i.id;
```

图 6-102 多表联查

图 6-102 所示的查询命令的作用是查询 14 号用户购物车中的商品名称和数量。需要查询的是商品名称和数量，但条件是购物车中 14 号用户的商品名称和数量。所以需要同时查询两张表，第一张表是购物车表 cart_item，第二张表是商品表。购物车表中 14 号用户的商品只有商品编号和购买数量，需要根据此商品编号再到商品表中查询出商品名称。

其中 where 后面的条件中 c.user_id=14 限定了购物车表 cart_item 中的 14 号用户。条件 c.item_id=i.id 限定了商品表 item 中的商品必须是 14 号用户购买的商品。

查询命令执行之前，购物车表 cart_item 的数据如图 6-103 所示。

查询命令执行之前，商品表 item 的数据如图 6-104 所示。

id	user_id	item_id	nur
33	14	10000028	1
45	26	100000422	1
50	14	10000028	1
51	27	10000002	1
56	28	10000029	1
58	29	10000028	1
64	33	10000009	1
71	14	100000422	2
73	14	10000044	1
74	14	10000028	2
75	38	100000021	1
80	14	10000028	1
82	56	10000037	1
83	57	10000029	1

图 6-103 查询命令执行之前的购物车表

id	brand	title
536563	联想	联想(Lenovo)小新Air13 Pro 13....
858025	三星	三星 I8552 白色 联通3G手机 ...
875722	诺基亚	诺基亚(NOKIA) 1050 (RM-908)...
917770	华为	华为 P6-C00 电信3G手机（粉...
968188	索尼	索尼(SONY) Xperia Z1 (L39h) ...
1018006	TCL	TCL (i110) 暗夜黑 移动联通2G...
1023438	苹果	苹果(Apple) iPhone 5s (A1518)...
1028750	飞利浦	飞利浦 (W9588) 尊爵黑 联通3G...
1058157	三星	三星 Galaxy Note 3 (N9008V) 3...
10000002	广博	广博(GuangBo)皮面日程本子 计...
10000009	戴尔	戴尔Dell 燃700金色
10000028	联想	联想（Lenovo）小新310低配版
10000029	联想	联想（Lenovo）小新310低配版
10000037	联想	联想(Lenovo)小新Air13 Pro 13....
10000044	乐尚	乐尚书包 电脑包 bag粉色
100000021	广博	广博(GuangBo)皮面日程本子 计...
100000422	联想	联想ThinkPad New S2（01CD...

图 6-104 查询命令执行之前的商品表

查询命令执行之后，生成的结果集如图 6-105 所示。

将图 6-103、图 6-104 和图 6-105 对比可见，查询命令执行之后结果集中的数据是购物车表 cart_item 中的 14 号用户购买的 6 件商品的商品标题 title 和购买数量。

from 子句后面还可以跟多张表，如图 6-106 所示。

title	num	created
联想（Lenovo）小新310低配版	1	2017-01-17 08:02:38
联想（Lenovo）小新310低配版	1	2017-01-18 03:25:16
联想ThinkPad New S2（01CD...	2	2017-01-22 02:54:59
乐尚书包 电脑包 bag粉色	1	2017-02-06 02:22:26
联想（Lenovo）小新310低配版	2	2017-02-16 15:10:52
联想（Lenovo）小新310低配版	1	2017-02-28 18:07:13

图 6-105 查询命令执行的结果集

```
select i.id,i.brand,i.title
from user u,
     cart_item c,
     item i
where u.username = 'lisi' and
      u.id = c.user_id and
      c.item_id = i.id;
```

图 6-106 三张表联查

图 6-106 的查询命令的作用是查询 lisi 用户的购物车商品信息。

首先，在条件 u.username='lisi' 中 lisi 是用户名，限定用户表 user 中的数据是 'lisi' 的数据。

然后，条件 u.id=c.user_id 使用从用户表 user 中限定的用户编号 u.id，再次限定购物车表 cart_item 中的用户编号列 c.user_id 是 'lisi' 用户。

最后，条件使用 c.item_id=i.id 使用从购物车表 cart_item 中限定的 'lisi' 用户的商品编号列 c.item_id，再次限定商品表 item 中的商品编号列 i.id 是 'lisi' 用户的购物车商品信息。

查询命令执行之前，购物车表 cart_item 的数据如图 6-107 所示。

查询命令执行之前，商品表 item 的数据如图 6-108 所示。

id	user_id	item_id	num	status
33	14	10000028	1	2
45	26	100000422	1	2
50	14	10000028	1	2
51	27	10000002	1	2
56	28	10000029	1	1
58	29	10000028	1	2
64	33	10000009	1	2
71	14	100000422	2	2
73	14	10000044	1	2
74	14	10000028	2	2
75	38	100000021	1	2
80	14	10000028	1	2
82	56	10000037	1	1
83	57	10000029	1	2

图 6-107 查询命令执行之前的购物车表

id	brand	title
536563	联想	联想(Lenovo)小新Air13 Pro 13....
858025	三星	三星 I8552 白色 联通3G手机 ...
875722	诺基亚	诺基亚(NOKIA) 1050 (RM-908)...
917770	华为	华为 P6-C00 电信3G手机（粉...
968188	索尼	索尼(SONY) Xperia Z1 (L39h) ...
1018006	TCL	TCL (i110) 暗夜黑 移动联通2G...
1023438	苹果	苹果(Apple) iPhone 5s (A1518)...
1028750	飞利浦	飞利浦 (W9588) 尊爵黑 联通3G...
1058157	三星	三星 Galaxy Note 3 (N9008V) 3...
10000002	广博	广博(GuangBo)皮面日程本子 计...
10000009	戴尔	戴尔Dell 燃700金色
10000028	联想	联想（Lenovo）小新310低配版
10000029	联想	联想（Lenovo）小新310低配版
10000037	联想	联想(Lenovo)小新Air13 Pro 13....
10000044	乐尚	乐尚书包 电脑包 bag粉色
100000021	广博	广博(GuangBo)皮面日程本子 计...
100000422	联想	联想ThinkPad New S2（01CD...

图 6-108 查询命令执行之前的商品表

查询命令执行之前，用户表 user 的数据如图 6-109 所示。

查询命令执行之后，生成的结果集如图 6-110 所示。

id	username	phone
14	lisi	12344444444
15	佳佳abcd	13934141234
16	yangyang	13324235423
22	helloword	12121212121
23	hello1111	12122121111
24	lisi123	12312123
25	jeeeeeee	11111111222
26	呱唧呱唧123	18500000011
27	liuran	13718082364
28	lingzhi	18610990988
29	duxuqing	15383595515
32	yyyyyy	18435110514
33	liulidong	13720088328
NULL	NULL	NULL

图 6-109　查询命令执行之前的用户表

id	brand	title
10000028	联想	联想（Lenovo）小新310低配版
10000028	联想	联想（Lenovo）小新310低配版
100000422	联想	联想ThinkPad New S2（01CD...
10000044	乐尚	乐尚书包 电脑包 bag粉色
10000028	联想	联想（Lenovo）小新310低配版
10000028	联想	联想（Lenovo）小新310低配版

图 6-110　查询命令执行之后的结果集

将图 6-107、图 6-108、图 6-109 和图 6-110 对比可见，结果集中的数据是 lisi 用户购物车中的商品信息。

多表联查时，两张表合并成一张表，首先将第一张表的所有 m 条记录与第二张表的第一条记录逐一配对，形成 m 条记录，如图 6-111 所示。

微课 6-19
查询数据之左外联接

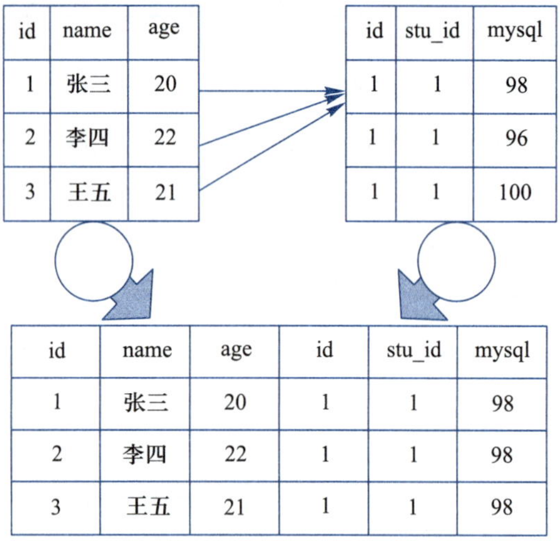

id	name	age
1	张三	20
2	李四	22
3	王五	21

id	stu_id	mysql
1	1	98
1	1	96
1	1	100

id	name	age	id	stu_id	mysql
1	张三	20	1	1	98
2	李四	22	1	1	98
3	王五	21	1	1	98

图 6-111　表 1 的 m 条记录与表 2 的第一条记录逐一配对

然后将第一张表的所有 m 条记录与第二张表的第二条记录逐一配对，形成 m 条记录，这样合并后有 2×m 条记录，如图 6-112 所示。

接着将第一张表的所有 m 条记录与第二张表的第三条记录逐一配对，形成 m 条记录，这样合并后有 3×m 条记录，如图 6-113 所示。

以此类推，共有 m×n 条记录。这种方法被称为“笛卡儿积”。

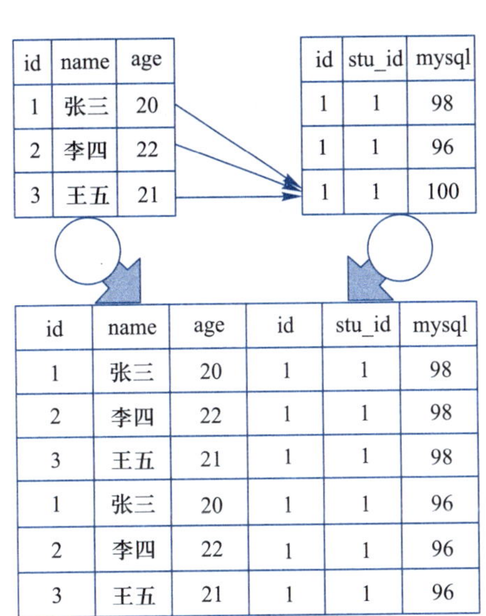

id	name	age
1	张三	20
2	李四	22
3	王五	21

id	stu_id	mysql
1	1	98
1	1	96
1	1	100

id	name	age	id	stu_id	mysql
1	张三	20	1	1	98
2	李四	22	1	1	98
3	王五	21	1	1	98
1	张三	20	1	1	96
2	李四	22	1	1	96
3	王五	21	1	1	96

图 6-112　表 1 的 m 条记录与表 2 的第二条记录逐一配对

id	name	age
1	张三	20
2	李四	22
3	王五	21

id	stu_id	mysql
1	1	98
2	2	96
3	3	100

id	name	age	id	stu_id	mysql
1	张三	20	1	1	98
2	李四	22	1	1	98
3	王五	21	1	1	98
1	张三	20	2	2	96
2	李四	22	2	2	96
3	王五	21	2	2	96
1	张三	20	3	3	100
2	李四	22	3	3	100
3	王五	21	3	3	100

图 6-113　表 1 的 m 条记录与表 2 的第三条记录逐一配对

微课 6-20
查询数据之右外联接

6.6.4　内联接

内联接也是同时查询多张表，其原理与多表联查完全相同，也是采用笛卡儿积。内连接命令如图 6-114 所示。

```
select u.id,u.username,
       c.item_id,c.title,
       c.price
from user u
inner join collect_item c
on c.user_id = u.id
where u.username = 'lisi';
```

图 6-114　内联接

图 6-114 所示的查询命令的作用是查询 lisi 用户收藏夹中的商品名称和价格。需要查询的是用户名、商品名称和价格，但条件是收藏夹中 lisi 用户的用户名、商品名称和价格。所以需要同时查询两张表，第一张表是用户表 user，第二张表是收藏夹表 collect_item。收藏夹表 lisi 用户只有用户编号，没有用户名，所以需要根据 lisi 用户名到用户表中查询出用户编号，再在收藏夹表查询商品信息。

inner join 的作用是将两张表实现内联接。on 的作用是设置内联接后只保留收藏夹表中用户编号与用户表中用户编号相同的记录。

where 后面的条件中 u.username=‘lisi’限定了用户表 user 中的李四用户。

查询命令执行之前，收藏夹表 cart_item 的数据如图 6-115 所示。

查询命令执行之前，用户表 user 中的数据如图 6-116 所示。

id	user_id	item_id	title	price
16	14	10000028	联想（Lenovo）小新310低配版	4939
17	14	10000028	联想（Lenovo）小新310低配版	4939
18	26	100000422	联想ThinkPad New S2（01C...	4399
19	26	10000044	乐尚书包 电脑包 bag粉色	89
20	14	10000043	乐尚书包 电脑包 bag黑色	89
21	27	10000002	广博(GuangBo)皮面日程本子...	46
22	27	10000028	联想（Lenovo）小新310低配版	4939
23	27	10000029	联想（Lenovo）小新310低配版	4839
24	33	10000030	联想（Lenovo）小新310经典版	4739
25	14	10000029	联想（Lenovo）小新310低配版	4839
26	14	100000422	联想ThinkPad New S2（01C...	4399
27	14	10000028	联想（Lenovo）小新310低配版	4939
28	38	100000021	广博(GuangBo)皮面日程本子...	22
29	14	10000028	联想（Lenovo）小新310低配版	4939
30	56	10000037	联想(Lenovo)小新Air13 Pro ...	6439
31	57	100000021	广博(GuangBo)皮面日程本子...	22
32	14	10000002	广博(GuangBo)皮面日程本子...	46
33	65	10000031	联想（Lenovo）小新310经典版	4639
NULL	NULL	NULL	NULL	NULL

图 6-115 查询命令执行之前的收藏夹表

id	username
14	lisi
15	佳佳abcd
16	yangyang
22	helloword
26	呱唧呱唧123
27	liuran
28	lingzhi
29	duxuqing
32	yyyyyy
33	liulidong
45	hello123
46	jiangzinu
48	hello1212
49	lisi111
57	babybaby*
65	jiangzj
66	lisi11111
68	123456
NULL	NULL

图 6-116 查询命令执行之前的用户表

查询命令执行之后，生成的结果集如图 6-117 所示。

id	username	item_id	title	price
14	lisi	10000028	联想（Lenovo）小新310低配版	4939
14	lisi	10000028	联想（Lenovo）小新310低配版	4939
14	lisi	10000043	乐尚书包 电脑包 bag黑色	89
14	lisi	10000029	联想（Lenovo）小新310低配版	4839
14	lisi	100000422	联想ThinkPad New S2（01CD...	4399
14	lisi	10000028	联想（Lenovo）小新310低配版	4939
14	lisi	10000028	联想（Lenovo）小新310低配版	4939
14	lisi	10000002	广博(GuangBo)皮面日程本子 计...	46

图 6-117 查询命令执行的结果集

将图 6-115、6-116 和图 6-117 对比可见，查询命令执行之后结果集中的数据是收藏夹表 collection_item 中的 lisi 用户购买的 8 件商品的商品标题 title 和价格。

内联接时的两张表依然是按照笛卡尔积的方式合并。如图 6-118 所示为内联接的第一张表。

如图 6-119 所示为内连接的第二张表。

如图 6-120 所示为内联接后的笛卡儿积。

id	name
1	张三
2	李四

图 6-118 内联接的第一张表

id	mysql
1	98
2	100
3	95

图 6-119 内联接的第二张表

id	name	id	mysql
1	张三	1	98
2	李四	1	98
1	张三	2	100
2	李四	2	100
1	张三	3	95
2	李四	3	95

图 6-120 内联接后的笛卡儿积

微课 6-21
查询数据之内联接

6.6.5 外联接

外联接分为左外联接和右外联接两种。

外联接同样也是同时查询多张表，其原理与内联接完全相同，也是采用笛卡儿积，如图 6-121 所示。

图 6–121 所示代码中 left join 的作用是将学生表 student 与成绩表 score 进行左外联接。其中 on 的作用是指定联接条件，1 表示无条件联接。

外联接前的学生表如图 6–122 所示。

外联接前的成绩表如图 6–123 所示。

```
select *
from student
left join score on 1;
```

图 6–121 外联接

id	name
1	张三
2	李四
3	王五
4	赵六
NULL	NULL

图 6–122 查询命令执行之前的学生表

id	mysql
1	98
2	100
3	95

图 6–123 查询命令执行之前的成绩表

外联接后的结果集如图 6–124 所示。

由图 6–122、图 6–123、图 6–124 可见，图 6–121 所示的外联接命令执行后的结果集是按笛卡儿积计算的。

图 6–121 所示程序中，on 后面可以指定联接时 left join 后面的成绩表的筛选条件，如图 6–125 所示。

图 6–125 中 on 后面的条件 s.id=c.id 的作用是将联接后的结果集中，只保留学生表中编号 id 与成绩表中编号 id 相同的记录。但与内联接不同的是，还会保留 left join 左边的学生表 student 中的（成绩表 score 中没有与之对应的）记录。运行结果如图 6–126 所示。

id	name	id	mysql
1	张三	1	98
1	张三	2	100
1	张三	3	95
2	李四	1	98
2	李四	2	100
2	李四	3	95
3	王五	1	98
3	王五	2	100
3	王五	3	95
4	赵六	1	98
4	赵六	2	100
4	赵六	3	95

图 6–124 外联接后的结果集

```
select *
from student s
left join score c
on s.id=c.id;
```

图 6–125 带条件的外联接

id	name	id	mysql
1	张三	1	98
2	李四	2	100
3	王五	3	95
4	赵六	NULL	NULL

图 6–126 带条件的外联接结果集右

左外联接与右外联接的区别是，左外联接时，保留 left join 左边表中的所有记录，右边表中只保留符合 on 后面筛选条件的记录。右外联接时，保留 right join 右边表中的所有记录，左边表中只保留符合 on 后面筛选条件的记录。

左外联接的例子如图 6–127 所示。

```
select u.id,u.username,
       o.order_id,
       count(o.order_id)
       as 订单数量
from user u
left join order o
on u.id = o.user_id
group by u.id;
```

图 6–127 左外联接

图 6-127 中查询命令的作用是查看所有用户的下订单的数量。因为所有用户的用户名保存在用户表 user 中，用户下订单的数量需要到订单表 order 中查询，所以需要同时查询两张表。使用左外联接 left join 子句将用户表 user 和订单表 order 联查。由于是左外联接，所以 left join 左边的用户表 user 中的所有记录都将会被保留，left join 右边的订单表 order 中的记录将只会保留 on 后面的条件 u.id=o.user_id 指定的记录保存下来。on 后面的条件 u.id=o.user_id 的作用是用户表 user 中的编号 id 与订单表 order 中的用户编号 user_id 相同。最后，分组 group by 子句的作用按照用户表 user 中的 id 分组，统计出每个用户下订单的数量。

查询命令执行之前，用户表 user 中的数据如图 6-128 所示。

查询命令执行之前，订单表 order 中的数据如图 6-129 所示。

id	username	email
14	lisi	678910@qq.com
15	佳佳abcd	123@qq.com
16	yangyang	11432434@qq.com
22	helloword	111111@qq.com
26	呱唧呱唧123	23224@qq.com
27	liuran	1451484445@qq.com
28	lingzhi	lingzhijob@163.com
29	duxuqing	1623981765@qq.com
32	yyyyyy	132@tedu.cn
33	liulidong	liuld@tedu.cn
45	hello123	jiangzijun@qq.com
46	jiangzinu	123123@qq.com
48	hello1212	123456@qq.com
49	lisi111	qwieruqoiwe@qq.com
57	babybaby*	114424434@qq.com
65	jiangzj	jiangzj@tedu.cn
66	lisi11111	123123214@qq.com
68	123456	1143243434@qq.com
NULL	NULL	NULL

图 6-128 查询命令执行之前的用户表

order_id	user_id
20161001490667343075	14
20161001490668517929	14
20161001490668787487	14
20161001490669509666	14
20161001490670780307	14
20161001490670857237	14
20161001490671536607	14
20161001490673030937	14
20161001490681995066	14
20161001490698615071	14
NULL	NULL

图 6-129 查询命令执行之前的订单表

查询命令执行之后，结果集中的数据如图 6-130 所示。

将图 6-128、图 6-129 和图 6-130 对比可见，查询命令执行之后结果集中的数据是用户表中所有用户所下的订单数量。

右外联接实现图 6-127 左外联接功能的例子如图 6-131 所示。

id	username	order_id	订单数量
14	lisi	20161001490667343075	10
15	佳佳abcd	NULL	0
16	yangyang	NULL	0
22	helloword	NULL	0
26	呱唧呱唧123	NULL	0
27	liuran	NULL	0
28	lingzhi	NULL	0
29	duxuqing	NULL	0
32	yyyyyy	NULL	0
33	liulidong	NULL	0
45	hello123	NULL	0
46	jiangzinu	NULL	0
48	hello1212	NULL	0
49	lisi111	NULL	0
57	babybaby*	NULL	0
65	jiangzj	NULL	0
66	lisi11111	NULL	0
68	123456	NULL	0

图 6-130 查询命令执行的结果集

```
select u.id,u.username,
       o.order_id,
       count(o.order_id)
       as 订单数量
from order o
right join user u
on u.id = o.user_id
group by u.id;
```

图 6-131 右外联接

图 6-131 所示查询命令的作用还是查看所有用户下订单的数量。使用右外联接 right join 子句将用户表 user 和订单表 order 联查。由于此时是右外联接，所以 right join 左边的订

单表 order 中的记录将只会保留 on 后面的条件 u.id=o.user_id 指定的记录保存下来，right join 右边的用户表 user 中的所有记录都将会被保留。on 后面的条件 u.id=o.user_id 的作用与左外联接相同，仍然是用户表 user 中的编号 id 与订单表 order 中的用户编号 user_id 相同。

图 6-131 查询命令执行前的用户表、订单表和查询后的结果集分别如图 6-128~ 图 6-130 所示。

6.7 子查询

微课 6-22
查询数据之嵌套子查询

子查询是指将一个查询结果作为另一个查询的条件部分，形成查询的嵌套。使用子查询并不总是检索数据的最有效的方法，实际嵌套太多子查询时会降低查询的效率。

子查询分为嵌套子查询和相关子查询两种，下面分别进行介绍。

6.7.1 嵌套子查询

嵌套子查询是在 WHERE 子句中使用子查询，应该保证 SELECT 语句具有与 WHERE 子句中相同数目的列。子查询一般与 IN 结合使用，也可用于测试等于(=)、不等于(<>)等。

例子如图 6-132 所示。

图 6-132 所示查询命令的作用是查询订购了商品编号为 10000028 商品的客户姓名和联系方式。由“订购了商品编号为 10000028”可知，需要在订单详情表 order_item 中查询，如图 6-133 所示。

```
select username,email
from user
where id in (
  select user_id
  from order
  where order_id in (
    select order_id
    from order_item
    where item_id = '10000028'));
```

图 6-132　嵌套子查询

```
select order_id
from order_item
where item_id = '10000028'
```

图 6-133　查询订单详情表 order_item

但在订单详情表 order_item 中只能得到订单编号 order_id，而查询不到用户名和联系方式。所以还需要用得到的订单编号 order_id 在订单表 order 中查询出用户编号 user_id，如图 6-134 所示。

最后根据用户编号 user_id 在用户表 user 中得到用户名和联系方式，如图 6-132 所示。

查询命令执行之前，订单详情表 order_item 中的数据如图 6-135 所示。

```
select user_id
from order
where order_id in (
  select order_id
  from order_item
  where item_id = '10000028')
```

图 6-134　查询订单表 order

item_id	order_id
10000028	20161001490667343075
10000028	20161001490668517929
10000043	20161001490668787487
10000007	20161001490669509666
100000422	20161001490670780307
100000422	20161001490670857237
10000043	20161001490671536607
10000043	20161001490673030937
10000037	20161001490681995066
10000028	20161001490698615071

图 6-135　查询命令执行之前的订单详情表

查询命令执行之前，订单表 order 中的数据如图 6-136 所示。

查询命令执行之前，用户表 user 中的数据如图 6-137 所示。

查询命令执行之后，结果集中的数据如图 6-138 所示。

order_id	user_id
20161001490667343075	14
20161001490668517929	14
20161001490668787487	14
20161001490669509666	14
20161001490670780307	14
20161001490670857237	14
20161001490671536607	14
20161001490673030937	14
20161001490681995066	14
20161001490698615071	14
NULL	NULL

图 6-136 查询命令执行之前的订单表

id	username	email
14	lisi	678910@qq.com
15	佳佳abcd	123@qq.com
16	yangyang	11432434@qq.com
22	helloword	111111@qq.com
26	呱唧呱唧123	23224@qq.com
27	liuran	1451484445@qq.com
28	lingzhi	lingzhijob@163.com
29	duxuqing	1623981765@qq.com
32	yyyyyy	132@tedu.cn
33	liulidong	liuld@tedu.cn
45	hello123	jiangzijun@qq.com
46	jiangzinu	123123@qq.com
48	hello1212	123456@qq.com
49	lisi111	qwieruqoiwe@qq.com
57	babybaby*	114424434@qq.com
65	jiangzj	jiangzj@tedu.cn
66	lisi11111	123123214@qq.com
68	123456	1143243434@qq.com
NULL	NULL	NULL

图 6-137 查询命令执行之前的用户表

username	email
lisi	678910@qq.com

图 6-138 查询命令执行的结果集

将图 6-135、图 6-136、图 6-137 和图 6-138 所示的信息对比可见，查询命令执行之后结果集中的数据是查询订购了商品编号为 10000028 商品的客户姓名和联系方式。

微课 6-23
查询数据子相关子查询

6.7.2 相关子查询

相关子查询是将一个查询结果作为另一个查询结果中列，形成查询的嵌套。如果涉及到两张表中的列为同名，并且需要进行比对时，需要添加完整的“表名 . 列名”的方式才能正确引用表中的列，不至于造成歧义。

例子如图 6-139 所示。

图 6-139 所示查询命令的作用是查询所有用户的订单数量。由“用户的订单数量”可知，需要在订单表 order 中查询订单数量，如图 6-140 所示。

图 6-140 所示的查询命令得到的每个用户的订单数量作为图 6-139 中查询命令的一个字段值，对应另一个字段用户名，即给用户名所对应的订单数量。

查询命令执行之前，用户表 user 中的数据如图 6-141 所示。

```
select username as 用户名,
       (select count(*)
       from order o
       where o.user_id = u.id)
       as 订单数量
from user u
```

图 6-139 相关子查询

```
select count(*)
from order o
where o.user_id = u.id
```

图 6-140 用户表中每个用户的订单数量

id	username
14	lisi
15	佳佳abcd
16	yangyang
22	helloword
26	呱唧呱唧123
27	liuran
28	lingzhi
29	duxuqing
32	yyyyyy
33	liulidong
45	hello123
46	jiangzinu
48	hello1212
49	lisi111
57	babybaby*
65	jiangzj
66	lisi11111
68	123456
NULL	NULL

图 6-141 查询命令执行之前的用户表

查询命令执行之前，订单表 order 中的数据如图 6-142 所示。

查询命令执行之后，结果集中的数据如图 6-143 所示。

order_id	user_id
20161001490667343075	14
20161001490668517929	14
20161001490668787487	14
20161001490669509666	14
20161001490670780307	14
20161001490670857237	14
20161001490671536607	14
20161001490673030937	14
20161001490681995066	14
20161001490698615071	14
NULL	NULL

图 6-142 查询命令执行之前的订单表

用户名	订单数量
lisi	10
佳佳abcd	0
yangyang	0
helloword	0
呱唧呱唧123	0
liuran	0
lingzhi	0
duxuqing	0
yyyyyy	0
liulidong	0
hello123	0
jiangzinu	0
hello1212	0
lisi111	0
babybaby*	0
jiangzj	0
lisi11111	0
123456	0

图 6-143 查询命令执行的结果集

将图 6-140、图 6-141 和图 6-142 对比可见，查询命令执行之后结果集中的数据是查询所有用户的订单数量。

由图 6-143 可见用户 lisi 之外，其他用户的订单数量都是 0。那么如何只显示有订单的用户呢？答案如图 6-144 所示。

添加 having 子句可以过滤掉订单数量为 0 的用户。那么为什么不使用 where 过滤，而使用 having 子句过滤？因为 having 子句过滤的是 select 生成的结果集中的记录值，而 where 子句过滤的是 from 后面表中的记录值。由于是相关子查询，字段订单数量还未生成，所以 where 无法过滤。如果一定要用 where 过滤，图 6-144 中的查询语句需要改成图 6-145 所示的形式。

```
select username as 用户名,
       (select count(*)
       from order o
       where o.user_id = u.id)
       as 订单数量
from user u
having 订单数量<>0
```

图 6-144 只显示有订单的用户

```
select username as 用户名,
       (select count(*)
       from order o
       where o.user_id = u.id)
       as 订单数量
from user u
where (select count(*)
       from order
       where o.user_id = u.id);
```

图 6-145 使用 where 过滤

6.8 本章小结

本章主要介绍了数据库中表的数据的基本操作。读者应该了解数据库中表的数据的添加方法、修改方法、删除方法、查询方法、模糊查询、联接查询及子查询，知道什么是相关查询的各种命令。

本章的知识结构如图 6-146 所示：

数据的基本操作
子查询
相关子查询
嵌套子查询
联接查询
外联接
内联接
多表联查
为什么要使用联接
什么是关系表
模糊查询
"_"通配符
"%"通配符
删除数据
为在线商城删除数据
基本语法
增加数据
为在线商城添加数据
基本语法
修改数据
为在线商城修改数据
基本语法
查询数据
查询语句通用语法及子句顺序
having子句
group by子句
where子句
order by子句
limit子句
select from语句
select语句

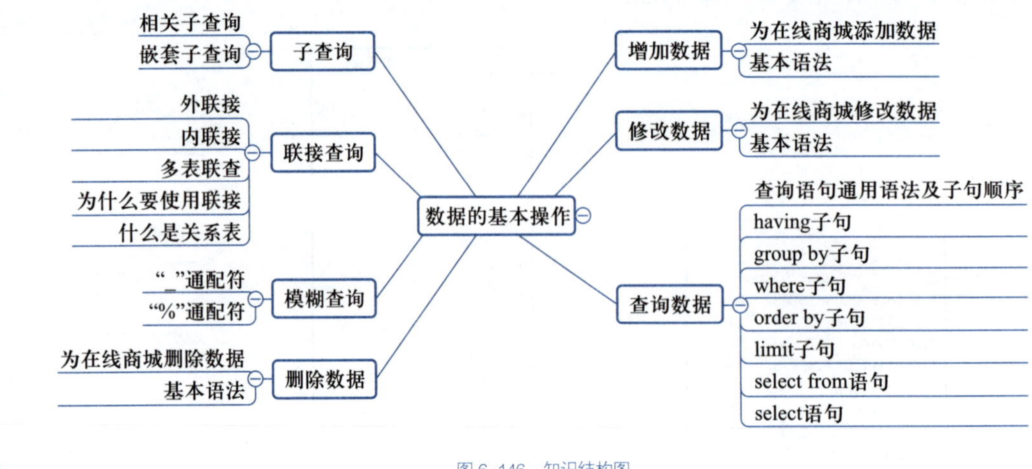

图6-146 知识结构图

第7章　视图

本章重点

本章首先介绍什么是视图。

然后介绍了视图的创建、更新、删除方法。

最后介绍了视图的使用方法，主要包括通过视图简化查询语句，简化修改字段的方法，过滤掉指定条件的记录和简化含有计算字段的查询语句。

本章资源

PPT：视图。

7.1 什么是视图

视图是一张表，该表是由查询结果形成的虚拟表。视图与表的区别是视图本身并不包含数据，视图中的数据是从其他表中检索出来的。

1）创建视图

语法：

create view 视图名 as select 其他子句；

例子如图 7-1 所示。

图 7-1 中，show_item 是视图名。与创建表时相同，视图名必须唯一，不能与其他表或视图的名字相同。该语句的作用是生成一张虚拟表，表中的数据来自商品表 item。

视图的创建可以嵌套，如图 7-2 所示。

图 7-2 所示的命令创建一个新视图 show_item_copied，其是由前面创建的视图 show_item 构成。

2）删除视图

语法：

drop view 视图名；

例子如图 7-3 所示。

```
create view show_item
as select *
from item;
```

图 7-1 创建视图语法

```
create view show_item_copied
as select *
from show_item;
```

图 7-2 视图的嵌套创建

```
drop view show_item;
```

图 7-3 删除视图

3）更新视图

语法

create or replace view 视图名 as select 其他子句；

例子如图 7-4 所示。

图 7-4 所示的命令将原视图 show_item 中的虚拟表数据更新为用户表 user 的数据。

4）视图是表的查询结果，如果表的数据变了，会影响视图的结果。

例子如图 7-5 所示。

```
create or replace view show_item
as select * from user;
```

图 7-4 更新视图

```
create view show_user
as select id,username,email
from user1;
select * from show_user;
```

图 7-5 视图与表的关系

图 7-5 中首先创建视图 show_user，然后显示所创建的视图中的数据。数据如图 7-6 所示。

如果此时将用户表 user 中的编号 id 小于 30 的记录删除，执行如图 7-7 所示的命令。

此时在执行查询视图 show_user 中的数据会发现，视图中的数据也发生了变化，如图 7-8 所示。

id	username	email
14	lisi	678910@qq.com
15	佳佳abcd	123@qq.com
16	yangyang	11432434@qq.com
22	helloword	111111@qq.com
26	呱唧呱唧123	23224@qq.com
27	liuran	1451484445@qq.com
28	lingzhi	lingzhijob@163.com
29	duxuqing	1623981765@qq.com
32	yyyyyy	132@tedu.cn
33	liulidong	liuld@tedu.cn
45	hello123	jiangzijun@qq.com
46	jiangzinu	123123@qq.com
48	hello1212	123456@qq.com
49	lisi111	qwieruqoiwe@qq.com
57	babybaby*	114424434@qq.com
65	jiangzj	jiangzj@tedu.cn
66	lisi11111	123123214@qq.com
68	123456	1143243434@qq.com

图 7-6 视图 show_user 中的数据

```
delete from user
where id<30;
```

图 7-7 删除 id<30 的记录

id	username	email
32	yyyyyy	132@tedu.cn
33	liulidong	liuld@tedu.cn
45	hello123	jiangzijun@qq.com
46	jiangzinu	123123@qq.com
48	hello1212	123456@qq.com
49	lisi111	qwieruqoiwe@qq.com
57	babybaby*	114424434@qq.com
65	jiangzj	jiangzj@tedu.cn
66	lisi11111	123123214@qq.com
68	123456	1143243434@qq.com

图 7-8 视图中的数据也被删除

7.2 使用视图

视图一般用于以下几个方面。

7.2.1 简化查询语句

如图 7-9 所示的多表联查语句，查询 14 号用户购物车中的商品名称和数量。

我们可以使用视图来简化图 7-9 所示的多表联查语句，简化方法如图 7-10 所示。

图 7-10 所示的命令生成一个视图 item_name_num，其中的数据是所有购物车中的商品名称和数量。此时要查询 14 号用户的购物车只需要使用如图 7-11 所示的查询命令即可。

```
select title,i.num
from cart_item c,
     item i
where c.user_id = 14
and c.item_id=i.id;
```

图 7-9 多表联查语句

```
create view item_name_num
as select c.user_id,
          i.title,
          i.num
from cart_item c,
     item i
where c.item_id=i.id;
```

图 7-10 使用视图来简化多表联查语句

```
select *
from item_name_num
where user_id=14;
```

图 7-11 使用视图查询 14 号购物车

这样做不仅可以查询 14 号购物车，查询其他用户的购物车也变得比多表联查命令简化很多，如图 7-12 所示。

```
select *
from item_name_num
where user_id=25;
```

图 7-12 查询其他用户的购物车

7.2.2 修改查询字段

将原表进行加工后生成视图，以简化后续查询，例子如图 7-13 所示。

图 7-13 所示查询语句的作用是查询 14 号用户购物车内商品的数量。我们可以使用视图来修改查询字段，修改方法如图 7-14 所示。

```
SELECT user_id,
       count(*) 数量
FROM cart_item
where user_id=14
group by user_id;
```

图 7-13　14 号用户购物车商品数量

```
create view cart_num
as SELECT user_id,
       count(*) 数量
FROM cart_item
group by user_id;
```

图 7-14　使用视图来修改查询字段

执行图 7-14 所示的命令生成一个视图 cart_num，其中的数据是所有购物车中的用户编号和数量。此时要查询 14 号用户购物车中商品数量，只需要使用如图 7-15 所示的查询命令即可。

使用该查询命令不仅可以查询 14 号用户的购物车中的商品数量，查询其他用户的购物车也变得比多表联查命令简化很多，如图 7-16 所示。

```
select *
from cart_num
where user_id=14;
```

图 7-15　使用视图查询 14 号用户购物车商品数量

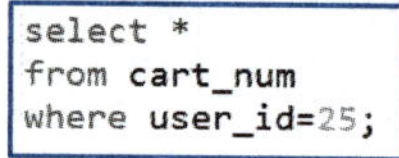

```
select *
from cart_num
where user_id=25;
```

图 7-16　查询其他用户的购物车商品数量

由此可见，使用视图相当于生成一个新的表，查询此新表要比原来的查询方法简化很多。

7.2.3　过滤指定条件的记录

在生成视图时，过滤掉不需要的记录，在查询视图时，就可以不需要过滤条件，例子如图 7-17 所示。

图 7-17 的作用是查询商品表中品牌不为空的所有商品信息。我们可以使用视图来过滤指定条件的记录，过滤方法如图 7-18 所示。

图 7-18 所示的命令生成一个视图 item_brand，其中的数据是所有带品牌的商品信息。此时查询视图 item_brand 中的商品信息时，不可能有没有品牌的商品，如图 7-19 所示。

```
SELECT id,
       brand,
       title
FROM item
where brand
is not null;
```

图 7-17　查询品牌不为空的商品信息

```
create view item_brand
as SELECT id,
          brand,
          title
FROM item
where brand
is not null;
```

图 7-18　使用视图来过滤品牌为空的记录

```
select *
from item_brand;
```

图 7-19　使用视图查询已过滤的数据

7.2.4　计算字段

生成视图时，可以将原表中的字段进行运算而得到新的字段，以简化查询操作，如图

7-20 所示。

图 7-20 所示命令的作用是查询订单详情表中每个商品的总价。我们可以使用视图来生成新的字段，以简化以后的查询方法，如图 7-21 所示。

图 7-21 所示的命令生成一个视图 item_total，其中的数据是所有订单详情表中的商品编号、订单编号和新生成的商品总价字段。此时查询视图 item_total 中的商品信息时，不需要再计算商品总价，如图 7-22 所示。

```
SELECT item_id,
       order_id,
       price*num total
FROM order_item;
```

图 7-20　查询订单详情表中的商品总价

```
create view item_total
as SELECT item_id,
       order_id,
       price*num total
FROM order_item;
```

图 7-21　使用视图来生成新的字段

```
select sum(total) 总价
from item_total
where item_id=10000028;
```

图 7-22　计算指定商品的总价

图 7-22 中的查询命令是查询指定商品在订单表中的总的销售价格。

7.3　本章小结

本章主要介绍了数据库的视图。读者应该了解数据库的视图使用方法，知道如何使用视图简化查询语句，修改查询字段，过滤指定条件的记录及字段的计算方法。

本章的知识结构如图 7-23 所示。

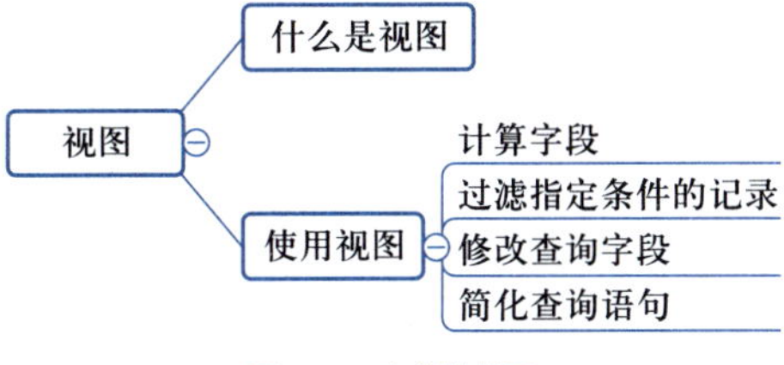

图 7-23　知识结构图

第 8 章　高级操作

本章重点

本章简介 MySQL 的高级操作，包括存储过程、触发器和事物。

存储过程本质上是一条或多条 SQL 语句的集合。

触发器是 MySQL 在执行某个数据库中的指定表的插入(insert)、删除(delete)和修改(update)操作时，被自动执行的一条或多条语句。

事务处理用来管理大量执行的 MySQL 操作，是为了保证数据库中没有不完整的操作结果。

本章资源

PPT：PPT 高级操作。

8.1 存储过程

存储过程本质上是一条或多条 SQL 语句的集合。有时，为了处理复杂查询操作，需要用多条 SQL 语句共同完成查询任务，而将多条 SQL 语句封装成存储过程。

存储过程的好处是将复杂的查询语句封装，从而在使用时得到简化并防止错误的产生。

8.1.1 创建存储过程

语法：

create procedure 存储过程名（参数表列）

begin

查询语句

end；

例子如图 8-1 所示。

```
delimiter //
create procedure address()
begin
select concat(receiver_state,
              receiver_city,
              receiver_district,
              receiver_address
             ) 收货地址
from shipping;
end //
delimiter ;
```

图 8-1 创建存储过程

图 8-1 所示的创建存储过程命令中 address 是存储过程名。（ ）表示该存储过程没有参数，注意，没有参数时括号不能被省略。查询语句 select 将订单地址表中的省、市、区、详细地址合并成收货地址。

注意：命令第一行 delimiter 的作用是定义新的语句结束符为 //。以使定义存储过程时，查询语句 select 不会被认为是一条马上执行的语句，而是在存储过程被调用时执行的语句。命令最后一行 delimiter 的作用是将新语句结束符改回成。

调用该存储过程的方法如图 8-2 所示。

```
call address();
```

图 8-2 调用存储过程

带参数的存储过程的例子如图 8-3 所示。

图 8-3 所示的存储过程中，iuser_id 和 oaddress 是两个参数。其中 iuser_id 的前面有一个 in，代表该参数是输入参数，而后面的 bigint（20）是该参数的数据类型，参数的数据类型和第 4 章中的数据类型完全相同。另一个 oaddress 的前面的 out 代表该参数的输出参数，即存储过程的返回值。

select 查询语句中 into 子句的作用是将查询结果存入输出参数 oaddress。

调用带参数的存储过程的方法如图 8-4 所示。

```
delimiter //
create procedure address(
        in iuser_id bigint(20),
        out oaddress varchar(50))
begin
select concat(receiver_state,
              receiver_city,
              receiver_district,
              receiver_address
             )
from ajia_shipping s
where s.user_id=iuser_id
into oaddress;
end //
delimiter ;
```

图 8-3 带参数的存储过程

```
call address(14,@oaddress);
select @oaddress;
```

图 8-4 调用带参数的存储过程

图 8-4 所示的 select 语句的作用是显示输出参数 oaddress 的值。

8.1.2 删除存储过程

语法：

drop procedure 存储过程名；

存储过程被创建后，被存放在服务器上直到执行上述删除命令。

删除上面创建的存储过程的例子如图 8-5 所示。

```
drop procedure address;
```

图 8-5 删除存储过程

8.1.3 显示存储过程

语法：

show create procedure 存储过程名；

该命令可以查看所创建的存储过程，会显示创建一个存储过程的 CREATE 语句。

8.2 触发器

触发器是 MySQL 在执行某个数据库中的指定表的插入（insert）、删除（delete）和修改（update）操作时，被自动执行的一条或多条语句。

只有表才支持触发器，视图是不支持触发器的。

8.2.1 创建触发器

语法：

create trigger 触发器名

{ before | after}

{ insert | update | delete}

on 表名

for each row

begin

一条或多条触发器 SQL 语句

end

语法定义中：

1）{ before | after} 二选一，表示是在 { insert | update | delete} 命令执行前还是执行后，运行 begin...end 之间的一条或多条触发器 SQL 语句。

2）{ insert | update | delete} 三选一，表示对 on 后面的表进行何种操作。

3）for each row 为 MySQL 固定语法。

4）begin...end 在只有一条语句时可以省略。

1. insert 触发器例子（图 8–6）

图 8–6 所示的创建 insert 触发器命令中，show_user 是触发器名，after insert 表示在插入命令之后，执行 for each row 后面的触发器 SQL 语句 select count(*) from user into @info。user 是表名，代表在 user 表上插入数据时，执行触发器命令。

2. delete 触发器例子（图 8–7）

```
create trigger show_user
after insert on user
for each row
select count(*)
from user
into @info;
```

图 8–6 创建 insert 触发器

```
delimiter //
create trigger delete_user
before delete on user
for each row
begin
insert into user_bak
values(old.id,old.username,
       old.password,old.phone,
       old.email,old.created,
       old.updated);
end //
delimiter ;
```

图 8–7 创建 delete 触发器

在图 8–7 所示创建 delete 触发器命令中，delete_user 是触发器名，before delete 表示在删除命令之前，执行 for each row 后面的触发器 SQL 语句 insert into user values(old.id,old.username,old.password,old.phone,old.email,old.created,old.updated)。user 是表名，代表在 user 表上删除数据之前，执行触发器命令。user_bak 是一个被删除的记录的备份表表名。old 是一个虚拟表，保存在 delete 触发器内，可以访问到被删除的行。

3. update 触发器例子（图 8–8）

```
delimiter //
create trigger update_user
before update on user
for each row
begin
set new.username = lower(new.username);
set new.email = lower(new.email);
end //
delimiter ;
```

图 8–8 创建 update 触发器

在图 8–8 所示的创建 update 触发器命令中，update_user 是触发器名，before update 表示在修改命令之前，执行 for each row 后面的触发器 SQL 语句 set new.username=lower(new.

username)；和 set new.email=lower(new.email)。user 是表名，代表在 user 表上修改数据之前，执行触发器命令。New 也是一个虚拟表，保存在 update 触发器内，可以访问到被修改的行。

8.2.2 删除触发器

语法：

drop trigger 触发器名；

触发器不能被修改。如果必须修改一个触发器，则需要先删除它，然后再重新创建。

8.3 事务处理

事务处理用来管理大量执行的 MySQL 操作，为了保证数据库中没有不完整的操作结果。

事物处理包含以下操作：

8.3.1 事务（transaction）

事物指一条或多条 SQL 语句逻辑块的标志点，如图 8-9 所示。

```
start transaction;
```

图 8-9 标识事物开始

8.3.2 回退（rollback）

回退指撤销已被执行的 SQL 语句的过程，如图 8-10 所示。

```
start transaction;
select * from user;
delete from user
where id<50;
select * from user;
rollback;
select * from user;
```

图 8-10 回退命令

在图 8-10 所示的回退命令中：

首先，start transaction 表示一段儿事务代码的开始。

然后，select * from user; 查看用户表中的记录数据。

接着，delete from user where id<50; 将用户表中编号 id 小于 50 的所有记录数据删除。

接着，select * from user; 再次查看用户表中删除后的记录数据。

接着，rollback 命令将删除命令撤销。

最后，select * from user; 查看用户表中已被删除的记录数据被恢复回来了。

8.3.3 保留点（savepoint）

保留点是指事务处理中设置的临时占位符（placeholder），用于指定回退到的位置。

保留点命令如图 8-11 所示。

savepoint del；命令的作用是设定一个保留点，这个保留点用于下面的 rollback to del；命令回退时只回退到保留点这一行，前面的删除编号 id 小于 40 的命令不会被回退。

```
start transaction;
select * from ajia_user1;
delete from ajia_user1
where id<40;
savepoint del;
delete from ajia_user1
where id<50;
select * from ajia_user1;
rollback to del;
select * from ajia_user1;
```

图 8-11 保留点命令

8.3.4 提交（commit）

提交是指将已被执行的 SQL 语句的结果写入数据库表当中，如图 8-12 所示。

```
start transaction;
select * from user;
delete from user
where id<50;
select * from user;
commit;
select * from user;
```

图 8-12 提交命令

图 8-12 所示的提交命令与图 8-10 所示的回退命令的区别是倒数第二行命令被改为 commit，运行提交命令后会发现与运行回退的结果不一样的是删除的记录数据没有被恢复，而是真正被删除了。

8.4 本章小结

本章主要介绍了数据库的高级操作。读者应该了解数据库中储存过程、触发器和事物等概念，知道如何创建储存过程、删除储存过程及显示储存过程；知道如何创建触发器和删除触发器；知道事物、回退、保留点、提交等概念及使用。

本章的知识结构如图 8-13 所示：

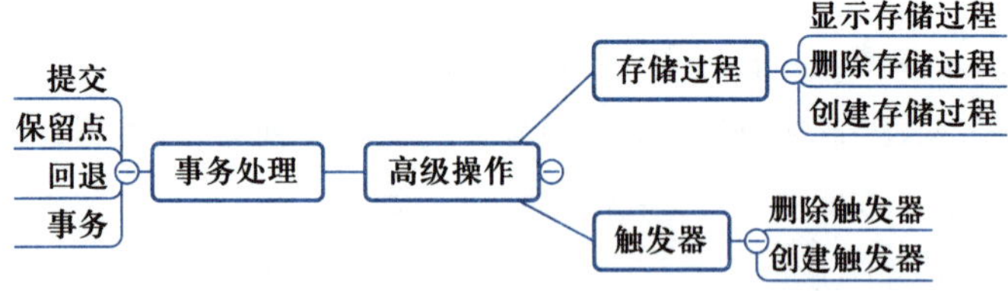

图 8-13 知识结构图

第 9 章 安全管理

本章重点

本章主要介绍如何创建和管理用户账号，为了数据的安全，只有在迫不得已时，才会使用root 账户。一般是创建一系列的账户来管理或供用户、开发人员使用。

本章重点介绍了用户如何创建用户账号、查看用户账号、设置或取消权限、删除用户账号以及重置用户密码。

本章资源

PPT：安全管理。

9.1 访问控制

访问控制是指创建和管理用户账号。我们以前登录访问 MySQL 服务器都是使用的 root 账户，这在现实中是很少用的。而应该创建一系列的账户来管理或供用户、开发人员使用。只有在迫不得已时，才会使用 root 账户。这样做的主要目的就是数据安全，因为 root 账户具有一切权限。

9.2 管理用户

9.2.1 创建用户账号

语法：

create user 账户名 identified by 密码；

例子如图 9-1 所示。

在图 9-1 所示的命令中，CEO 是账户名，后面的 IP 地址限定只能在 192.168.1.101 这个地址上登录 MySQL 服务器。123456 是密码，这个密码在被保存到数据库之前会被加密。

例子如图 9-2 所示。

在图 9-2 所示的命令中，CTO 也是账户名，但后面跟的 % 表示该账户可以在任意 IP 地址的计算机上登录 MySQL 服务器。

例子如图 9-3 所示。

```
create user 'CEO'@'192.168.1.101'
identified by '123456';
```

图 9-1 创建指定 IP 的用户

```
create user 'CTO'@'%'
identified by '123456';
```

图 9-2 创建任意 IP 的用户

```
create user 'CFO'@'%'
identified by '';
```

图 9-3 创建无密码的用户

在图 9-3 所示的命令中，identified by 后面为空时，表示该账户没有设定密码。

9.2.2 查看用户账号

所有的账户信息都被保存在 MySQL 服务器中名为 mysql 的数据库中。查看所有用户账号的命令如图 9-4 所示。

```
use mysql;
select host,user from user;
```

图 9-4 查看所用用户账号

在图 9-4 所示的命令中，host 为主机名，图 9-1 所示创建指定 IP 的用户命令中创建的 CEO 账户的 host 就为 192.168.1.101。第一个 user 是用户名，第二个 user，即 from 后面的 user 是 mysql 数据库中的 user 表名。

你可以直接使用 insert 命令在 user 表中添加账户，但这不是 MySQL 官方建议的使用方法。另外，从安全性角度出发也不要这样做。

9.2.3 设置访问权限

1）设置访问权限语法。

grant 权限 [, 权限 , ...] on 数据库名 . 表名 to 账号名

例子如图 9-5 所示。

```
grant select on mall_store.* to CTO;
flush privileges;
```

图 9-5 设置访问权限

图 9-5 所示的命令中，CTO 表示为账户 CTO 设置访问权限；select 是所设置的权限；mall_store.* 表示 mall_store 数据库中的所有表。

图 9-5 所示的命令的作用是设置账户 CTO 可以查询 mall_store 数据库中的所有表的权限。

2）取消访问权限的语法。

revoke 权限 [, 权限 ,...] on 数据库名 . 表名 from 账号名 ;

例子如图 9-6 所示。

```
revoke select on mall_store.* from CTO;
flush privileges;
```

图 9-6 取消访问权限

图 9-6 所示命令的作用是取消账户 CTO 可以查询 mall_store 数据库中的所有表的权限。

3）可以设置、取消的权限如表 9-1 所示。

表 9-1 权　限

权　限	作　用
ALL	除 GRANT OPTION 外的所有权限
ALTER	修改表
ALTER ROUTINE	修改删除存储过程
CREATE	创建表
CREATE ROUTINE	创建存储过程
CREATE TEMPORARY TABLES	创建临时表
CREATE USER	创建用户
CREATE VIEW	创建视图
DELETE	删除记录
DROP	删除表
EXECUTE	调用存储过程
FILE	使用文件
GRANT OPTION	设置取消权限
INSERT	插入记录
SELECT	查询表
SHOW DATABASES	查询所有数据库
SHUTDOWN	关闭 MySQL
UPDATE	修改记录
USAGE	无访问权限

4）查看权限的语法：

show grant for 账户名;

例子如图 9-7 所示。

```
show grants for CTO;
```

图 9-7　查看权限

图 9-7 中命令的作用是显示账户 CTO 的所有权限。

9.2.4　删除用户账号

语法：

drop user 账户名;

例子如图 9-8 所示。

```
drop user 'CEO'@'192.168.1.101';
```

图 9-8　删除用户账号

在删除用户账号时，该账号中的所有访问权限会被一并删除。

9.2.5　重置用户密码

语法：

alter user 账户名 identified by 新密码;

例子如图 9-9 所示。

```
alter user CTO identified by '321654';
```

图 9-9　重置用户密码

图 9-9 所示命令的作用是将账户 CTO 的密码修改为 321654。

9.3　本章小结

本章主要介绍了数据库的安全管理。读者应该了解数据库的访问控制和管理用户，知道如何创建和管理 MySQL 数据库的用户账号；知道创建用户账号的方法、查看用户账号的方法、设置访问权限的方法、删除用户账号的方法及如何重置用户密码的方法。

本章的知识结构如图 9-10 所示：

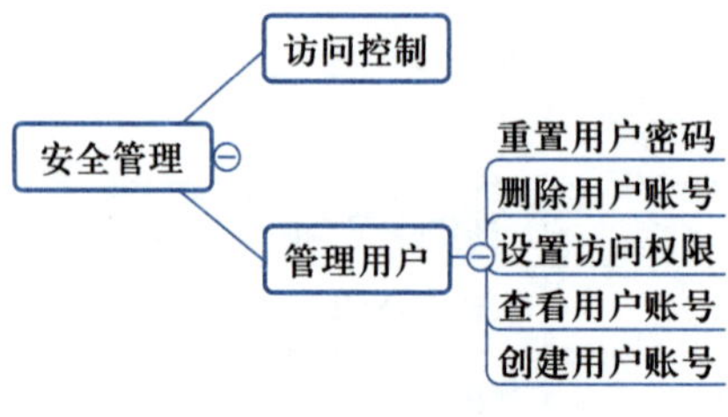

图 9-10　知识结构图

第 10 章 数据库维护

本章重点

本章主要从数据备份、诊断启动问题和查看日志文件三个方面简介数据库维护。

首先，介绍了备份的目的、需要考虑的问题以及备份的类型。并且详细介绍了 MySQLdump 命令和 MySQLhotcopy 命令的应用。

然后，简介了诊断启动问题和查看日志文件问题。

本章资源

PPT：PPT(数据库维护)。

10.1 备份数据

备份的目的是对损坏的数据进行恢复和还原，或者因需求改变而需要把数据还原到改变以前。在测试新功能时备份，测试后恢复。

备份需要考虑：可以恢复丢失多长时间的数据，恢复数据要在多长时间内完成，恢复的时候是否需要持续提供服务。

备份的类型：

1）冷备（cold backup）：需要关闭 mysql 服务，读写请求均不允许状态下进行。

2）温备（warm backup）：服务在线，但仅支持读请求，不允许写请求。

3）热备（hot backup）：备份的同时，业务不受影响。

10.1.1 MySQLdump 命令

命令行实用程序 mysqldump 能够将数据库内容保存到某个外部文件。

其使用方法如下：

1）导出所有数据库。

语法：

mysqldump –u 账户名 –p –all−databases > 文件名。

例子如图 10-1 所示。

```
mysqldump -uroot -p --all-databases > all.sql
```

图 10-1 导出所有数据库

图 10-1 所示的命令在终端中输入，将把 MySQL 服务器中所有数据库导出到文件 all.sql 中。

2）导出服务器中指定的数据库。

语法：

mysqldump –u 账户名 –p −databases 数据库名 [, 数据库名 ,...] > 文件名。

例子如图 10-2 所示。

```
mysqldump -uroot -p --databases mall_store > mall_store.sql
```

图 10-2 导出指定数据库

图 10-2 所示的命令将把 mall_store 数据库导出到 mall_store.sql 文件中。

3）导出服务器中指定数据库的指定表。

语法：

mysqldump –u 账户名 –p −databases 数据库名 −−tables 表名 [, 表名 ,...] > 文件名。

例子如图 10-3 所示。

```
mysqldump -uroot -p --databases mall_store --tables item> mall_store.sql
```

图 10-3 导出指定数据库的指定表

图 10-3 所示的命令将把 mall_store 数据库中的商品表 item 导出到 mall_store.sql 文件中。

4）导出服务器中指定数据库的指定表的符合条件的记录。

语法：

mysqldump-u 账户名 -p-databases 数据库名 -tables 表名 --where= ‘条件’ > 文件名。

例子如图 10-4 所示。

```
mysqldump -uroot -p --databases mall_store --tables item --where='id=1' > mall_store.sql
```

图 10-4 导出指定数据库的指定表中符合条件的记录

图 10-4 所示的命令将把 mall_store 数据库中的商品表 item 中商品编号 id 为 1 的记录导出到 mall_store.sql 文件中。

5）只导出表结构，不导出表数据

语法：

mysqldump-u 账户名 -p--no-data-databases 数据库名 > 文件名。

例子如图 10-5 所示。

```
mysqldump -uroot -p --databases --no-data mall_store > mall_store.sql
```

图 10-5 导出指定数据库的表的结构

图 10-5 所示的命令将把 mall_store 数据库中的所有表结构导出到 mall_store.sql 文件中，文件中不包含任何记录。

6）从备份文件恢复到数据库

语法：

mysql 数据库名 < 备份文件名；

例子如图 10-6 所示。

```
mysql mall_store < mall_store.sql
```

图 10-6 从备份文件恢复到数据库

10.1.2 MySQLhotcopy 命令

MySQLhotcopy 是一个 Perl 脚本，最初由 Tim Bunce 编写并提供。用来快速备份数据库或表。MySQLhotcopy 只用于备份 MyISAM 存储引擎，并仅运行在 Unix、Linux 或 NetWare 操作系统中。

在 Linux 系统中，使用方法如下：

1）安装 perl-DBI

yum install perl-DBI

2）安装 perl-DBD-mysql

yum install perl-DBI

3）备份方法语法

mysqlhotcopy -u root -p 密码 --addtodest 数据库名备份目录

其中：-addtodest 的意思是当备份存在时，不中断备份，只添加新的文件进去。

例子如图 10-7 所示。

```
mysqlhotcopy -u root -p '' \
--addtodest mall_store /home/tarena/Desktop
```

图 10-7 mysqlhotcopy 备份

4）还原方法语法

cp –arp 备份文件名 /var/lib/mysql

例子如图 10-8 所示。

```
cp -arp /home/tarena/Desktop/mall_store /var/lib/mysql
```

图 10-8 mysqlhotcopy 恢复

10.1.3 Backup Table 命令

Backup Table 命令现在已经不推荐使用了，而是推荐使用 MySQLdump 命令。

10.2 诊断启动问题

服务器启动问题通常在对 MySQL 配置或服务器本身进行更改时出现。在排除系统启动问题时，首先应该尽量用手动启动服务器。

1）--help 显示帮助。

2）--safe-mode 装载减去某些最佳配置的服务器。

3）--verbose 显示全文本消息。

4）--version 显示版本信息然后退出。

10.3 查看日志文件

日志文件主要用于 MySQL 的系统维护。日志文件主要有：

1）错误日志。包含启动、关闭问题。

2）查询日志。记录所有 MySQL 活动。

3）二进制日志。记录更新过的所有数据。

4）缓慢查询日志。记录执行缓慢的任何查询。

10.4 本章小结

本章主要介绍了数据库的维护。读者应该了解数据库的如何备份数据、诊断启动问题和查看日志文件。本章的知识结构如图 10-9 所示：

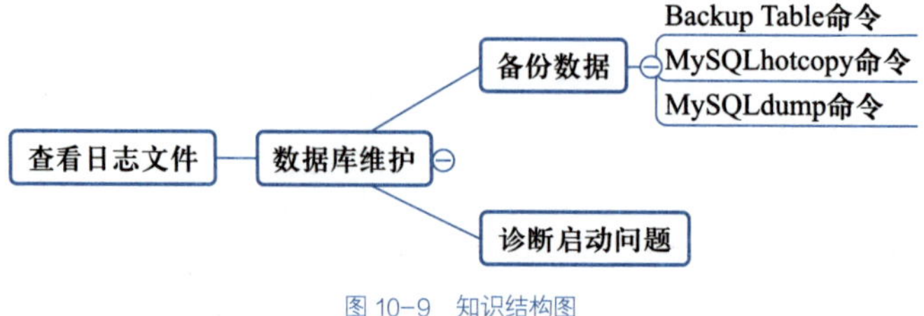

图 10-9 知识结构图

郑重声明

高等教育出版社依法对本书享有专有出版权。任何未经许可的复制、销售行为均违反《中华人民共和国著作权法》，其行为人将承担相应的民事责任和行政责任；构成犯罪的，将被依法追究刑事责任。为了维护市场秩序，保护读者的合法权益，避免读者误用盗版书造成不良后果，我社将配合行政执法部门和司法机关对违法犯罪的单位和个人进行严厉打击。社会各界人士如发现上述侵权行为，希望及时举报，本社将奖励举报有功人员。

反盗版举报电话 （010）58581999 58582371 58582488

反盗版举报传真 （010）82086060

反盗版举报邮箱 dd@hep.com.cn

通信地址 北京市西城区德外大街4号
高等教育出版社法律事务与版权管理部

邮政编码 100120